Sociologia da Cultura

Coleção Estudos
Dirigida por J. Guinsburg

Equipe de realização – Tradução: Roberto Gambini; Revisão: Eglacy Porto Silva; Produção: Ricardo W. Neves e Sergio Kon.

Karl Mannheim

SOCIOLOGIA
DA CULTURA

 PERSPECTIVA

Título do original inglês
Essays on the Sociology of Culture

© Routledge & Kegan Paul Ltd.

Dados Internacionais de Catalogação na Publicação (CIP)
(Câmara Brasileira do Livro, SP, Brasil)

Mannheim, Karl, 1893-1947. Sociologia da cultura / Karl Mannheim ; tradução Roberto Gambini. — São Paulo : Perspectiva, 2013. — (Estudos ; 32 / dirigida por J. Guinsburg)

Título original: Essays on the sociology of culture
3ª reimpr. da 2. ed. de 2001.
Bibliografia.
ISBN 978-85-273-0247-0

1. Cultura I. Guinsburg, J.. II. Título. III. Série.

04-5443 CDD-306.4

Índices para catálogo sistemático:
1. Cultura : Sociologia 306.4

2ª edição – 3ª reimpressão

[PPD]

Direitos reservados em língua portuguesa à
EDITORA PERSPECTIVA LTDA.

Av. Brigadeiro Luís Antônio, 3025
01401-000 – São Paulo – SP – Brasil
Telefax: (0--11) 3885-8388
www.editoraperspectiva.com.br

2019

Sumário

Nota à Edição Inglesa XI
Introdução XIII

1. EM BUSCA DE UMA SOCIOLOGIA DO ESPÍRITO: UMA INTRODUÇÃO 1

   I. Primeira Abordagem do Problema 1
      1. *Hegel reconsiderado — Da fenomenologia à sociologia do espírito* 1
      2. *A ciência da sociedade e a sociologia do espírito. Dificuldades de uma síntese* 3
      3. *Natureza experimental da investigação. Seu objetivo inicial: Crítica dos falsos conceitos de espírito e sociedade* 9

   II. O Conceito Falso e o Conceito Correto de História e Sociedade 10
      1. *A teoria de uma história imanente do pensamento e a razão de sua aparição* 10
         Digressão sobre a história da arte 16
      2. *A falsa polarização dos atributos "material" e "ideal"* 18
      3. *Os falsos conceitos de história, dialética e mediação* 19
      4. *O caráter mediato dos papéis. A circulação social da percepção e situações complementares* 27
      5. *Em busca de um conceito adequado de sociedade* 33
      6. *Esboço preliminar do projeto de busca de uma sociologia do espírito* 35

7. *Os três tipos de sociologia e os níveis correspondentes da sociologia do espírito. Estrutura e causalidade* 37

III. O Conceito Correto e o Conceito Falso de Espírito 40

1. *Segunda revisão da versão hegeliana* 40
2. *A gênese do conceito de espírito* 41
3. *As manifestações subjetiva e objetiva do espírito. A gênese social do significado* 45
4. *O caráter suprapessoal do significado* 48
5. *Crítica da entelequia como modelo conceitual* ... 49
6. *O procedimento explanatório e o expositivo. A estrutura dos acontecimentos* 51
7. *O problema de se o mundo tem estrutura* 53
8. *Novo exame da explicação causal e da expositiva* 55
9. *O conceito estrutural e o fortuito de causalidade O problema de causalidade múltipla* 56
10. *A historiografia e a concepção estrutural* 58
11. *A matriz das obras e da ação* 59
12. *A descoberta da relação estrutural entre ação e obras* 60

IV. Um Esboço da Sociologia do Espírito 60

1. *A sociologia do espírito ao nível axiomático. A ontologia do social e sua relação com o caráter histórico do pensamento* 62
2. *A sociologia do espírito ao nível da tipologia comparada* 64
3. *A sociologia do espírito ao nível da individualização histórica* 65

V. Recapitulação. A Sociologia do Espírito como Área de Investigação 66

2. O PROBLEMA DA "INTELLIGENTSIA": UM ESTUDO DE SEU PAPEL NO PASSADO E NO PRESENTE 69

1. *O autodescobrimento de grupos sociais* 69
2. *Esboço de uma teoria sociológica da "intelligentsia"* 77
3. *Como são identificados os grupos sociais* 82
4. *Tipos de "intelligentsia"* 86
5. *O intelectual contemporâneo* 90
6. *Os papéis históricos da "intelligentsia"* 95

      (a) A origem social dos intelectuais 97
      (b) As afiliações de intelectuais e artistas 97
      (c) A *intelligentsia* e as classes 113
      Digressões sobre as raízes sociais do ceticismo 119
      (d) O *habitat* social dos intelectuais 125
  7. *A história natural do intelectual* 128
  8. *A situação contemporânea da "intelligentsia"* 134

3. A DEMOCRATIZAÇÃO DA CULTURA 141

  I. Alguns Problemas da Democracia Política em sua Etapa de pleno Desenvolvimento 141

 II. O Problema da Democratização como um Fenômeno Cultural Geral 144

    A. Os três princípios fundamentais da democracia .. 144
    B. *O princípio da igualdade ontológica de todos os homens* 149
    C. *A autonomia das unidades sociais* 156
    D. *As elites democráticas e seu modo de seleção* 166
      (a) Seleção das elites e democracia 168
      (b) Estrutura de grupo e relação a outros grupos 171
      (c) A auto-avaliação das elites aristocráticas e democráticas 172
      (d) Distância social e democratização da cultura 173
      (e) Os ideais culturais dos grupos aristocráticos e democráticos 193
    E. *O Problema do Êxtase* 202

Nota à Edição Inglesa

Com o presente livro se completa a edição em quatro volumes dos trabalhos sociológicos de Karl Mannheim, a maior parte dos quais havia por longo tempo permanecido fora do alcance dos leitores de língua inglesa. Dois desses volumes, *Essays on the Sociology of Knowledge* e *Essays on Social Psychology* contêm monografias publicadas na Alemanha e alguns trabalhos mais breves, elaborados durante a permanência do autor na Inglaterra. *Freedom, Power and Democratic Planning,* o primeiro da série, é a publicação póstuma de um tratado em que Mannheim trabalhou durante seus últimos anos. O último volume, que apresentamos agora, é de época anterior, podendo-se presumir que unicamente circunstâncias externas impediram o Autor de publicar o texto naquela época.

Os *Ensaios de Sociologia da Cultura* foram escritos como uma obra homogênea de análise sociológica no início da década dos 30, pouco antes que o advento do Nazismo pusesse fim ao trabalho de Mannheim na Alemanha. Durante seus primeiros anos na Inglaterra, Mannheim fez uma revisão profunda dos originais, acabando por deixá-los de lado em vista da pressão exercida pelos problemas completamente distintos ligados ao trabalho de ensino e pesquisa em seu novo ambiente. Entretanto, estou plenamente de acordo com os editores de que as idéias expressas no trabalho e as perspectivas que refletem são muito atuais e vêm a público no momento oportuno.

O trabalho editorial foi realizado pelo Professor Ernest Mannheim, do Departamento de Sociologia da Universidade de Kansas City, responsável pelos dois primeiros ensaios, e pelo Dr. Paul Kecskemeti, pesquisador da Rand Corporation, Santa Mônica, Califórnia, que preparou o capítulo final sobre "A democratização da cultura". O trabalho realizado excedeu os limites de uma tradução de rotina. O clima intelectual alemão, no qual este livro foi elaborado, afetou de modo considerável não apenas o estilo do conjunto, como também a ênfase substantiva que o Autor concedeu aos problemas levantados e às soluções propostas. Com a finalidade de tornar o significado e a relevância dessas idéias compreensíveis em outro idioma, para leitores de outra geração e educados numa tradição nacional distinta, os editores tiveram que repensar o texto original sem destorcer as intenções do Autor. Afortunadamente, ambos possuem qualificações especiais para tão delicada tarefa. O Professor E. Mannheim conhecia o original desde a época em que ajudou o Autor na revisão do manuscrito. O Dr. Kecskemeti demonstrou seu profundo conhecimento do pensamento de Mannheim na qualidade de editor dos *Ensaios* previamente publicados nesta série. Eu próprio confrontei o texto final da tradução com o original, e posso atestar sua exatidão quanto à forma e ao espírito.

A Fundação Rockefeller concedeu uma subvenção ao Institute of World Affairs, da New School for Social Research, para cobrir os custos do preparo do manuscrito para publicação.

Uma palavra especial de apreço deve ser dedicada à Dra. Julia Mannheim, viúva do Autor. Sua longa convivência com Karl Mannheim e seu profundo conhecimento do significado de seu trabalho fazem dela a mais importante fonte de informação e orientação para todos os editores interessados. O término bem sucedido desta série de publicações é, na verdade, uma conquista sua.

Adolph Lowe

Institute of World Affairs
New School for Social Research
Nova York, N. Y.

Introdução

Os três ensaios contidos neste volume foram escritos em grande parte durante os últimos anos da permanência de Mannheim na Alemanha. Num certo sentido, eles são uma continuação de *Ideologia e Utopia*, seu estudo principal no campo da sociologia do conhecimento, pois os três ensaios também dizem respeito à derivação social dos significados. O presente volume, entretanto, constitui não apenas uma extensão e elaboração das principais teses de *Ideologia e Utopia*, como também um novo ponto de partida.

Sinto-me inclinado a considerar *Ideologia e Utopia* como uma tentativa de traduzir uma desilusão produzida pelas excessivas pretensões do idealismo alemão quanto à teoria sociológica do pensamento. A crítica de Mannheim dirigia-se a dois aspectos de idealismo alemão: a supervalorização do papel das idéias na problemática humana e a conseqüente tendência a supor que os conceitos que surgem em diferentes períodos históricos se desenvolvem inerentemente, um do outro, como num *continuum* lógico. A sociologia do conhecimento de Mannheim procurou esboçar um método para o estudo das idéias enquanto funções do envolvimento social. Uma vez abandonada a imagem de uma evolução autônoma das idéias, tornou-se possível explorar a relação entre o pensamento e seu meio social.

É fácil exagerar o alcance desse empreendimento, assim como simplificar seus objetivos. Alguns críticos, por exemplo, julgaram que a sociologia do conhecimento pretende estabelecer um cânone da verdade e que ela se atribui a autoridade de árbitro entre contendores, autoridade esta desconhecida por sociólogos de outras áreas. Outros temeram que esse esforço pretendesse questionar as funções cognitivas do pensamento socialmente condicionado: pois se o sociólogo procura interpretar as idéias como reações a situações particulares, ele se atribui o papel de um especialista que busca despojar o conhecimento de qualquer valor. Outros, ainda, consideram a intromissão dos sociólogos do nível da ideação como uma expressão desconcertante de indiferença a valores e verdades básicos.

Os cientistas sociais e humanistas dos países de língua inglesa, em geral, não participaram dessa atitude de alarme quanto às implicações de Ideologia e Utopia. O estilo de sua argumentação está mais próximo da tendência apresentada pela historiografia e pela crítica literária anglo-americana, boa parte das quais revela uma percepção intuitiva da realidade social. O espectro do relativismo enquanto instrumento científico — descartado por Mannheim, mas de fato implícito em seu tratamento crítico de vários temas — não apavora gerações familiares com as "representações coletivas" de Durkheim, com a antropologia funcional, a relatividade dos costumes proposta por Sumner, o pragmatismo de James e Dewey, o método situacional de W. I. Thomas e a semântica de Korzybski. Muito pelo contrário, parte da reação apresentada nos Estados Unidos atacou certos vestígios de intelectualismo que o leitor pode detectar em alguns dos escritos de Mannheim, inclusive no presente volume.

Quais são as categorias básicas da sociologia do conhecimento?

Os conceitos representam reações interpretativas a situações dadas. Lidamos na verdade com quatro variáveis: (1) a situação, como uma comunidade, uma nação, uma revolução, ou uma classe, que procuramos interpretar quando reagimos a ela; (2) o indivíduo peculiarmente envolvido na situação e que portanto forma dela uma imagem. Tais envolvimentos podem incluir objetivos ocupacionais, aspirações políticas, laços de parentesco, rivalidades econômicas e alianças, em suma, uma variedade de ligações superpostas a grupos; (3) o conjunto de imagens que o indivíduo ou grupo adota; (4) finalmente, os destinatários para quem a imagem é transmitida, incluindo suas compreensões peculiares, os símbolos aos quais atribuem significado e um vocabulário ao qual respondem.

Os quatro fatores da ideação devem ser considerados como variáveis interdependentes. O mesmo objeto é constituído de modo diverso em situações diferentes. Indivíduos envolvidos na mesma situação de modo diverso terão dela diferentes versões, tendendo a alterá-la nesse sentido. Finalmente, um indivíduo concebe um assunto de acordo com um público ao qual ele de fato se dirige ou tacitamente antecipa, variando tanto a forma como a substância de uma mensagem de acordo com o público com o qual o escritor ou orador deseja estabelecer uma relação. O sociólogo deve partir da interdependência desses quatro fatores, pois o tratamento de qualquer um deles como variável independente introduz no estudo da ideação um tipo de determinismo injustificado e acrítico, seja ele do tipo behaviorista, idealista ou evolucionista. Por exemplo, supor que uma posição econômica comum necessariamente resulta numa concepção idêntica de sociedade é tão injustificado como a suposição contrária de que a circulação estabelecida de certas idéias prescreve por si as visões que os indivíduos ou grupos adotam de uma situação.

Apesar disso, uma investigação pode resumir-se à relação entre duas ou três das quatro variáveis. É isso o que Mannheim faz no ensaio sobre a *intelligentsia*, no qual correlaciona certos tipos de ideação com o *habitat* social de seus autores. Suas observações sobre a origem social do ceticismo demonstram até que ponto se pode chegar apenas com o auxílio de duas variáveis. Nesse trabalho, Mannheim evita deliberadamente usar a terceira variável — a situação histórica — por razões que passarei a indicar. Pode-se supor que ele tinha consciência do quarto fator, o público, na formação dos conceitos. Suas observações sobre o processo democrático e fenômenos como o formalismo e o critério operacional de verdade, contidos no último ensaio, podem ser tidos como indicadores dessa consciência.

Uma vez delimitada desse modo a investigação, impõe-se o objetivo de esboçar relações típicas entre pensamento e *habitat* social. O envolvimento particular de um indivíduo em sua sociedade abre-lhe uma certa perspectiva, uma área de experiência social, que tem seu alcance e suas limitações. O alcance da experiência social é definido pela percepção que o indivíduo pode obter através de sua participação no processo social; ao mesmo tempo, certas limitações de visão decorrem de bloqueios auto-impostos quando o indivíduo assume um papel e é por ele forçado a fazer opções características. Demarcar os limites dentro dos quais os indivíduos interpretam sua experiência não quer dizer refutar sua interpretação. Uma imagem da sociedade que se desenvolve a partir de uma vasta margem de experiência não é invariavelmente mais válida que uma visão segmentária. Saber se uma visão sintética do conjunto contém mais "verdade" em algum sentido do que uma perspectiva particular é uma questão que o sociólogo não pode decidir sem ultrapassar-se a si mesmo. De qualquer forma o critério pragmático, segundo o qual a ação resultante justifica uma proposição, nem sempre favorece a visão ampla, sintética das coisas.

Os ensaios aqui apresentados revelam, sob vários ângulos, um notável avanço com respeito ao modo anterior de Mannheim tratar a ideação. Em suas publicações prévias, as ideologias apareciam como subprodutos e reflexos de situações sociais. O uso freqüente de expressões ópticas era bastante significativo: as ideologias eram apresentadas como modos particulares de *ver* ou *obscurecer* as coisas, e cada posição na estrutura social acarretava uma *perspectiva* particular. Certamente, o uso de termos ópticos aplicados à ideologia constituía uma conquista com respeito ao tratamento do condicionamento social como mera distorção da realidade. Porém a proposição de que cada visão corresponde a um certo papel não proporciona uma chave para a natureza da relação entre "pensamento" e "situação" social. Por que, pode-se perguntar, um indivíduo identificado com vários grupos adota os conceitos de um e não de outro?

O que Mannheim propõe em *Ideologia e Utopia* é uma teoria sociológica da ideação como introdução a uma tentativa sistemática de descobrir relações típicas entre ideologia e situação social. O objetivo dessa pretensão pode ser denominado de história natural das idéias. A história natural de um fenômeno social delineia seus traços típicos sem necessariamente explicar por que eles ocorrem. A monografia de Mannheim sobre o pensamento conservador ("Conservative Thought", em *Essays on Sociology and Social Psychology,* Londres, Routledge & Kegan Paul; Nova York. Oxford University Press, 1953) oferece um exemplo típico. Nesse estudo, Mannheim descreve uma relação característica entre a posição decadente da aristocracia agrária e sua tendência a perceber o processo social em termos orgânicos e morfológicos. Tentativas desse tipo podem ser construtivas, sempre que as relações estabelecidas derivem de casos seguros, com um âmbito e uma representatividade bem estabelecidos. Entretanto, dado que o estudo de casos históricos oferece poucas bases para a generalização, a questão de saber como e por que certos papéis coincidem com ideologias particulares torna-se inescapável; pois na ausência de uma demonstração da dinâmica da formação de conceitos, o caminho para uma progressiva verificação e elaboração de tais hipóteses permanece bloqueado. Admitir tais bloqueios equivale a admitir que a sociologia do conhecimento é apenas uma área de percepções episódicas, e não um campo de investigação cumulativa.

Ainda que Mannheim não tenha ignorado, em *Ideologia e Utopia,* a questão de como as idéias emergem da ação, ele não procurou oferecer uma resposta explícita. O presente trabalho, entretanto, revela uma preocupação com o mecanismo social que intervém entre os papéis desempenhados pelos indivíduos e as idéias que adotam. Daí se origina o recurso de Mannheim à psicologia social. O leitor perceberá o freqüente uso de conceitos psicológicos, ligados à procura do elo perdido. Tais conceitos são apresentados como instrumentos para a descoberta das raízes comuns da ideação e do desempenho de papéis. Além disso, tais conceitos estão abertos à verificação e à elaboração empírica no sentido contemporâneo, por razões sugeridas abaixo. O leitor pode examinar capítulos como "A circulação das percepções", "A teoria de uma história imanente do pensamento e o porquê de sua aparição", "Digressão sobre as origens sociais do ceticismo", "A história natural do intelectual", e "Distância social e mental". Esses e outros exemplos demonstram uma preocupação persistente com a motivação das idéias.

O crescente interesse pela dinâmica da ideação é inerente à adoção feita por Mannheim da teoria nominalista dos grupos, segundo a qual os grupos não possuem uma realidade própria, além da existência de seus membros individuais. Isso deve ser comparado com a tendência "realista" que atravessa *Ideologia e Utopia*, ou seja, o tratamento de grupos e situações coletivas como centros da realidade última. O "realista" procura conceber o comportamento dos indivíduos a partir do grupo ou de uma situação complexa que ele toma como um dado. É somente quando o indivíduo se torna o último termo de referência da conceituação sociológica que as questões de motivação podem adquirir um sentido para a análise da ação social. Os conceitos sociológicos formados ao nível do grupo são impermeáveis à psicologia.

A crescente orientação de Mannheim para um nominalismo social explica outro desvio de seu anterior ponto de vista: *o abandono da doutrina que estabelece o primado do quadro histórico de referência.* A ênfase histórica é característica de vasta área das ciências sociais alemãs, desde os seguidores de Hegel, incluindo Marx, até a escola histórica de jurisprudência e economia. O ponto de vista histórico nas ciências sociais alemãs acarreta algo mais que um interesse especial pelos temas históricos; apóia-se sobre a tese de que as instituições só podem ser compreendidas no contexto de seu desenvolvimento. Uma vez que a pesquisa se desenvolve a partir do complexo e que o *continuum* histórico se transforme no quadro de referência, o estudo das relações humanas se resume à investigação de como mudanças consecutivas nos traços básicos da sociedade se relacionam com os envolvimentos de indivíduos concretos. Esse procedimento favorece a hipóstase "realista", dado que o interesse básico do historiador diz respeito às grandes coletividades, ou, pelo menos, às ações com que identifica o destino da sociedade. O ponto de vista histórico não se confina às ciências sociais alemãs. Penetrou também na sociologia anglo-americana através da hipótese evolucionista, mas foi abandonado com o declínio do Darwinismo. A história continuou a fornecer temas para estudos sociológicos, mas não mais seu eixo. O mesmo não aconteceu com boa parte dos acadêmicos alemães.

Duas suposições constituem o denominador comum do ponto de vista histórico, assim como é compreendido na Alemanha. (1) Os costumes são parte de uma *Gestalt* histórica, dado que seu estudo adequado requer uma compreensão de sua configuração particular num período dado. (2) As configurações históricas são, por definição, únicas e sujeitas à mudança. Quem estuda os costumes busca reconstruir sua dinâmica, as modificações que os costumes sofrem quando passam de uma configuração temporal para outra. Interpretar um acontecimento é fixar seu lugar no esquema total de desenvolvimento. O foco da análise é o todo inclusivo, que da perspectiva histórica é "anterior" a suas partes. Uma vez que a unicidade, a *Einmaligkeit* de uma situação se transforme no quadro de interpretação, a concepção "realista" do processo coletivo é axiomática. Dado que estruturas inclusivas formam o tema da história, é compreensível que o historiador se incline a encarar coletividades, como as nações, como sendo mais concretas e reais do que simples estruturas como o grupo de vizinhança ou a família.

Não se trata aqui de discutir os méritos e limitações da abordagem "realista" da história. Podemos aceitar a legitimidade do interesse macrocósmico, e considerar a busca da sinopse em lugar das minúcias das generalizações analíticas. O político e o planejador militar, por exemplo, não podem evitar a perspectiva mais ampla das coisas. Mas aquele que pressupõe o primado das estruturas inclusivas e o caráter derivativo de fenômenos simples não se encontra em posição estratégica para desenvolver hipóteses para o estudo controlado da motivação. Na verdade, as questões de motivação entram na margem e não no centro da pesquisa de Mannheim em *Ideologia e Utopia*. E isso condizia com a preferência do livro pelos aspectos configuracionais do processo social:

"Assim como a psicologia moderna demonstra que o todo (*Gestalt*) é anterior às partes e que nossa primeira compreensão das partes advém do todo, o mesmo se dá com a compreensão histórica. Neste caso também temos o sentido do tempo histórico como totalidade significativa que ordena eventos 'antes' das partes, e através dessa totalidade é que inicialmente compreendemos o curso total dos eventos e nosso lugar nele." (*Ideology and Utopia*, Londres e Nova York, 1936, p. 189).

Nos ensaios aqui apresentados, Mannheim não usa esse paradigma realista. Mais que isso, em seu esboço metodológico, que o leitor encontrará no primeiro ensaio, Mannheim reverte a ordem de procedimento. Em lugar da anterior abordagem recomendada, que vai do todo às partes, o A. advoga um curso analítico que avança do abstrato ao concreto, de fenômenos simples para complexos. Ainda que Mannheim não abandone a pretensão de compreender temas históricos concretos, rejeita o ataque direto e não-premeditado. Ao contrário, introduz dois níveis anteriores de articulação.

A *sociologia geral* constitui o nível mais abstrato de análise, ocupando-se das formas elementares e universais de "associação". Simmel, Park e outros devotaram atenção a essas formas, tais como cooperação, competição, conflito, acomodação, distância, isolamento, comunicação, agrupamento e assim por diante. Tais formas são universais e elementares porque não se confinam a situações particulares e envolvem um mínimo de pressuposições sociológicas.

A *sociologia comparativa* reflete o nível seguinte em ordem de concreção. Trata de relações que, embora não universais, podem ser concebidas a partir de formas elementares, como por exemplo a burocracia, as castas e as classes.

A *sociologia histórica* constitui o nível mais concreto em que os fenômenos envolvidos podem ser articulados, tal como o Partido Conservador Inglês, a Academia Francesa, ou o *New Deal* americano. Apesar desses temas denotarem uma alta ordem de complexidade, eles podem ser concebidos analiticamente a partir das categorias da sociologia geral e comparativa.

O que há de novo nesse modelo metodológico, comparado com a visão anterior de Mannheim, é o abandono deliberado da abordagem *ad hoc* em relação a temas históricos complexos, passados ou contemporâneos. Tais tentativas *ad hoc* não podem deixar de ser episódicas, faltando-lhes o essencial da continuidade científica: um quadro comum de referência e de relevância mútua. No procedimento proposto por Mannheim, as estruturas complexas não são meramente supostas, mas derivadas de outras mais simples. É nesse sentido que o estudo de temas num nível mais elevado de concreção pode tornar-se uma busca cumulativa desprovida de improvisação.

Estes ensaios, particularmente o segundo e o terceiro, num certo sentido exemplificam o plano recomendado. Seus objetos de estudo, a *intelligentsia* e o processo democrático, não são tratados ao nível histórico. As referências históricas aparecem aqui e ali, mas são marginais ao alvo de construir tipos e sugerir relações típicas capazes de verificação empírica e refinamento. O observador que trata de fenômenos individuais ao nível de processos históricos só pode propor hipóteses interpretativas de âmbito limitado a uma constelação também individual, seja o Renascimento, uma ilha da Melanésia ou uma cidade média americana. O procedimento contrário, que se desloca de estruturas elementares para estruturas inclusivas pode, no entanto, produzir conceitos de aplicação mais geral.

O propósito de Mannheim de conceber a gênese social da epistemologia vem nesse sentido. Seu esquema, que o leitor encontrará no segundo ensaio, presta-se a uma concepção do ceticismo europeu no século XVII, da França contemporânea e da Grécia antiga. Além disso, a hipótese pode ser testada e mais desenvolvida no laboratório da sociedade contemporânea. Esse plano analítico apresenta a vantagem adicional de estar isento da tentação de interpretar expressões de autores individuais como traços unitários de um período ou de toda uma cultura.

A discussão precedente diz respeito ao abandono qualificado, por parte de Mannheim, do ponto de vista histórico e sua conseqüente adoção de procedimentos analíticos e construtivos. Essa tendência é nova em Mannheim, ainda que traços indicativos possam ser encontrados em trabalhos anteriores, como por exemplo nos ensaios "Competition as a cultural phenomenon" e "The problem of generations" (*Essays on the Sociology of Knowledge, op. cit.*) Como já mencionado, esse novo ponto de partida proporciona ao A. acesso aos intricados mecanismos que governam as ações e pensamentos do indivíduo. É por essa razão que ele deixa de tratar as idéias como meros fenômenos ópticos, ou visões socialmente disponíveis, mas como reações motivadas a situações dadas. Ainda que não dispense sua questão prévia de quais segmentos do processo social se tornam visíveis a dados grupos, sua preocupação atual é saber como e por que os indivíduos adotam visões típicas.

Para compreender o esquema de Mannheim para a interpretação de motivações, torna-se necessário comentar dois termos básicos para seu ponto de vista, ou seja, *estrutura* e *função*. Posto que sua concepção desses conceitos não foi explicitada, procurarei dar uma interpretação aproximada do sentido emprestado a esses termos no primeiro ensaio. Visando evitar um prolongamento desnecessário deste prefácio, deixarei de lado as referências à literatura corrente sobre o assunto.

Um objeto de certa complexidade é percebido como uma estrutura se não for tomado como dado, mas concebido analiticamente, isto é, derivado de itens de menor complexidade. Os fenômenos sociais em particular são concebidos a partir da ação de indivíduos e grupos. Uma profissão, por exemplo, estrutura-se através de métodos particulares de seleção de seus membros, seu treinamento e doutrinação, o controle da competição, a observância de padrões, e assim por diante. Cada uma dessas atividades desempenha uma função na medida em que mantém a profissão enquanto um órgão viável da sociedade. A função é atributo de uma condição indispensável para um dado desempenho ou situação. O conjunto final de funções inter-relacionadas de que depende um dado processo constitui sua estrutura. Nesse ponto, vale a pena lembrar que o termo "função", em si, não implica um valor. Um ato que desempenha uma função não é necessariamente desejável, o mesmo se podendo dizer do processo que requer o desempenho da função.

Na medida em que um processo social se articula dessa forma, três conclusões seguem automaticamente: (a) certas ações são requisitos para a existência de uma estrutura; (b) algumas ações não são requeridas, mas são compatíveis com ela; enquanto (c) algumas são incompatíveis com uma dada estrutura e tendem a destruí-la. As profissões, por exemplo, requerem alguma medida de controle sobre as qualificações e conduta de seus membros, mas a maioria delas permite, dentro de seus quadros, toda uma variedade de afiliações políticas e religiosas. Igualmente, a família, enquanto instituição, depende da eficácia de tabus contra o incesto, a deserção, o abandono das crianças, mas é compatível com quase todos os objetivos profissionais, desemprego, vários hábitos de consumo, e assim por diante. André Maurois, creio, relata a estória de um parisiense que foi visto pescando nas margens do Sena, praticamente à vista das execuções públicas, durante os dias críticos do terror revolucionário. O sociólogo se preocupa com ações estruturalmente significantes, sejam elas requeridas ou incompatíveis, ao passo que atividades casuais, que nem sustentam nem ameaçam uma dada estrutura, não proporcionam dados para a análise. Certamente, um ato não é irrelevante em si, mas com referência a uma estrutura particular. Pela mesma razão, todo ato tem alguma relação com alguma estrutura.

As motivações são dados significativos para a sociologia na medida em que propiciam comportamentos estruturalmente relevantes. Para persistir, uma estrutura deve perpetuar motivações de um tipo e inibir outras. Saber como e se certas incitações são engendradas ou reprimidas reveste-se de uma importância básica para a compreensão dos sistemas de ação. Motivações casuais, enquanto tais, têm pouco interesse para o sociólogo; é apenas dentro de estruturas definidas que a questão de saber por que os indivíduos se comportam de um certo modo pode ser colocada de modo frutífero.

Os últimos dois ensaios apresentam inúmeros exemplos do modo pelo qual Mannheim aplica seu princípio de relevância estrutural a motivações.

O ensaio sobre a *intelligentsia,* o segundo neste volume, é o desenvolvimento de interesse anterior do Autor. Seu aforisma de que o estudo da *intelligentsia* fornece uma chave para a sociologia do espírito pode bem servir de lema. Sua questão central é: que condições permitiriam o desenvolvimento específico da pesquisa crítica e autocrítica e sua culminação no fim do século XVIII e início do XIX, e que circunstâncias explicam seu gradual declínio? A *intelligentsia* tornou-se o protagonista da reflexão crítica quando se constituiu como estrato fluido e aberto, acessível a indivíduos de várias orientações sociais. O que torna essa *intelligentsia* única, em face de suas variações históricas, é sua multipolaridade, sua mobilidade, sua abertura a uma variedade de pontos de vista, sua capacidade de escolher a alterar afiliações, e um raio crescente de empatia. Segundo padrões históricos, os períodos de uma *intelligentsia* relativamente independente e fluida constituíram breves episódios entre as épocas de pensamento institucionalmente controlado, nas quais grupos fechados monopolizaram a interpretação pública das coisas. O fato de Mannheim não ocultar suas próprias preferências e as da *intelligentsia* independente constitui não apenas o tema de seu trabalho, mas também seu ponto de vista, o que confere um sabor especial a seu estudo.

O último ensaio é o mais atual dos três. Seu tema se relaciona mais com o título da obra do que o segundo. A sociologia da cultura é uma extensão da sociologia do conhecimento, visando abarcar não apenas o pensamento discursivo mas a gama inteira de expressão simbólica, incluindo a arte e a religião. É nesse sentido que Mannheim busca relacionar o crescimento de atitudes democráticas com epistemologia, com a ênfase moderna nos critérios públicos e formais de verdade, e com a crescente preocupação pela gênese das coisas, antes que sua natureza intrínseca. A interpretação ampla das atitudes democráticas é indicada pelo uso de materiais ilustrativos como estilos pictóricos, projetos de igrejas e tendências educacionais. Mannheim introduz o conceito de distância como uma categoria chave para a análise de atitudes autoritárias na política, na etiqueta social, no procedimento científico, na linguagem e na estética. A "distância" é concebida por Mannheim tanto como uma categoria sociológica geral, quanto como uma chave através da qual a moderna tendência em direção à democracia integral pode ser elucidada. Na progressiva eliminação da "distância" autoritária entre as elites e as massas, o A. percebe tanto uma promessa como um perigo: a promessa de uma realização plena das potencialidades humanas, e o perigo da liberdade criativa ser sufocada quando as massas se submetem à arregimentação. Os recursos da análise sociológica são por ele mobilizados em busca de uma resolução favorável para esse conflito da civilização contemporânea.

Alguns leitores poderão perguntar-se que relação estes *Ensaios de Sociologia da Cultura* poderão ter com as preocupações da sociologia anglo-americana.

Alguns componentes do pensamento de Mannheim ligam-se à preocupação alemã com amplas perspectivas históricas. Os conflitos latentes e os conflitos irresolvidos da Alemanha do século XX podem em parte explicar por que razão a reflexão alemã gravita em torno de certos temas da época. Os sociólogos americanos, excetuando-se o interlúdio darwiniano, devotaram-se cada vez mais ao estudo metódico de estruturas simples e, sempre que possível, deixaram a visão globalizante da sociedade para historiadores e antropólogos. A preocupação alemã com questões ligadas à época tem freqüentemente sido a fonte de uma reflexão penetrante porém fluida, pela qual a mentalidade americana de pesquisa, com sua predileção por procedimentos controláveis, não desenvolveu um gosto marcado. Os sociólogos americanos têm visto mais possibilidades em estudos restritos e progressivamente refinados do que na agitação intelectual que avança vastos territórios adentro, sem um equipamento adequado para seu domínio. Os sociólogos nos Estados Unidos acostumaram-se a sentir que oportunidade e urgência, em si, não qualificam um tema para a investigação sociológica.

Pode-se questionar, porém, se o cientista social deveria abster-se de tratar temas contemporâneos só porque eles são muito complicados em face dos instrumentos de trabalho de que dispõe. Não deveria ele tentar aplicar seu limitado instrumental a esses problemas e fazer o que fosse possível?

Esta não é apenas uma questão acadêmica, nem tampouco de procedimento científico. O interesse alemão pelas sinopses históricas brotava de uma posição insegura num mundo que não simpatizava com a herança política alemã, ao passo que o sucesso interno americano, uma posição internacional segura, e o longo hábito de trabalho de equipe favoreceram a atenção a temas que respondem a procedimentos científicos mais rigorosos. No entanto, certas mudanças estão ocorrendo no cenário americano. A Guerra Fria e o prospecto de tensão mundial por algum tempo aproximaram dos Estados Unidos e da Inglaterra algumas das inquietudes que explicam a preocupação alemã pela dinâmica histórica. Historiadores e cientistas políticos já vêm respondendo a essa alteração da situação; antropólogos sociais e sociólogos estão seguindo o exemplo. É nessa atmosfera cambiante que a posição mediana de Mannheim, entre as preocupações alemãs e anglo-americanas, se relaciona à reflexão de ingleses e americanos. Tenho a impressão de que, ao atingir o público inglês e americano, estes ensaios não cruzam uma barreira cultural. Colocam questões que já foram levantadas na América, e as respostas sugeridas parecem mais sintonizadas com o clima de pensamento reinante do que as apresentadas em estudos anteriores.

Aproveito a oportunidade para agradecer à Srta. Janet Coon e ao Dr. Hyatt Howe Waggoner, Chefe do Departamento de Inglês da Universidade de Kansas City, por sua leitura crítica do manuscrito e por numerosas sugestões editoriais. O Dr. Paul Kecskemeti contribuiu não apenas com a tradução e revisão editorial do terceiro ensaio; suas notas e comentários sobre outros trechos do manuscrito beneficiaram meu próprio trabalho.

ERNEST MANHEIM

Páscoa, 1955

1. Em Busca de uma Sociologia do Espírito: Uma Introdução

I. PRIMEIRA ABORDAGEM DO PROBLEMA

1. *Hegel Reconsiderado — Da Fenomenologia à Sociologia do Espírito*

A *Fenomenologia do Espírito,* de Hegel, é um dos mais notáveis documentos intelectuais do início do século XIX. Nesse verdadeiro *tour de force,* Hegel pretendeu nada menos que explorar a hierarquia completa dos conceitos que sucessivamente emergiram da história de nosso mundo. Cerca de um século e meio já nos separa da época em que essa experiência especulativa deixou sua marca no pensamento acadêmico alemão. Hoje a magia de Hegel esvaiu-se, e a situação histórica que permitiu à *Fenomenologia* produzir ressonâncias já pertence ao passado. Contudo, elementos dessa obra ainda atraem e merecem nossa atenção. Ainda é válida a proposição de que nenhum conceito pode ser plenamente apreendido por uma abordagem frontal, mas só através da compreensão de seu contexto social e histórico. Atualmente, não é preciso ser hegeliano ou sociólogo para aceitar essa tese; mas a situação era outra na Alemanha de Hegel. Tal tese refletia o audacioso projeto de interpretar a história como uma evolução teleológica e globalizadora.

O clima hegeliano de pensamento dissipou-se em face do fortalecimento dos hábitos positivistas e empíricos de pensar.

Entretanto, o cerne da *Fenomenologia* continua vivo, fornecendo-nos um denominador comum a certos problemas epistemológicos: as idéias têm um significado social que não é revelado por sua análise frontal e imanente. Conseqüentemente, as idéias podem ser estudadas no contexto social em que são concebidas e expressas, sendo nesse panorama semântico que sua significação se torna concreta. Em suma, a sociologia do espírito fez-se herdeira do tema central da especulação hegeliana.

A obra de Hegel não poderia ter preponderado em seu tempo se tivesse refletido apenas um pensamento individual. A *Fenomenologia* é mais que isso. É uma tentativa oportuna de sintetizar os problemas da Revolução, da Restauração, do Iluminismo e do Romantismo. O sistema hegeliano não foi apenas uma filosofia, mas a expressão culminante das descobertas de épocas precedentes. Eis porque a *Fenomenologia* pôde, por certo tempo, dominar o estudo das humanidades e das ciências sociais. O estudo organizado da cultura, na Alemanha, deve seu próprio impulso inicial a esse audacioso inventário filosófico das realidades de seu tempo. Essa filosofia foi capaz de relacionar-se com os mais intricados detalhes da pesquisa especializada. Nunca mais conseguiu a filosofia restabelecer tão estreita conexão com a realidade, nem reafirmar sua supremacia sobre o enfoque parcelado dos problemas humanos. Com o declínio do Hegelianismo, o estudo integrado da cultura degenerou num sem-número de investigações especializadas e autolimitadoras, e a própria filosofia retornou à sua antiga posição no esquema de divisão das ciências.

Esforços periódicos para reorganizar as disciplinas humanísticas segundo a promessa nunca realizada de uma nova síntese filosófica alternaram-se com tentativas, por parte dos especialistas, de restaurar a conexão perdida por meio de uma reorientação filosófica dentro de cada disciplina. O insucesso dessas tentativas demonstra o fato de que a experiência fragmentada do real só pode reproduzir a visão filosófica imanente ao esquema conceitual inicial. E assim a filosofia, enquanto disciplina acadêmica, novamente impediu-se de transcender suas limitações tradicionais.

Na verdade, nada se ganha com a restauração de uma tradição venerável desprovida de vitalidade. Precisamos aprender a encarar cada situação como ela se apresenta, livres das limitações impostas pelos hábitos consagrados de pensamento. Cada período propõe suas próprias questões. Atualmente, é comum que o material mais relevante para o entendimento dos problemas humanos derive do trabalho do cientista experimental antes que do ar parado e tenso da autocrítica filosófica.

O que ainda permanece vivo na filosofia de Hegel é sua aguda consciência de situações, e não a tradição sectária que seguiu seu rastro. Hegel simplesmente expressou em termos seus a consciência e o conhecimento possíveis em seu tempo. Kant e Aristóteles apenas lhe forneceram um vocabulário de uso estabelecido: tanto sua visão como as categorias que a articulam eram-lhe tão contemporâneas como o impacto da revolução sobre a monarquia prussiana. Nada, portanto, esteve mais longe do Hegel histórico do que a necrópsia neohegeliana realizada um século mais tarde.

A lição objetiva que tiramos de Hegel e seu renascimento posterior aplica-se também a Marx e sua escola. Um estudo crítico e distanciado da controvérsia sobre o verdadeiro significado da ortodoxia marxista ainda pode reavivar os elementos do sistema marxista que retêm valor diagnóstico. Uma vez libertos de seu caráter dogmático, tais elementos devem ser considerados por todos os que se preocupam com a realidade presente. Nesse caso, é possível que desses rudimentos resulte uma postura fundamentalmente nova para o estudo da cultura. O que se faz necessário é um tipo de observação aberta por parte de estudiosos cuja sensibilidade às pulsações do tempo não seja prejudicada por compromissos doutrinários. Foi uma abordagem aberta desse tipo que permitiu, na Alemanha, que genuínos sociólogos — como Max Weber, Alfred Weber, Troeltsch, Sombart e Scheler — encontrassem em Marx ensinamentos significativos. Suas confrontações polêmicas com o Marxismo trazem as marcas de todas as controvérsias verdadeiras que penetram na posição do oponente ao invés de simplesmente passar por cima dela.

2. *A Ciência da Sociedade e a Sociologia do Espírito. Dificuldades de uma Síntese*

O tipo de sociologia aqui proposto distingue-se daquele que, na França, rompeu a aliança da filosofia histórica com a etnologia e a filosofia moral. Distingue-se também da orientação geral daquela fase da sociologia americana que opera primariamente no campo da desorganização social em busca de um modelo diagnóstico para práticas terapêuticas na comunidade. Não obstante, há sinais inequívocos de que a linha que pretendo desenvolver acha-se em ascensão nos Estados Unidos.

As indagações preliminares sobre a delimitação acadêmica da matéria, seus conceitos-chave e os métodos empregados por outros estudiosos podem perfeitamente ser dispensadas. Os problemas que constituem o foco de análise da sociologia são, basicamente, extensão dos problemas que uma dada comunidade enfrenta num momento dado. Tampouco temos que apelar ao prestígio da sociologia na Alemanha, pois ele é reconhecido em todos os países civilizados. Freqüentemente ignorada, a sociologia germinou no fermento da filosofia alemã e no movimento político e econômico do industrialismo nascente. Não foi a expansão da especialização acadêmica que lhe deu seu primeiro ímpeto. A sociologia se desligou da filosofia antes que o declínio desta se tornasse evidente, e das ciências históricas antes que sua síntese primitiva se perdesse nas minúcias de uma laboriosa rotina estimulada pelo positivismo na segunda metade do século XIX. O impulso decisivo para a sociologia adveio das exigências da política. Este fato deveria ser lembrado pelos que se sentem seduzidos pela aparição de uma ciência da sociedade definida ao acaso e precocemente especializada.

Qual é, então, a posição da sociologia no esquema de especialização comumente aceito?

Não se pode negar que a sociologia, como qualquer empreendimento científico, seja uma investigação especializada de âmbito definido. Presentemente, não há por que temer a perda de seu caráter de disciplina, pois ela opera regularmente dentro dos limites de início definidos por Simmel e implicitamente confirmados pela prática de pesquisa americana. Pode-se ainda, como o fez Simmel, delimitar seu campo como sendo o das "formas de associação"; formulações discrepantes, como as de Leopold von Wiese, Vierkandt, I. W. Thomas, e Park e Burgess, não são mais que sinais da expansão saudável de uma disciplina jovem. Essas condições, porém, caracterizam apenas o primeiro tema da sociologia. Seu verdadeiro objeto, a sociedade, não se constitui apenas de aspectos associativos, mas também de aspectos ideacionais — ou seja, de significações — que tanto aproximam como dividem os homens. Assim como não há associação sem entendimentos particulares, também não há associações coletivas que não sejam socialmente condicionadas. A dicotomia de duas áreas acadêmicas de análise — isto é, a ciência das formas de associação proposta por Simmel, e a sociologia das idéias — não reflete a existência de duas entidades separadas no mundo real, ainda que as necessidades da especialização acadêmica possam tornar seu isolamento temático temporariamente oportuno. Tal abstração só pode ser aceita se entendida como um artifício. Em última análise, porém, a dualidade mundo das idéias *versus* mundo social deve resolver-se numa visão unificada da realidade humana da qual os dois aspectos da sociologia foram originalmente abstraídos.

O maior risco da especialização num campo derivado, como é o caso da sociologia, reside precisamente na incapacidade do especialista de levar em conta a gênese do seu quadro de referência. Não só os que fazem a história da literatura, da economia e do direito viram-se por vezes tentados a reificar o esquema conceitual por eles adotado; os sociólogos igualmente tendem a esquecer que a literatura, a linguagem e a arte, em si mesmas, são meras abstrações. A "sociedade" também é uma construção mental, pois os atos de associação que a constituem são inseparavelmente incorporados àqueles atos em que as idéias são concebidas e reinterpretadas[1]. Embora a sociologia, concebida como a ciência da associação, seja uma disciplina legítima, seu conceito-chave, o de associação, é apenas uma faceta da realidade humana. Os esquemas de interpretação que isolam certos aspectos da realidade em benefício da análise tópica devem conter, desde o início, o projeto de um síntese final que restabeleça e articule o contexto de seu objeto original.

Alguns intérpretes da sociologia, deliberada ou inconscientemente, tentaram tornar sua disciplina academicamente aceitável seguindo o consagrado princípio da especialização a qualquer preço, mesmo com o risco de perder de vista a questão nuclear inerente à matéria. Embora a prática tenha poupado alguns sociólogos da censura de colegas que trabalham numa aguda fase de chauvinismo departamental de um tipo ou outro, a sociologia aproximou-se do perigo de descartar sua identidade e seu objetivo primeiro, que é o domínio racional do universo das relações humanas. Este universo não é forjado nos moldes de uma tradição acadêmica compartimentalizada; e não será com a delimitação de um campo acadêmico especializado com sinais de avanço e recuo que se irá restringir a interdependência entre os homens. Quem pretenda penetrar no desconhecido desse universo não irá impedir-se de seguir pistas em áreas contíguas. As necessidades de nosso tempo antepõem-se à metodologia explícita dos que propugnam pela auto-suficiência departamental. O que não quer dizer que um tipo contextual de investigação venha a tomar o lugar da especialização no campo científico. Pelo contrário: a divisão do trabalho tornou-se condição elementar do aprendizado. A aceitação desse ponto, entretanto, não implica de modo algum a aceitação fatalística da tese de que a sociologia do espírito é um campo excessivamente vasto para uma abordagem legítima. A necessidade de definir o foco de investigação não pode condenar para sempre as ciências sociais à cegueira voluntária para com problemas situados entre os limites convencionais de duas ou mais disciplinas. Deve haver — e há na verdade — uma sensibilidade cres-

---

1 Ver, por exemplo, BART LANDHEER, *Mind and Society: Epistemological Essays in Sociology*, Haia, 1952, p. 22: "Em primeiro lugar, é necessário que a sociedade como tal seja concebida como um conceito, uma abstração".

cente para configurações do real que a visão parcelada esconde.

Deparamo-nos então com a questão de como transcender nosso estado atual de fragmentação do conhecimento e atingir uma visão integrada das relações humanas. Devemos aprender a perceber fatos distintos em suas inter-relações e procurar ajustar visões segmentadas numa perspectiva concreta. Essa questão leva ao problema da sociologia do espírito como contrapartida da ciência da sociedade. Na medida em que a sociedade é o denominador comum entre interação, ideação e comunicação, a *sociologia do espírito* é o estudo de funções mentais no contexto da ação. É dessa abordagem que devemos esperar uma das possíveis respostas à tão necessária síntese.

Reconhecer a necessidade de tal abordagem, entretanto, não é o mesmo que admitir sua viabilidade. Não será possível que esse esquema leve a um diletantismo incômodo e a um ecumenismo espúrio? Ou que a simples opinião ou conjetura tomem o lugar do método científico? Tais apreensões não podem ser sumariamente descartadas, pois elas são sentidas por muitos dos que estão preparados para perceber que em última análise todo método científico deve transcender suas autolimitações. Estes receios só podem ser superados se derivam não de uma rejeição em princípio da necessária síntese, mas do medo de suas conseqüências. Somente os adeptos confessos de um fetiche departamental é que não podem ser persuadidos, pois não há esperança para aqueles cuja preocupação com questões de procedimento tornou-os cegos para objetivos concretos.

Nenhuma disciplina pode elaborar com êxito as regras de procedimento para outro. O método de investigação numa área mais vasta e diferentemente definida das demais deverá derivar da prática efetiva de estudo nessa área. É ao comê-lo que se testa o bolo, e não em sua preparação[2]. Mas que fique bem claro, tendo em vista os que temem o espectro da improvisação, que o tipo de investigação aqui proposto possui um âmbito controlável e limitado. A sociologia do espírito é concebida como uma visão integrada da ação social e dos processos mentais, e não como uma nova filosofia da história. Não se está propondo algo como uma teleologia histórica globalizante ou um sistema fechado de seqüências dialéticas disfarçadas, nem muito menos um esquema morfológico de ciclos culturais. Tais ensaios de síntese já tiveram sua voga. A tarefa do cientista social é seguir ou criar regras comuni-

---

2 As normas universais do procedimento científico, como a comunicabilidade dos procedimentos, a redução de pressupostos e o cuidado de não ocultá-los dizem respeito às funções públicas e cooperativas do procedimento científico em geral, ao passo que os métodos são específicos na medida em que derivam de operações reais em áreas particulares.

cáveis de procedimento cooperativo, antes que desempenhar
o papel solitário de visionário. A integração é tão propícia
ao trabalho de equipe como a análise, apesar da divisão de
trabalho no primeiro caso diferir do segundo. Somente um
tipo de observação voltada para a integração pode produzir
uma síntese. Argumentar que o esforço integrativo deve ser
suspenso até que os fatos pertinentes tenham sido coletados
em seus campos respectivos é enganar-se quanto à natureza do
procedimento sintetizador. A integração não se inicia com a
acumulação completa de fatos, nem em cada ato elementar
de observação. O problema não é psicológico; a questão não
é saber como uma pessoa pode absorver o conhecimento e a
experiência de outros. O que se procura não é uma poli-história.
O que se faz necessário é uma contínua experimentação
com os procedimentos da pesquisa cooperativa, usando métodos
para condensar conhecimento em torno de novos focos
de análise.

Condensar um volume desconcertante de informação a
proporções controláveis significa depurar, refinar e tornar utilizáveis
os dados pertinentes, preparando-os para as operações
subseqüentes. O atual descuido para com esses passos intermediários
é responsável por todo um desperdício de esforços
sancionado por nossa organização paroquial de pesquisa. Projetos
de pesquisa potencialmente frutíferos acabam por perder-se
no vácuo por falta de organização. Boa parte da
produção sociológica carece de caráter cumulativo por faltar-lhe
a preocupação com sua relevância para uso posterior e
por causa da consagrada relutância em reunir o que os especialistas
separam. Repetindo, integração não é meramente
um apêndice final à rotina de coleta de dados; ela abarca o
processo inteiro, começando com a busca de relevância na
pesquisa e continuando na condensação de material pertinente
a despeito de sua procedência especializada. O pré-requisito
de um núcleo cumulativo de generalizações nas ciências
sociais decorre da existência de um corpo crescente de
conhecimento *intercambiável,* de conhecimento que possua
significado em diversos campos de especialização e possa ser
usado em novos esquemas de referência. A continuidade e o
progresso em áreas como a economia, antropologia, ciência
política, comunicações, arte e literatura não estarão garantidos
enquanto seus *objetos* forem tratados como entidades independentes
e mutuamente impenetráveis.

A crescente interdependência da vida exige do investigador
da problemática humana uma capacidade cada vez
maior de perceber as coisas em suas inter-relações. Isto não
será fruto da intuição, mas de uma divisão de trabalho centrada
em diferentes temas. Se a ordem ainda dominante de especialização
pode ser caracterizada como vertical, é de uma hori-

zontal que necessitamos. Esta deve fixar-se em torno de temas concretos, em lugar de prender-se a um único aspecto de muitos itens de informação vagamente agregados. Por exemplo, o investigador de uma certa corrente literária horizontalmente especializado terá que conhecer a carreira e a mobilidade dos seus expoentes, suas motivações, a natureza do público ao qual se dirigem, os canais de comunicação disponíveis, a orientação social de seus patronos e as divisões sociais e políticas dentro das quais têm lugar suas opções. Em resumo, enquanto a divisão vertical de trabalho não obriga o especialista a um pleno domínio de seu objeto de estudo, o método alternativo de especialização aqui proposto converge para tópicos precisos a partir de uma variedade de direções nas quais as relações pertinentes podem ser localizadas. Não se trata de tentar o impossível, quer dizer, reconstruir os infinitos detalhes que compõem um fenômeno concreto. O objetivo é o relato condensado das relações relevantes para uma abordagem generalizadora do tema escolhido. A adoção desse tipo de procedimento não suprime a especialização do tipo particularista; apenas superpõe a essa especialização um plano de operação de outra qualidade. Basicamente, este é também o plano em que operam o político, o líder partidário e o executivo industrial. Eles, também, aprenderam a tomar decisões com base numa visão condensada de uma situação complexa e sabem como usar e guiar o especialista para um determinado propósito. Não ultrapassaremos a fase preliminar das ciências sociais, fase das análises elementares e da segmentação, a não ser que aprendamos a trabalhar com as descobertas de outros a despeito de sua procedência. Se isso não se verificar, continuaremos com a nociva prática de derivar os elementos de uma perspectiva concreta das coisas a partir do trabalho de especialistas indiferentes ao nível das relações, devendo então relegar a síntese às extemporaneidades dos filósofos da história.

A tarefa de continuar *en rapport* com uma realidade cada vez mais complexa requer experimentação com métodos legítimos de investigação interdependente. Inquestionavelmente, o uso de fontes secundárias, ainda que crítico, acarreta maior margem de erro nas ciências sociais do que nas naturais, mais antigas, devido principalmente ao maior número de implicações interpretativas nos dados das primeiras. Alguns corretivos podem ser buscados na identificação do ponto de vista particular que orientou a interpretação de um certo conjunto de dados. Somente a experiência poderá revelar recursos adicionais para reduzir o fator de inexatidão. Não dispomos de esquemas ou regras pré-fabricadas que nos guiem em tal empresa. Os sistemas fechados são em geral o desfecho da visão retrospectiva de uma ordem estabelecida de coisas, ao passo que o estado atual das ciências sociais não indica a existência de um corpo de procedimentos consolidados.

3. *Natureza Experimental da Investigação. Seu Objetivo Inicial: Crítica dos Falsos Conceitos de Espírito e Sociedade*

Os ensaios que seguem não constituem capítulos de um sistema compacto. Um projeto de sociologia do espírito, no presente, dificilmente pode propor-se a ir além da etapa inicial, e nenhum prospecto de apreensão unitária do tema delineia-se no horizonte imediato. Tudo o que parece praticável hoje são simples passos exploratórios, em busca de uma iluminação sociológica da história e de uma melhor compreensão de nossa própria atualidade. O tema destas indagações não se coaduna com um ataque impetuoso, pois este não lograria mais que um conjunto de observações conceituadas ao acaso, ou, pior ainda, a entronização de uma imaginária passada. Não há substituto para o avanço passo a passo em direção a nosso objetivo e o gradual refinamento dos instrumentos de investigação.

Montaigne denominou sua obra de "Ensaios". O sociólogo em particular apreciará esta expressão de uma aceitação prudente e franca da visão fragmentária das coisas. Em situações como a de Montaigne, não se chega a um novo discernimento sem antes limpar o terreno para remover tudo o que impede uma visão mais ampla. Os passos iniciais devem consistir de análises críticas capazes de liberar os elementos de uma nova perspectiva de seu enredamento com hábitos de pensar antiquados e insustentáveis. Somente a contínua autocrítica e a revisão periódica do que pareçam ser novas conquistas podem nos preservar da tentação de forçar novas experiências nos moldes de sistemas ultrapassados. Os investigadores que situam a busca de respostas genuínas acima da "busca de certezas" não aceitarão panacéias e fórmulas sumárias em lugar da compreensão gradual de uma situação problemática. Esta é a razão do caráter fragmentário dos trabalhos de Max Weber, Dilthey, Sumner e I. W. Thomas, e também do presente estudo. O que não nega sua preocupação precípua com uma sociologia do *espírito* que proporcionaria, finalmente, um esquema de referências mais amplo para nossas investigações anteriores no campo da sociologia do *conhecimento*. Foi destes estudos anteriores, incluindo *Ideologia* e *Utopia*, que emergiu a tese do condicionamento existencial do conhecimento, ou seja, a proposição de que a relação entre concepções particulares da realidade e modos determinados de inserir-se nela são passíveis de articulação científica. Os estudos que seguem foram empreendidos com a esperança de que esses argumentos possam finalmente desabrochar na proposição mais ampla do condicionamento existencial da mente como ponto de referência para a sociologia do espírito[3]. Atualmente, apenas peças dispersas desse arcabouço são visíveis, principalmente quando ele colide com pontos de vista anteriores e sempre que o progresso da indagação histórica dependa de uma renovada introspecção metodológica. Apesar dos estudos empíricos serem hoje muito mais importantes do que as reflexões metodológicas, não há necessidade de converter fatos em fetiches, pois fatos puros não constituem resposta na ausência de perguntas relevantes. Repetindo: a finalidade das considerações que seguem não é construir um sistema inclusivo. O avanço em direção ao objetivo enunciado só pode ser logrado passo a passo, do elementar ao complexo. Entretanto, um esclarecimento do conceito central deste ensaio deverá preceder as partes subseqüentes do estudo. O principal argumento deste capítulo introdutório, portanto, tratará dos usos apropriados dos conceitos de história, sociedade e espírito, e da revisão crítica de interpretações dos mesmos em fases anteriores da sociologia e filosofia alemãs.

II. O CONCEITO FALSO E O CONCEITO CORRETO
DE HISTÓRIA E SOCIEDADE

1. *A Teoria de uma História Imanente do Pensamento e a Razão de sua Aparição*

Já é comum a observação de que, apesar do livre fluxo de idéias através de fronteiras políticas, certos temas só reaparecem no pensamento organizado de cada país. Estas limitações da difusão intelectual não só ilustram as raízes sociais do pensamento, como também fornecem uma razão convincente para que se preste especial atenção ao meio onde se inicia o trabalho de pesquisa. Apresentar uma proposição apenas afirmativamente, sem implicações antitéticas, é o mesmo que evitar seu ponto de partida. Um exame rigoroso revelaria a origem polêmica de todas as afirmações, inclusive as que são formuladas sem uma consideração explícita de sua

[3] O leitor encontrará um esboço preliminar no final deste capítulo introdutório.

antítese. Dado que o interesse sociológico pelo intelecto originou-se na Alemanha, o presente argumento será desenvolvido com referência à controvérsia alemã sobre o tema. A atenção será focalizada não tanto em indivíduos mas em modos correntes de pensamento, especialmente certos enganos habituais que ainda embaraçam os termos "sociedade" e "intelecto". A prioridade aqui dada aos aspectos controversos destas categorias não implica uma avaliação puramente negativa das condições existentes na Alemanha para a exploração de fenômenos mentais. Muito pelo contrário. Humanistas alemães, de Hegel a Dilthey, não só revelaram grande riqueza de material como propuseram um frutífero esquema de estudo. Os quadros de referência de Dilthey, na *História da Consciência Humana* e na *Crítica da Razão Histórica* e os de Scheler na *Antropologia Filosófica* valem por si próprios. O fato de que a abordagem alemã traga a marca de sua origem filosófica pode perfeitamente fazer face à crítica, venha ela de fora ou de um mal entendido positivismo de tipo alemão.

E, no entanto, o saber humanístico alemão em parte perdeu e em parte nunca realmente possuiu uma visão essencial das coisas que americanos e outros europeus têm sido capazes de captar: a descoberta do caráter social do pensamento e da ação do homem, uma certa familiaridade com a história social e, mais importante, a capacidade de perceber ação e pensamento, triviais ou elevados, em suas perspectivas adequadas. A ênfase exagerada que certos historiadores e filósofos atribuíram à "grande personalidade" e seu "destino solitário" é um bom exemplo disso. Não pretendemos desmerecer um grande gesto ou um *pathos* sincero que tais espíritos expressam, mas questionamos os padrões de comparação de que se originam tais apreciações. Quem não esteja familiarizado com a dimensão social das realizações individuais, vendo apenas os produtos acabados dos processos mentais e ignorando como eles se realizam, não está realmente capacitado a distinguir os componentes individuais dos sociais na atividade criativa. Não se pode alcançar uma perspectiva histórica verdadeira sem ter consciência da inserção social dos acontecimentos históricos. O ponto crucial do problema, entretanto, não é descobrir como descortinar a dimensão social dos acontecimentos, mas, antes, explicar como gerações sucessivas puderam ignorá-lo.

Não se pode responsabilizar Hegel pelas inibições sociológicas do humanismo alemão, pois ele foi um observador incisivo da atualidade social de seu tempo. O impacto da Revolução Francesa, o declínio do velho império alemão e o entreato napoleônico deixaram suas marcas na compreensão histórica de Hegel e em sua participação na reconstrução política e intelectual da Prússia. O conceito de Hegel de "espírito objetivo" nos indica sua apreciação do social, não obstante o traço espiritualista e supra-racional de seu sistema. Mas o que seus sucessores destilaram de sua obra é uma miragem de idéias autopropulsoras e uma visão sublimada da história narrada num vácuo social. Entretanto, nenhuma crítica da infeliz doutrina da imanência do pensamento pode ignorar o papel de Hegel na gênese desse perene *leitmotiv* do pensamento histórico alemão.

A tese da evolução imanente das idéias baseia-se na suposição de um intelecto auto-suficiente que evolui por si e de si próprio através de seqüências preordenadas. Nas páginas seguintes essa concepção será analisada em quatro passos. Os dois primeiros procurarão revelar as circunstâncias um tanto triviais que condicionam a metafísica da doutrina. Neste ponto, aceitamos e risco de menosprezar temas elevados; mas, uma vez pelo menos, deve-se tentar rever essa concepção inflada dos fenômenos mentais. A gênese desta distorção será traçada nos rastros de certos atributos da existência acadêmica. A terceira e a quarta fase da análise tratarão das premissas religiosas do tema.

Primeiro passo — um simples relance bastaria para estabelecer a longa lista dos devotos da doutrina da imanência do pensamento na profissão docente. Os protagonistas foram, em sua maior parte, filólogos, historiadores e filósofos que firmaram suas convicções, como o faz quase todo mundo, dentro daquele segmento particular do universo no qual suas existências cotidianas seguiram seu curso habitual. É evidente que uma existência afastada do palco dos acontecimentos tenda a ser contemplativa e, portanto, sujeita a certas ilusões sobre a natureza da realidade. O entrechoque de partidos, interesses e opiniões na arena mais inclusiva, na perspectiva do alheamento contemplativo, pode facilmente transfigurar-se em mera controvérsia de escolas alternativas de pensamento. Enquanto os homens que diariamente enfrentam a rudeza e o fragor da vida empregam o pensamento como um instrumento para fazer frente a cada nova situação, os habitantes do santuário acadêmico invocam o pensamento como um médium que lhes reconstrua e torne visíveis os fatos consumados. Enquanto as funções mentais do profissional prático se originam e terminam com seus problemas, os processos reflexivos do acadêmico se iluminam e se nutrem do pensamento alheio. E enquanto o funcionário e o operário defrontam-se diretamente com situações sociais, o acadêmico encara a aparência de um *continuum* intelectual de idéias mutuamente produtivas. É a generalização dessa ilusão enclausurada que evoca a noção de um intelecto imanente engendrado por si próprio.

Neste ponto, poder-se-ia argüir que certamente os acadêmicos têm também uma vida privada que deve refrear suas ilusões profissionais, que eles também empregariam o pensamento na sua função de resolver problemas da vida diária. Este deve ser certamente o caso nos momentos extracurriculares da vida; mas é próprio da natureza de tais vidas desligadas e no entanto altamente interdependentes que seu tradicional *esprit de corps* possa efetivamente inibir a interpenetração de suas duas visões do mundo: a privada e a profissional. O enclave acadêmico não é, entretanto, o único que ocasiona esse tipo perene de ilusão. Os "rentistas" de antes da guerra — isto é, os recebedores de rendas fixas de fontes independentes — também mantiveram concepções em que os ideais estabelecidos de uma "boa vida" coexistiam com os fatos em contrário de um mundo corrompido. A depressão tornou inevitável uma revisão dessa perspectiva bifocal e, gradualmente, a experiência diária e privada invalidou a concepção axiomática de como deveria ter sido a ordem mundial. Continuamos a testemunhar a decomposição e transformação dessas camadas sociais e podemos estudar a concomitante mudança em sua mentalidade. Mas a lição será nula para os acadêmicos cuja noção de segurança se baseia na tradição de auto-suficiência escolástica. A visão aberta exige reorientações periódicas e autocrítica, oferecendo pouca segurança ao indivíduo enclausurado. Os filósofos da história teriam muito o que aprender com os que fazem a história. Qualquer que seja a bússola intelectual dos homens que controlam o leme, dificilmente iriam eles arriscar-se a seguir um mapa enganoso. A ação desfaz uma ilusão mais depressa que a contemplação.

Assim sendo, a posição do acadêmico acarreta uma fonte potencial de preconceito. Sem dúvida, lazer e descompromisso são pré-requisitos do saber; mas os preconceitos resultantes do pensamento alienado tornam-se cumulativos se não se exige nunca que as soluções encontradas passem pelo teste da realidade. Uma produção intelectual que não precise fazer frente às exigências de situações concretas dificilmente escapará das armadilhas da reflexão incestuosa, isto é, a tendência a idealizar seu objeto. O antídoto para tal pretensão não se encontra nem numa metodologia refinada, nem num uso maior de material de informação. O corretivo deve provir de um esforço consistente para compreender o pensamento inserido numa situação. Em suma, a solução delineia-se na perspectiva ampla da sociologia antes que na estreiteza da hermenêutica.

Até agora, o modo alemão de abordar os problemas históricos tem oscilado entre configurar acontecimentos políticos e configurar seqüências de pensamento. A área intermediária entre esses dois interesses ou pareceu impenetrável à análise ou foi considerada sem interesse para a pesquisa. Tentativas insatisfatórias de fazer uma "história cultural" ficaram muito aquém do objetivo. Se de um lado as reconstruções de Burckhardt foram de gênero artístico, seus sucessores se enredaram em detalhes anedóticos. A compreensão intuitiva de Lamprecht não desceu à conexão real das coisas. O material revelado por esses estudos é bastante significativo, mas só de modo muito limitado é que ele diz respeito ao que é essencial na história. Toda uma dimensão intermediária da história permaneceu inexplorada, principalmente porque o acesso a ela tem sido bloqueado pelo predomínio da história política e a preocupação com a evolução das idéias.

O observador que apenas se interesse pelos grandes ímpetos dos movimentos políticos dificilmente reconhecerá que as coisas que se configuram na rotina diária podem ser significativas e, o que é mais importante, que elas também têm uma estrutura. Mas assim como o saber oficial alemão barrou o acesso à sociologia, o refinado escolasticismo de que se revestiu a história das idéias revelou-se um obstáculo ao surgimento de uma psicologia concreta. Uma sensibilidade para com as atitudes e circunstâncias cambiantes do homem, tão bem compreendidas na França desde Montaigne, não se desenvolveu realmente na Alemanha, talvez com a notável exceção de Nietzsche. O idealismo alemão permaneceu imune ao conhecimento profundo das motivações humanas. Estas foram consideradas comparativamente triviais e periféricas em relação ao turbilhão de acontecimentos ao nível do Estado e no domínio das idéias. As reverberações da filosofia de Hegel e da historiografia de Ranke evitaram o campo intermédio no qual indivíduos concretos interagem e procuram o melhor modo de se haverem com suas circunstâncias. Ignorando as críticas de Marx e Lorenz von Stein quanto à falta de toda uma dimensão no historicismo alemão, a tradição consagrava o desprezo escolástico pelas coisas reais.

Segundo passo — a ilusão do fluxo imanente de idéias encontra um apoio adicional no próprio modo geral pelo qual o humanista se defronta com suas fontes de informação. As obras do passado aparecem ao acadêmico como quadros numa galeria: um conjunto de entidades descontínuas. A tentação de interpretar essa ordem como um desenvolvimento orgânico e contínuo é quase irresistível aos que limitam seu interesse à documentação histórica da expressão criativa. O que se ignora nessa imaginária são as áreas intervenientes nas quais os homens agem e reagem como seres sociais. Assim, a ilusão idealista está enraizada em algo tão pouco profundo como a conceituação do esquema bidimensional segundo o qual a biblioteca e o museu exibem seus objetos. A dimensão ausente, a social, dificilmente será descoberta dessa perspectiva. De fato, a evolução artística ou a história literária não existem como coisas; só são reais as situações singulares que dão origem à necessidade de representar um aspecto da vida. A expressão do pensamento e a percepção não são mais que meros fragmentos da realidade; pela mesma razão, sua cronologia completa não é história, só se podendo admitir construções como a história da arte na medida em que fique explícito que seus recursos classificatórios foram criados por conveniência. Sua reificação é o perigo supremo do saber livresco.

Terceiro passo — enquanto os argumentos precedentes referiram-se aos aspectos triviais da existência acadêmica, esta fase da análise deve referir-se a um assunto mais sofisticado: a origem religiosa do conceito alemão de *Geist*. Foi Lutero, em particular, quem transferiu a concepção religiosa do espírito para o domínio da filosofia secular. Anteriormente, a Igreja medieval havia enunciado o antagonismo entre espírito e corpo, mas o vazio entre a esfera espiritual e a vida humana só se tornou absoluto com o dualismo radical de Lutero: "Pois o que não pertence ao Espírito ou à Graça não vive". (Lutero: *Da Liberdade do Cristão*, 1520.) A excessiva sublimação do espírito e conceitos afins na literatura humanística alemã pode ser atribuível à contínua influência do dualismo luterano.

Quarto passo — a teoria da imanência tem ainda outra raiz na doutrina religiosa alemã: na noção de *liberdade espiritual*. Também esta idéia foi elaborada por Lutero: "É portanto óbvio que nenhuma coisa externa, seja da natureza que for, pode dar-lhe (ao homem) liberdade ou fé. Pois a fé e a liberdade, enquanto opostas ao rancor e à sujeição, não são corpóreas nem externas".

Uma versão secular desta doutrina tornou-se a tese central do idealismo alemão. A "liberdade" de Lutero (liberdade de tentação) passou a significar indeterminação. Sua concepção de espiritualidade (a comunhão do homem com Deus através da fé) desembocou na doutrina do intelecto soberano e autopropulsor, ao passo que, do lado negativo, a concepção moral de Lutero sobre sujeição transformou-se na tese filosófica do determinismo no domínio físico. "O pensamento e o conhecimento são possuídos em absoluta liberdade. ... a liberdade enquanto tal é o fundamento supremo de toda consciência." (Fichte: *Bestimmung des Gelehrten*, 1974.) É compreensível que esta concepção dualista tenha efetivamente impedido tanto a aparição de qualquer teoria sobre o meio social, como as abordagens deterministas e sociológicas dos problemas do intelecto. Pois essas "coisas externas" não podem ser racionalmente compreendidas por uma filosofia fundada sobre a liberdade absoluta e a indeterminação do espírito.

Neste ponto, pode parecer que nossos últimos dois passos seguiram o preceito idealista de explicar uma idéia pela validade de outra. Na verdade, a afinidade entre Lutero e a teoria da imanência não pode ser devidamente compreendida sem referência ao contexto social a partir do qual o já dilatado conceito de liberdade evoluiu e se estabeleceu na Alemanha. Este processo foi motivado pelas aspirações frustradas do campesinato alemão e das classes médias dos séculos XVIII e XIX. O contraste com a mentalidade puritana é marcante. Os escapes sociais encontrados pelas seitas calvinistas e a oportunidade que tiveram de agir segundo suas convicções religiosas com sucesso reconciliaram o puritanismo com o mundo real, este entendido como um campo de experimentação: a sóbria visão pragmática da vida não colidiu com a motivação puritana. O surgimento de um desenvolvimento paralelo na Alemanha, por outro lado, foi barrado pela rígida estrutura dos estados territoriais e pela rápida identificação da igreja luterana com os mesmos. Desprovidas de um foco concreto para seu pensamento e ação, as classes médias cultas da Alemanha acomodaram-se ao estado burocrático e espiritualizaram a idéia de liberdade até convertê-la em determinismo intelectual. Este conceito introvertido de liberdade tornou-se a pedra angular da teoria da imanência e uma das principais barreiras acadêmicas para uma abordagem sociológica da história, do pensamento e da política.

Digressão sobre a História da Arte

A teoria da imanência não se limitou apenas aos sistemas filosóficos alemães. Sua importância foi muito maior, devido à sua aplicação a quase todos os ramos da investigação histórica. Mas nenhuma área de pesquisa foi tão atingida pelo impacto dessa doutrina como a história da arte. Foi nesta, portanto, que o caráter insustentável da teoria da imanência se tornou evidente pela primeira vez.

Foi no estudo de estilos e formas que primeiro se procurou a existência de continuidades inerentes. Em certo sentido, as idéias de evolução estilística e de arte pela arte repousam sobre concepções análogas. Em ambas se afirma a autonomia da forma e sua primazia sobre o conteúdo artístico. A aplicação desses princípios ao material concreto da história da arte acabou por trazer à tona certos aspectos do fenômeno artístico que o enfoque estilístico ignorava, como por exemplo os objetivos religiosos dos pintores e escultores primitivos. Além disso, tornou-se evidente que obras de arte de períodos posteriores também expressam elementos essenciais da *Weltanschauung* do autor, e que esta se relaciona à inserção histórica da obra de arte. A obra de Dvořák marca a transição entre a interpretação estilística da arte e o conceito mais amplo de história da arte como um aspecto da modulação religiosa e filosófica das idéias[4].

A partir de Dvorák tornou-se corrente a idéia de que o enfoque estilístico deve abranger uma análise cultural da arte. O crescente descrédito de uma superespecialização do assunto, muito naturalmente, acabou por alimentar os esforços de superar as limitações de uma especialização pela adição de outras. Os historiadores da arte começaram então a buscar analogias entre a arte e o pensamento contemporâneos. Mas enquanto esse abandono da interpretação linear da evolução estilística abriu novas perspectivas de pesquisa, o novo uso referencial de material histórico adicional não conseguiu livrar-se das limitações do procedimento anterior. As obras do passado continuavam sendo vistas segundo a óptica da biblioteca e do museu, como entidades separadas, não obstante serem agrupadas ao nível de um mesmo universo de discurso. Passou-se a aceitar a possibilidade de descobrir relações entre a escultura, pintura, literatura e filosofia contemporâneas, mas a demonstração de tal hipótese foi relegada a uma vaga morfologia intuitiva. O fato de que os vários componentes de uma cultura amadurecida possuam uma certa coesão foi bem compreendido, mas sua sinopse foi deixada à interpolação. Os estudos de Hamann e Hausenstein revelam uma tentativa de expandir a visão sinótica em direção ao nível social[5]. Na grande obra de Dehio não faltam referências à situação social em que o artista opera[6]. Entretanto, essas descobertas não forneceram mais que material incidental e não chegaram a se transformar em princípios de articulação.

Indubitavelmente, o abandono tácito da teoria da imanência expandiu o alcance desses estudos. Mas mesmo assim, não se atingiu a questão central da história da arte: que mentalidade é expressa pelas obras de arte? Qual é sua identidade social? Que tipos de ações, situações e escolhas tácitas compõem as perspectivas nas quais o artista percebe e representa certos aspectos da realidade? Se as obras de arte refletem pontos de vista, valores e afirmações, quem são os protagonistas e quem são os antagonistas? Que tipo de reorientação é refletido nas mudanças de estilo? Tais indagações não têm lugar numa visão fragmentária das obras de arte. O vazio conceitual que as separa não é preenchido, mas sim dissimulado, por idealizações tradicionais como a de "espírito do tempo". Somente a sociedade, enquanto variável estrutural, tem história, e é só num *continuum* social que a

---

4 Ver MAX DVORAK, *Kunstgeschichte als Geistergeschichte*, Munique, 1924.
5 Ver RICHARD HAMANN, *Der Impressionismus in Leben und Kunst*, 1923, e *Deutsche Malerei im neunzehnten Jahrhundert*, 1914; WILHELM HAUSENSTEIN, *Von Geist des Barock*, 1920 e *Barbaren und Klassiker*, 1923.
6 Ver GEORG DEHIO, *Geschichte der deutschen Kunst*, 3 v., 1919-1924.

arte pode ser propriamente compreendida como entidade histórica.

2. A Falsa Polarização dos Atributos "Material" e "Ideal"

A concepção polarizada de um nível *ideal* e outro *material* das coisas constitui uma segunda falácia que, assim como a doutrina da imanência, tem obstruído a reflexão histórica alemã. Novamente, pergunta-se por que um assunto basicamente simples tem sido persistentemente mal interpretado. Como foi possível duvidar do caráter social do espírito e ignorar as implicações mentais da conduta social? Conceber um intelecto abstrato, sem pessoas concretas que atuem em situações sociais dadas é tão absurdo como supor o oposto, ou seja, uma sociedade desprovida de comunicação, ideação e atribuição de valores. É no interior dessa dicotomia destorcida que o termo "material" foi concebido como o reverso de um espírito desencorpado. Que significa, realmente, o termo "material"?

Havia, entre os sucessores filosóficos de Hegel, uma chamada "ala esquerda" que se aplicava o epíteto "materialista" para expressar sua oposição à corrente idealista de pensamento. Strauss, Feuerbach e Marx, cada um a seu modo, proclamaram o credo comum desta escola antitética. Sua oposição tinha pouco a ver com o materialismo científico de Büchner, muito mais conhecido. Sua confusão é responsável, em parte, pelo obscurecimento que envolve a controvérsia materialismo *versus* idealismo.

O materialismo dos hegelianos de esquerda introduziu na literatura política recente o enigma de saber quem faz a história — indivíduos fora do comum ou as massas. Para que tenha sentido e possa ser respondida, a questão deveria ser recolocada da seguinte forma: quem faz a história, indivíduos isolados ou pessoas socializadas e interdependentes? *Status* individual e coletividade não são termos incomensuráveis nem antípodas. A eminência pessoal é atribuída a indivíduos que demonstrem compreensão e domínio excepcionais de uma situação também excepcional. Mas mesmo que os "grandes homens" da história não transcendam a esfera social das coisas, nenhum sociólogo pode, racionalmente, ignorar ou duvidar de sua existência.

Por outro lado, quando os acontecimentos são vistos em retrospecto ou à distância, torna-se mais forte a tentação de atribuir os resultados conhecidos de uma cadeia de eventos não-documentados à pessoa conhecida que forma o último elo; em outras palavras: atribuir o desconhecido ao conhecido. Boa parte do culto aos heróis apóia-se na névoa que encobre uma série de detalhes relevantes. O estudo feito por Vierkandt em 1908, *Die Stetigkeit im Kulturwandel* (continuidade na mudança cultural), oferece-nos uma visão do caráter cumulativo da maioria das grandes invenções [7]. Consistem, em sua maior parte, na soma total de invenções menos conhecidas que são finalmente sintetizadas por um passo final. Conhecer os passos anteriores não significa subestimar o último ato sintetizador, pois somente o processo inteiro pode fornecer o padrão com que se avalia o ato culminante. Conceber um ato completamente isolado dos outros é tão extremado como supor que se possa falar uma língua que não tenha tido nenhum uso anterior em algum grupo humano. Falar é alterar e desenvolver uma língua existente. A conversa de esquina e a inovação lingüística do poeta diferem apenas em grau. Portanto, não faz muito sentido atribuir idéias só aos grandes indivíduos e reservar o epíteto "material" para as massas. A esse respeito, a tese da determinação material das idéias não oferece uma proposição suscetível de comprovação empírica.

A hipótese do materialismo histórico, entretanto, é de caráter totalmente diverso. Ainda que a expressão reflita sua origem polêmica, ela não passa de outra denominação da interpretação econômica da história. Qualquer que seja seu mérito, a insistência no primado da "infra-estrutura" econômica sobre a "superestrutura" ideológica não postula o primado da matéria sobre as idéias, mas a prioridade de um tipo de interação social (a econômica) sobre as demais. Ambos os tipos de ação implicam ideação e comunicação, assim como certas necessidades biológicas e todo um aparato material.

A interpretação materialista da história, entendida desse modo, pode significar uma das seguintes três coisas, ou todas. Em primeiro lugar, pode denotar a pretensão de que as funções que se referem às necessidades fundamentais e biológicas do homem são mais urgentes e menos suscetíveis de adiamento e sublimação do que aquelas referentes às chamadas necessidades secundárias. Em segundo lugar, tendo as atividades econômicas uma margem de variação mais restrita que as demais, estas é que devem procurar ser coerentes com as atividades econômicas. Finalmente, as atividades econômicas têm continuidade absoluta e nesse sentido formam a base primeira da integração social. Ora, estas proposições podem ser inteligentemente discutidas sem recurso à estéril antinomia de espírito e matéria.

[7] Ver também W. F. OGBURN, *Social Change*, 1923.

3. *Os Falsos Conceitos de História, Dialética e Mediação*

A história, cada vez mais, vem sendo identificada com uma ampla e dinâmica visão da realidade. O que torna histórica uma narrativa não é o uso do verbo no passado, pois o historiador já pode estar trabalhando antes que o pó se assente. Nem muito menos se faz historiografia com uma simples crônica de eventos dramáticos. A crescente interdependência da sociedade e sua acelerada variabilidade nos têm proporcionado novos critérios para expor e interpretar a mudança. Para os fins aqui propostos, a história será considerada como o estudo *explícito* da mudança, narrada *compreensivamente* como um processo *contínuo*. As observações que seguem pretendem lançar alguma luz sobre o significado desses termos.

Para tornar *explícito* o fenômeno da mudança, é necessário levar em conta as forças atuantes de modo a mostrar o sentido da direção e o resultado do processo. Existe certo paralelismo entre a exposição histórica e a dramática. A resolução do drama genuíno torna-se imperiosa a partir do momento em que a situação dramática revela-se em todos os seus aspectos. A ação deve desdobrar sua dinâmica interna a partir da exposição e nenhum *deus ex machina* pode decidir o desenlace. Analogamente, o historiador deve desenredar a trama de eventos a partir de uma configuração estabelecida dos fatores que constituem a situação histórica. Em outras palavras, ele deve levar a abordagem determinista até o limite permitido pelos fatos. Por certo, a dimensão e a forma da narração determinarão até que ponto as idéias poderão ser explícitas; um esboço pode apresentar um perfil penetrante de um dado tema com mais sucesso que uma variedade de detalhes não estruturados pintados num grande painel.

Os anais mesopotâmicos de acontecimentos da corte e as genealogias de chefes polinésicos não constituem história na medida em que carecem de *continuidade*. A substância da história — quer a chamemos vida ou realidade — não ocorre intermitentemente, mas sob a forma de uma corrente não interrompida de ações. Algumas são descontínuas, como rebeliões, descobertas, batalhas, atos legislativos e eventos literários, ao passo que outras são contínuas, como as atividades que proporcionam alimento, abrigo, saúde, educação, segurança, manutenção da ordem etc. O complexo destas funções constitui uma estrutura dado que suas inter-relações denotam um padrão recorrente, característico de uma sociedade determinada. Somente através da articulação dessas funções permanentes é que a continuidade da vida se torna manifesta e que eventos descontínuos podem ser compreendidos como elementos de um *continuum* histórico O que confere essa dimensão de continuidade ao estudo da mudança, portanto, não é a enumeração "completa" dos fatos — como se isso fosse possível — mas a narração de fatos no contexto particular de funções contínuas.

A realidade histórica só pode ser concebida como uma estrutura que inclui atividades inter-relacionadas. Na medida em que a realidade é a substância e o objeto da história, a *compreensividade* passa a ser um dos critérios do relato. Entretanto, o historiador pode encarar seu objeto a partir de uma perspectiva de sua própria escolha. Seu enfoque pode restringir-se a um aspecto parcial da vida como o direito, a administração, a literatura ou a economia. Nesse caso, sua apresentação selecionará os fatos relativos ao seu interesse especializado, contanto que esses sejam inseridos na estrutura inclusiva das funções contínuas que garantem a persistência da vida. O objeto continua o mesmo — a vida — por mais que varie o foco de atenção seletiva. Em suma, qualquer coleção de eventos descontínuos, tais como invenções sucessivas ou conquistas, pode fornecer o material descritivo para a narração; mas o que a torna histórica é a estrutura compreensiva no interior da qual o material selecionado é apresentado.

A história não é então um substantivo, mas um atributo de uma coletividade em desenvolvimento; não se trata apenas de registrar mudanças, mas também de levar em conta aquilo que muda. A história concebida fora de seu contexto social é como um movimento percebido sem aquilo que se move. Dilthey usou a expressão "realidade sócio-histórica". Antes dele, Hegel também falou de coletividades em desenvolvimento, por ele denominadas *Volksgeister* (literalmente: espírito dos povos). Não obstante a fraqueza de um conceito tão dilatado, pelo menos ele proporcionou a Hegel um quadro de referências para suas deduções evolucionistas. Seus sucessores abandonaram o intento de situar a história ao redor do *Volksgeister*, em parte devido à volatilidade do termo, em parte devido à aparente redução do alcance das histórias nacionais numa era de crescentes conflitos de classe. Foi assim que o conceito de história pura e simples, como entidade *sui generis* e usado sem referência a qualquer coletividade, começou a adquirir um sentido substantivo. A "historicidade das coisas" chegou mesmo a tornar-se objeto de uma ontologia especial, desenvolvida sem referências aos objetos sociais da mudança. A literatura filosófica alemã está cheia de personificações da história, como uma força produtiva, um agente catalisador ou um poder inexorável. Aqui se encontra de novo a noção de um curso preordenado de acontecimentos, dos quais a sociedade é antes o cenário e o objeto passivo que o autor e o executor. Essa relutância em encarar a realidade social como matriz de mudança também explica a tão comum dicotomia entre natureza e história ou entre ciências naturais *versus* ciências históricas. A prática ocidental, mais realista, de contrastar as ciências naturais com as sociais não teve aceitação na literatura alemã.

Esta mesma noção incorpórea de história também atormentou a "dialética" das reflexões históricas pós-hegelianas. Na versão de Hegel, dialética é o processo segundo o qual a mente cria e resolve contradições através de sucessivas fases de auto-realização. Posto que o pensamento seja identificado com a realidade e a evolução da mente com o processo histórico, a dialética governa tanto o pensamento emergente quanto o curso tangível da história universal. Ocorre que a dialética de Hegel é inteiramente coerente com seu sistema, por mais nebulosos que sejam muitos de seus detalhes arquitetônicos; desde que a mente em desenvolvimento é a centelha e a substância da história, o processo histórico deve também refletir o desenvolvimento dialético do espírito e a emergência antitética de todos os seus conceitos. Entretanto, a partir do abandono do sistema hegeliano, tornou-se comum falar em dialética da história *per se,* sem ter em mente o que é que se move ou desenvolve nas formas antitéticas mencionadas. Na verdade, não é a história que é dialética, mas sim dadas situações sociais que revelam incoerências ou contradições na estrutura social. O autor, por exemplo, já tentou analisar impulsos antitéticos em competição de grupos e no conflito de gerações[8]. (Reconhecer antagonismos reais, entretanto, não é o mesmo que postular seu predomínio e contínua evolução através da história. Voltaremos adiante a uma discussão mais ampla da teoria histórica da luta de classes em Marx.) O *locus* das contradições não é a mente, nem o ritmo preordenado da história, mas as situações sociais concretas que dão lugar a aspirações conflitantes e, conseqüentemente, a interpretações antagônicas da realidade: uma vez mais, é a persistente recusa a analisar tais situações que origina a mistificação.

O que vem a ser, então, análise sociológica?

O problema inicial da análise sociológica — como aliás da maioria dos campos de investigação científica — é descobrir como manter a validade de observações isoladas num campo estruturado que ultrapassa o âmbito da experiência individual. Existem, naturalmente, estruturas simples ao alcance da experiência direta. A hierarquia de bicadas num galinheiro ou as rivalidades dentro de um grupo podem ser identificadas de um só golpe. Porém o conhecimento de um assunto que não possa ser abarcado num só ato requer toda

[8] MANNHEIM, Karl. *Essays on the Sociology of Knowledge.* Nova York, 1952. Caps. 5 e 7.

uma série de atos escolhidos não ao acaso, mas de acordo com um esquema adequado à estrutura do fenômeno. Trata-se de um problema de estratégia. Trata-se de escolher posições que possibilitem observações consecutivas de tal modo que elas se relacionem umas às outras e acabem por revelar a configuração do fenômeno. Ora, qualquer análise começa por um contato fortuito, quer dizer, ela se desencadeia a partir de um certo aspecto imediatamente aparente do objeto. Considerações subseqüentes, derivadas de observações adicionais do objeto, irão no entanto modificar as interpretações da primeira percepção. O novo significado não mais se baseia na experiência direta e *ad hoc,* mas é "mediado" pelas fases subseqüentes da análise. Desse modo, a investigação progride da percepção direta e imediatamente dada do fenômeno para uma visão derivativa ou, usando o termo clássico de Hegel, para um tipo de "conhecimento mediato". "...entender um objeto é ... concebê-lo de forma determinada ou mediata..." (Hegel, *Encyclopaedie der Philosophischen Wissenschaften,* 2ª ed., § 62).

Até mesmo as relações humanas cotidianas freqüentemente exigem progressivas reinterpretações de experiências prévias. Encontro um estranho na sala de espera do dentista. Ele me pergunta minha idade, estado civil, renda, posição, educação e passa a fazer comentários desfavoráveis sobre meus méritos e modos. Nesta altura estou a ponto de pedir suas credenciais, quando uma terceira pessoa insinua por gestos que meu interlocutor está intoxicado. Isso modifica meu primeiro diagnóstico da pessoa. Minhas primeiras observações não eram de todo incorretas, mas em face do novo contexto seu sentido mudou. Tal é o desenvolvimento típico das análises sociológicas de estruturas complexas. Pois bem, a sociologia é um campo de investigação científica na medida em que a estrutura de seu objeto não se torna aparente no contexto fortuito da percepção cotidiana. A análise costuma evoluir, portanto, do simples para o complexo. As estruturas simples são imediatamente aparentes, enquanto as complexas só se explicitam através de passos consecutivos que redefinem os dados prévios da experiência. Um campo de estudo não é complexo em si mesmo, mas em relação aos atos nele focalizados. Um campo é complexo se sua estrutura não é revelada por nenhuma de suas partes ou segmentos isoladamente e se o campo inteiro escapa ao foco de um simples ato. O complexo, portanto, é apreendido numa série de atos inter-relacionados. Hegel percebeu claramente que o atributo "complexo" é relativo ao ato de percepção de um objeto:

"...a experiência comum confirma o fato de que verdades evidentemente derivadas de considerações mais complicadas e mediatas podem apresentar-se diretamente à consciência dos que têm familiaridade com o tipo de conhecimento em questão. Certas soluções, resultantes de complicadas análises, apresentam-se ao matemático de modo direto; qualquer pessoa instruída encontra imediatamente ao seu alcance uma série de pontos de vista e princípios gerais que são produto da reflexão metódica e de uma longa experiência. ...Em todos esses casos, a imediatez do conhecimento não exclui seu caráter mediato; o conhecimento direto e o mediato são tão interligados que o primeiro chega a ser produto e resultado do segundo" (Hegel, *ibidem*, § 66).

O que Hegel descreve acima aplica-se, de modo geral, à progressão analítica em todas as ciências empíricas: em certos estágios, os dados da experiência imediata assumem um significado novo e derivativo na medida em que os mesmos são redefinidos em cada novo universo de discurso. Um das contribuições mais duradouras de Hegel à metodologia científica consiste precisamente na afirmação de que cada indução e cada generalização pertence a um conjunto correspondente de circunstâncias supostas ou percebidas, ou seja, pertence a um universo inferido, sujeito a revisão e expansão. Mais recentemente, Morgan [9] e Zalai [10] demonstraram a conexão sistemática entre cada indução e sua correspondente esfera de noções. Nas ciências físicas, eram freqüentemente as aparentes exceções a generalizações estabelecidas que demonstravam os limites de um universo de indução dado, tornando assim necessária a suposição de um universo mais inclusivo. Foi assim que a teoria da relatividade de Einstein não só explicou e confirmou as leis da gravitação universal de Newton dentro dos limites de velocidades baixas, como também levou em conta certas exceções não explicadas pelas leis de Newton. Do mesmo modo, as leis da gravitação de Newton tanto confirmaram a primeira lei de Kepler sobre a órbita elíptica de um planeta, como levaram em conta os desvios que a lei de Kepler não havia levado em conta [11]. Em cada um desses avanços revolucionários na física, a nova hipótese tanto desmentia como parcialmente confirmava generalizações anteriores, enquanto ao mesmo tempo descobria novos fenômenos, não evidentes no contexto anterior de experiência. A teoria geral da relatividade de Einstein, por exemplo, tornou previsível o chamado efeito de desvio de Einstein.

Pode parecer, então, que as consecutivas revisões e extensões do universo de generalizações científicas têm algo em comum com a dialética de Hegel. Três pontos, em particular, sugerem a analogia: a afirmação qualificada da hipótese an-

---

[9] DE MORGAN, *Syllabus of a Proposed System of Logic*.
[10] ZALAI, Bela. A filozáfiai rendszerezés problémája. *Szellem*, n. 2, Budapeste, 1911.
[11] DUBS, Homer H. *Rational Induction*. Chicago, 1930, p. 278.

terior, o abandono de sua esfera de generalização e o estabelecimento de uma esfera mais ampla de relações explicáveis. Entretanto, falta algo da dialética hegeliana: a unidade especulativa entre pensamento e realidade, quer dizer, a identidade introspectiva entre sujeito e objeto que forma a pedra angular do sistema panlogístico de Hegel. Como pode ser explicada essa marcante diferença entre o pensamento hegeliano e o procedimento científico?

O objetivo da ciência, tal como se configurou nos últimos 600 anos, é expandir o alcance das experiências explicáveis através de passos verificáveis que só impliquem suposições de aceitação assegurada. O rigor do procedimento científico baseia-se em sua comunicabilidade, em suas suposições compartilhadas e abreviadas e em seus critérios públicos de evidência. "Científico", portanto, é primordialmente um atributo do procedimento e não da verdade. O que torna peculiar o método hegeliano de pensar é seu intento de reinterpretar, antes que expandir, uma dada série histórica de experiência. Seu sistema pretendeu de fato ser a apoteose da ordem política e social como se desenvolveu até seu tempo. "...Desde que a filosofia é a exploração do racional (*vernünftig*), ela consiste na compreensão das coisas contemporâneas e reais..." (Hegel, *Grundlinien der Philosophie des Rechts*, Prefácio). Esta identificação entre razão e realidade explica o caráter monístico das deduções de Hegel. Tudo isso é próprio de uma teologia racional que procura reconciliar a fé com o pensamento secular. Se o edifício conceitual de Hegel é uma teologia racional da ordem política e social de seu tempo, o de Marx é um cânone da revolução. Terminada a trajetória hegeliana, Marx confirma e expande as contradições anteriormente descobertas. Enquanto na síntese final de Hegel todas as antinomias prévias se aplacam, o sistema de Marx, por meio do método dialético, culmina no diagnóstico de uma irreconciliável luta de classes. Mas nem o diagnóstico de Hegel, nem o de Marx, são produzidos de modo análogo ao utilizado pelos irmãos Grimm para detectar a família de línguas indo-européias, ou por Mendeleiev para chegar à periodicidade dos pesos atômicos. Pelo contrário, as duas sínteses são versões plenamente desenvolvidas dos pontos de vista iniciais dos autores. O caráter insustentável da presente ordem social é uma premissa volitiva do pensamento marxista, assim como a finalidade do Estado de 1830 é um axioma do pensamento hegeliano.

Assim, a primazia da vontade sobre o conhecimento é uma pedra angular implícita no sistema hegeliano e um axioma consciente no marxista. Na prática, a dialética marxista tornou-se um recurso estratégico para transformar em grandes crises as fricções diárias de uma economia mundial em desenvolvimento, além de conferir-lhes uma aura de fatalidade histórica. É a partir dessa premissa volitiva que o Marxismo tornou-se um sistema blindado e uma técnica para chegar a conclusões fixas partindo de pontos diferentes. Que essa estratégia seja, em mãos versáteis, capaz de aplicação ilimitada, foi demonstrado não só por seu fundador e mestre, mas também, mais recentemente, pelos refinamentos eruditos que Lukács e seus seguidores introduziram na interpretação marxista da filosofia e da literatura [12].

As referências acima a Marx e Hegel foram feitas para chamar atenção para o uso dogmático de categorias mediatas. Seria um erro, entretanto, abandonar esses recursos devido apenas a seu mau uso por dois mestres de interpretação voluntariosa. Apesar do perigo de seu abuso pelos que colocam a justificação acima do trabalho indagatório, as categorias mediatas são instrumentos indispensáveis da pesquisa social uma vez despojadas de todo misticismo. Pois uma perspectiva da problemática humana não pode ser derivada da observação direta e necessariamente fragmentária. A deficiência básica da reação positivista à especulação é sua incapacidade de proporcionar um método de investigação que possa ser aplicado a campos de indagação não acessíveis à observação direta. A observação pessoal, ou fragmentária e não mediada da economia nacional, contém tantas distorções quanto o conceito heliocêntrico do universo. É essa incapacidade de transcender o alcance imediato e fragmentário da observação na esfera das estruturas objetivas que ainda tolhe as ciências sociais de nosso tempo. Freqüentemente, o cientista social apenas amplifica distorções oriundas de nossos contatos cotidianos e fortuitos com coisas parcialmente observadas. A primitiva prática de personificar eventualidades e reificar percepções casuais continuará impedindo a sociologia de atingir seus objetivos na medida em que continuemos fundamentando o cerne de nossas generalizações na abordagem imediata. Pensar em termos mediatos, portanto, não é abandonar o reino da experiência verificável para entrar na atmosfera rarefeita da especulação, mas, antes, passar da visão subjetiva e fortuita à análise objetiva, de fragmentos isolados ao todo, e da percepção tosca à percepção de estruturas. É no curso dessas progressões que substituímos situações definidas e relações pelos rótulos que costumávamos aplicar a fenômenos encontrados ao acaso.

Podemos, a esta altura, antecipar uma objeção de alguns leitores que até aqui talvez não houvessem ainda dissentido. Caberia perguntar se o argumento acima não caba por deteriorar-se numa mistificação do "social", do mesmo modo como o conceito de história tem sido reificado no linguajar

[12] Ver GEORGE LUKÁCS, *Geschichte und Klassenbewusstsein*, Berlim, 1923.

filosófico recente. O que exatamente se quer dizer com "sociedade" e contexto social de ação? Tais conceitos não implicam uma entidade super-individual, acima e independente do indivíduo; somente os atos de associação é que constituem dados. Mas, por outro lado, a categoria "social" não se confina a uma estreita margem de fenômenos, como por exemplo a linguagem, o direito e a religião. O processo interativo engloba toda uma variedade de aspectos da cultura, e necessariamente envolve a mente. Não se pode separar o nível social de comportamento do nível mental. Não faz sentido perguntar se a mente é socialmente determinada, como se mente e sociedade possuíssem substância própria. A sociologia do espírito não é uma indagação sobre a causalidade social do processo intelectual, mas um estudo do caráter social de expressões cuja voga não revela nem manifesta seu contexto de ação. A sociologia do espírito procura descobrir e articular os atos de associação inerentes à comunicação de idéias não manifestas. A incapacidade de perceber o contexto de ação das idéias é agravada pelo fato de que estas sobrevivem às situações sociais por elas definidas ou controladas. De fato, as idéias assumem novos significados quando mudam suas funções sociais; é essa relação entre significado e função que a sociologia do espírito procura elaborar. Tal abordagem não pretende relacionar dois mundos separados, o social e o mental; apenas ajuda a visualizar sua identidade freqüentemente oculta.

4. *O Caráter Mediato dos Papéis. A Circulação Social da Percepção e Situações Complementares*

Se idéias comunicadas não podem ser propriamente compreendidas fora de seu contexto funcional, a psicologia do indivíduo torna-se ainda mais enigmática sem a compreensão do conjunto de sua situação social. Este é o objeto peculiar da psicologia social. A observação de reações coletivas é apenas parte de suas preocupações. O objetivo primordial da psicologia social é a compreensão de como percepções individuais se coadunam com a *circulação social de percepções* entre os que participam de uma situação social. Assim como o complexo total da divisão do trabalho só pode ser compreendido como um processo interativo, e não como um múltiplo de realizações pessoais, o psicólogo social também deve considerar a interdependência social das percepções individuais. A abordagem direta da pessoa entra em curto-circuito e revela-se abortiva.

A personalidade dividida, por exemplo, não é sempre o produto de uma experiência na infância. O comportamento discrepante, às vezes, constitui uma resposta exasperada a uma situação contraditória. Freqüentemente, pessoas que se encontram em meio a dificuldades econômicas ora reagem de modo insensível, ora de modo afetuoso [13]. A coexistência desses dois traços desconexos na mesma pessoa provém dos dois papéis opostos que desempenha, isto é, o competitivo, que alimenta atitudes misantrópicas, e o privado e familiar, que pelo contrário inibe a rivalidade. Numa sociedade onde as funções econômicas da competição fossem reduzidas ao mínimo, deveríamos encontrar tipos de personalidade mais homogêneos e integrados, desde que tal sociedade não restabelecesse a necessidade de competição em outros campos de interação [14].

A polaridade entre os papéis familiar e econômico é apenas a de um par de papéis, dentre os muitos que o indivíduo pode assumir. Via de regra, as sociedades pré-literárias não criam situações tão complexas para seus membros na mesma proporção que a sociedade contemporânea. A diversificação do homem contemporâneo parece mesmo ser conseqüência de sua situação multipolar [15]. Em contraste, o tipo dominante de personalidade em sociedades mais simples é mais delimitado e rígido, pois deriva de menor número de papéis. O fato, inicialmente observado por Simmel, de que na sociedade contemporânea a maioria dos objetivos finais deve ser alcançado através de uma concatenação de objetivos intervenientes explica a preeminência moderna do autocontrole e da persistência vistos como requisitos essenciais para o sucesso social.

Tais considerações implicam certas revisões na imagem popular que se tem do homem. Traços da personalidade como a consideração pelos outros, a crueldade ou o autoritarismo não são atributos do indivíduo enquanto tal, mas antes aspectos de seu comportamento em relações particulares. O que poderia parecer um traço profundo da personalidade pode ser a variável dependente de associações específicas. O altruísmo no grupo primário não equivale a desprendimento na sociedade inclusiva, assim como a combatividade do guerreiro não é análoga à do homem de negócios competitivo. Em resumo, atributos pessoais tais como valentia, timidez,

---

[13] Comparar com o ensaio deste Autor: "On the Nature of Economic Ambition and its Significance for the Social Education of Man", em KARL MANNHEIM, *Essays on the Sociology of Knowledge*, ed. Paul Kecskemeti, Londres e Nova York, 1952.

[14] Marx aludiu ao caráter situacional da pessoa: "É evidente... que a complexidade do indivíduo depende da complexidade de suas relações". E: "Na verdade, parece... que os indivíduos criam-se uns aos outros física e mentalmente, mas não se criam a si próprios". "Die deutsche Ideologie", Parte I, *Marx-Engels Archiv*, v. VII, ed. Ryasanow, p. 286.

[15] Marx possuía uma fina percepção das dimensões sociais da personalidade: "O que foi dito deixa claro que a riqueza real do indivíduo depende de suas relações". (MARX E ENGELS sobre Feuerbach, Parte I da "Die deutsche Ideologie", p. 286; *Marx-Engels Archiv*, v. VII, ed. Ryasanow.)

lealdade ou egoísmo são abstrações que em última análise só têm sentido dentro de áreas bem definidas de comportamento. Não é correto tratar, como ainda fazem alguns psicanalistas, de impulsos em geral, de um lado, e de outro, da sociedade como agente de repressão e sublimação. O que se faz necessário é uma observação cada vez mais precisa dos vários tipos de áreas de interação.

Repetindo, não é correto falar da determinação social do indivíduo — como se a pessoa e a sociedade se confrontassem como entidades separadas [16]. Dito isso, entretanto deve ser lembrado que os vários componentes da pessoa são socializados de modo diferente e às vezes incoerente.

Enquanto a discussão precedente focalizou a relação entre a pessoa e as áreas em que ela age, o argumento que segue diz respeito a fenômenos que denominarei (a) *a situação social complementar* e (b) *a circulação social de percepções*. O primeiro refere-se a uma situação comum em que os dois participantes expressam percepções inversas. O segundo refere-se à interação entre parceiros. Alguns exemplos tornarão mais claro o significado das duas categorias.

O estudioso da personalidade sociologicamente informado não tentará explicar certos traços dominantes de um indivíduo apenas em termos de suas atitudes e disposições. Certas neuroses ou sentimentos de inferioridade, por exemplo, freqüentemente resultam de uma disposição contrária por parte de um parceiro — o marido, a mãe, o professor, o colega ou o sócio. O casamento, muitas vezes, cria tais polaridades funcionais. Por exemplo, o marido perdulário freqüentemente evoca a frugalidade como traço complementar em sua esposa. De nada serviria diagnosticar um traço tão desenvolvido como atributo da personalidade total. Tal disposição, quando examinada sem sua função complementar, não ajuda a prever comportamentos, pois a mulher parcimoniosa no lar pode revelar-se o contrário em seu clube social. Em nosso exemplo, a parcimônia é um traço complementar que se restringe a apenas uma situação social. O livre e fácil acesso do homem aos assuntos pecuniários e a aceitação feminina da restrição compensatória não passam de aspectos econômicos de uma complexa divisão de papéis: o homem serve-se de prerrogativas que reafirmam tanto a subordinação da mulher quanto a restrição de sua capacidade de escolha na situação matrimonial. Entretanto, tais padrões de reação circular não se confinam ao campo econômico, penetrando também no campo dos valores sociais. Se observarmos a série de deslocamentos e sublimações que operam em cada

[16] Uma crítica conclusiva dessa dicotomia encontra-se no primeiro capítulo de *Human Nature and the Social Order*, de C. H. COOLEY, Nova York, 1912.

uma dessas reações circulares, e se levarmos em conta suas ramificações sociais, começaremos então a perceber a insuperável dificuldade com que se defronta uma psicologia individualizante. Para encontrar um padrão de continuidade no comportamento humano é necessário adotar uma postura mediatizada que leve em conta as associações nas quais os homens formam seus hábitos compensatórios e suas percepções.

Nossa ênfase nos aspectos sociais e funcionais da personalidade não deveria ser interpretada como uma negação implícita da dimensão individual da existência. Nossa insistência na perspectiva sociológica não quer dizer que o indivíduo é menos real que suas relações. Mas não há dúvida de que a personalidade só pode ser compreendida como um processo contínuo de integração. O eu consciente de uma pessoa é provavelmente o resultado de esforços persistentes para preservar sua organização e restaurar seu equilíbrio quando ameaçado. Tais esforços envolvem atos compensatórios de vários tipos. Os sentimentos de inferioridade usualmente proporcionam um ímpeto para que se busque compensação dentro ou fora da área onde a inadequação se faz sentir. O objetivo de tais esforços, como em verdade da maioria de reações que envolvem emoções vitais, é preservar a unidade do eu. Em resumo, pode-se admitir a estrutura autônoma do eu e no entanto sustentar que a concepção do indivíduo como entidade isolada conduz a uma distorção. Uma dessas distorções pode ser percebida a partir de sua fonte histórica, o movimento humanístico dos séculos XVIII e XIX e sua imagem exagerada do indivíduo autônomo. O desenvolvimento da personalidade não pode ser concebido inteiramente como um processo de crescimento intrínseco; pois, como vimos, certas disposições costumam desenvolver-se como reação às exigências de novas situações. Assim, um jovem repentinamente transplantado do abrigo de sua família para a arena da competição profissional pode desenvolver uma atitude combativa em relação aos outros em lugar de sua anterior cordialidade.

Por outro lado, nem a integração nem a organização da personalidade resultam unicamente de um crescimento nuclear; elas são o produto final da participação múltipla de uma pessoa. Em quase todas as culturas, o indivíduo é membro de uma variedade de grupos. É esse envolvimento múltiplo que geralmente impede a preponderância de um único atributo. Essa idéia pode explicar o fato já bem conhecido de que a personalidade de um indivíduo envolvido em apenas algumas situações é mais fácil de descrever do que a personalidade de um homem intensamente participante, cujo ego se constitui a partir de tipos mais variados de relações tais como a família, o grupo político, amizades, ocupação, salões, sociedades intelectuais, toda a gama de conhecidos etc. Não é por acaso que a idéia da personalidade equilibrada não se originou na guilda ou na sociedade de especialistas, mas nas íntimas associações da aristocracia dos séculos XVIII e XIX com os literatos da época. Essa idéia destina-se ao desaparecimento numa sociedade de especialistas dirigida por *experts* [17].

O exemplo histórico citado acima ilustra as circunstâncias das quais emerge um novo modelo. Um estrato social adquire nova estrutura quando se defronta com uma nova situação e desenvolve um novo estilo de vida. O novo ideal nascido desse encontro proporciona direção e ímpeto adicional à reorientação incipiente. Aparentemente, a visão sociológica dessa mudança ignora o papel de mudanças individuais ou as reduz a meras projeções de funções sociais. A suspeita de que isso suceda é comumente alimentada pelo medo de que a liberdade política seja incompatível com a interdependência social. Tal suspeita é descabida. A acomodação política, como qualquer outra, resulta de exigências e elementos de uma solução inerentes a uma dada situação. Sua análise concreta não reduz nem o âmbito, nem o valor da liberdade. A área dentro da qual uma pessoa realiza sua medida de liberdade não é o espaço absoluto do universo; ao contrário, ela é delimitada pelas necessidades do grupo a cujo desafio o indivíduo reage. Entretanto, esta relação entre desafio-reação não é nem um caso de puro determinismo, nem lhe faltam elementos de determinação. Somos livres para escolher e implementar nossas próprias soluções dentro dos limites de alternativas dadas e meios disponíveis.

Um último exemplo deve esclarecer a natureza complementar das percepções quando estas se originam de relações recíprocas em escala social, e não de associações individuais. Novamente, devemos notar que a percepção complementar de uma situação conhecida não é necessariamente manifesta, assim como não é sempre claro de quem são as percepções complementares que compartilhamos. O exemplo em questão refere-se à discutida relação de companheirismo pré-conjugal e às mudanças correspondentes na forma de atração sexual. A associação sexual que esse tipo de união realiza é consideravelmente mais sóbria e menos sentimental do que o ideal romântico do amor triunfante que vence a provação tentadora de um longo período de espera. Ainda que o tipo específico de casamento que parece estar se impondo não seja necessariamente monogâmico a longo prazo (pois com

---

17 Em relação à sociologia do paradigma humanístico, ver H. WEIL, *Die Enstehung des deutschen Bildungsprinzips*, Schriften zur Philosophie und Soziologie, Bonn, 1930.

freqüência se converte em poligamia sucessiva), ele possui as características de uma associação genuína baseada numa série de interesses comuns, dos quais o sexual é apenas um. Essa associação não-romântica fica a meio caminho entre o amor superespiritualizado dos inícios do romantismo e a sexualidade completamente desespiritualizada que tem mantido a prostituição no Ocidente. Como se pode explicar a aparição desse novo tipo de relação entre homem e mulher?

Desde o surgimento da prostituição (que na história ocidental já pode ser encontrada no tempo de Sólon), o amor sexual assumiu duas formas: o *eros* terno e individualizado de um lado, e o tipo agressivo e não-sublimado, de outro. Cada uma dessas formas usualmente implica a associação sexual de diferentes tipos sociais. O *eros* terno e intelectualizado tem sua própria história. Em alguns estratos sociais da Grécia, este *eros* do homem centrou-se na hetaira bem-posta e, especialmente, no menino, em lugar da própria esposa. Igualmente longa, por outro lado, é a história da concubina pária ou prostituta. Ambas as formas serviram para satisfazer o apetite masculino. Já no fim desse longo período de sexualidade dicotômica aparecem a moça *Biedermeier* de boa família [18], dedicada a esperar o homem de seus sonhos e a prostituta, que respondia aos impulsos poligâmicos e não espiritualizados do homem. Os dois papéis femininos refletem a diferenciação social do erotismo em dois níveis: a moça *Biedermeier* responde à forma sublime do *eros* masculino, enquanto a prostituta encarrega-se de seu aspecto físico. Os dois papéis complementares são parte da mesma situação vital centrada no homem. Enquanto mulheres de diferentes estratos desempenharam papéis opostos, os homens mantiveram, em casos característicos, uma atitude dupla em relação ao sexo que abarca ambos os aspectos. Os homens são capazes de adaptar-se a qualquer um dos dois extremos da atuação sexual. É claro que o que parece ser um traço masculino é na verdade a manifestação pessoal de uma cisão estrutural numa sociedade histórica [19]. Para explicar essas manifestações, temos que delinear sua distribuição social. Em períodos anteriores dos costumes ocidentais, a abordagem masculina variava segundo a posição social da mulher; era a posição social que atualizava uma das duas atitudes potenciais do homem. Já notamos que, com o advento de uma solução média, o contato com o sexo oposto está sofrendo uma mudança significativa em ambas as partes. Com a de-

---

18 Na primeira metade do século XIX, o nome fictício de Gottlieb Biedermeier passou a simbolizar o mundo da classe média, tanto puritano como filisteu.

19 A variabilidade cultural da divisão sexual de papéis é bem ilustrada por MARGARET MEAD em *Sex and Temperament in Three Primitive Societies*, Londres e Nova York, 1935. (Trad. bras. pela Ed. Perspectiva, col. "Debates" n. 5.)

saparição do período de espera ascética, o amor é percebido cada vez menos, e menos tipicamente, em sua anterior forma superespiritualizada, mas ao mesmo tempo o novo tipo de *eros* não se restringe à mera sexualidade. Essa aparente solução média não afeta apenas as mulheres, mas gradualmente modifica também a aproximação dicotômica do homem para com a mulher.

A transformação que em boa medida ocorreu assemelha-se ao que os economistas denominam processo de redistribuição. A discrepância sexual entre homem e mulher (que pode atribuir-se a fatores biológicos) costumava impor uma carga social sobre a mulher, principalmente as párias e as prostitutas. Com o declínio da polarização do papel feminino e o advento de uma solução intermediária, a carga antes suportada por uma minoria mais ou menos profissional é cada vez mais compartilhada pela maioria das mulheres. O novo tipo de associação acarreta uma "espiritualidade" menor, ainda que não de todo ausente. O leitor não precisa interpretar o esboço desse desenvolvimento como sua apologia. Não é este o momento para classificar a forma *Biedermeier* de amor como uma variável altamente reprimida, a comercialização do sexo como o embrutecimento da mulher, e a união não-conjugal como a solução intermediária correta. O objetivo dessa digressão sobre sexo é de chamar atenção para o fato de que não só experiências individuais, mas também as grupais, podem tornar-se complementares, e que os papéis que vivemos e diretamente experimentamos podem na verdade ser apenas a inversão de papéis desconhecidos de indivíduos desconhecidos.

5. Em Busca de um Conceito Adequado de Sociedade

Os exemplos precedentes visavam iluminar a tese de que os processos mentais têm uma dimensão social e que, portanto, a sociologia do espírito não passa de uma tentativa sistemática de articular o caráter social dos processos mentais. Isto foi demonstrado em três níveis sucessivos de complexidade. Ao nível do primeiro exemplo (o caráter dual do homem econômico), o contexto podia ser percebido de modo mais direto do que no segundo (parcimônia da mulher como fenômeno complementar à irresponsabilidade pecuniária do marido) e, particularmente, ainda mais do que no terceiro (as variações da associação sexual), que ilustra a circulação de percepções em escala coletiva.

Duas conclusões podem ser tiradas dessas considerações. Primeira: a percepção imediata é em si mesma incompleta; é um fenômeno acessório que não se explica a si mesmo. Segunda: o caráter referencial da percepção depende de sua função e de seu *habitat* social. Ignorando estas conclusões, não se pode compreender o sentido particular de dadas percepções. Uma vez esclarecido esse ponto, não se pode mais compartimentalizar as manifestações humanas numa dimensão social de um lado e noutra metassocial de outro. As teorias que postulam tal dualismo argumentam mais ou menos assim: as criações significativas da arte, da filosofia e da literatura são supratemporais e supra-sociais na medida em que seus significados transcendem o tempo e a situação de sua origem; assim, os objetos legítimos da sociologia são os pequenos eventos da vida diária, os detalhes do relacionamento social, e as escolhas que revelam um gosto corrente. Esta teoria se aproxima de uma aventura anterior, conhecida como *Sittengeschichte* (história dos costumes). Não que os sociólogos não devam ou não queiram prestar atenção aos pequenos detalhes da vida; mas se o ensaio anterior de uma *Sittengeschichte* nos ensinou alguma coisa, é que um agregado de detalhes marcantes da vida cotidiana só pode resultar numa coleção de *curiosidades,* a não ser que cada item seja selecionado com vistas a um esquema estrutural. O que é mais estranho em todo esse procedimento, entretanto, é a tendência a conceder um caráter social aos menores detalhes do cotidiano e negá-lo aos eventos realmente importantes ou às manifestações "representativas" da cultura. Outra variante dessa visão exclusivista da problemática humana é a justaposição do senso comum ao conhecimento clássico. Não se precisa ir muito longe para reconhecer outros membros dessa família de opostos, a saber, o finito e o infinito, a personalidade e o grupo, o indivíduo e a massa.

Antecipemos, a este ponto, a objeção de que muito do que foi dito não passa de um exercício de aplicar à história e ao pensamento padrões econômicos de interpretação — tendo em vista nossas repetidas referências à divisão do trabalho, diferenciações funcionais etc. A objeção se justifica pois, de fato, não hesitamos em perceber o que concerne ao pensamento nas categorias derivadas da economia. Não é preciso conceber a economia como um campo globalmente inclusivo, ou aceitar a distorção do determinismo econômico, para dar-se conta de que as categorias sociais fundamentais foram inicialmente elaboradas no campo da economia. Esta foi uma das primeiras disciplinas a livrar-se de constrições teológicas, passando logo a desenvolver uma visão secular das coisas e a descobrir o caráter estruturado da sociedade. Do nosso ponto de vista, a economia não é a subestrutura da sociologia, mas uma sua forma particular de concreção. Acreditamos, por exemplo, que a competição é um processo social e uma categoria sociológica, apesar de ter sido inicialmente visualizada em sua forma econômica. Pode-se admitir o caráter peculiar da competição econômica e mesmo assim enfatizar o aspecto social comum às várias formas de competição. A aplicação sociológica dessa categoria ao pensamento não equivale absolutamente a uma superextensão da estrutura do econômico. Se deve haver uma hierarquia de estruturas, a da sociologia é mais inclusiva do que a da economia, o que transparece particularmente em sua aplicação à comunicação de idéias. Esta proposta não contradiz a observação anterior de que as relações econômicas em seu conjunto tenham maior continuidade que as demais, e que elas tendam a determinar todo um padrão de relações humanas nas várias esferas de interação. Pode-se reconhecer esse fato e ainda insistir que o comportamento econômico é apenas um aspecto da ação social.

Os exemplos citados acima devem ter demonstrado também que a realidade última (ou a existência no plano ontológico) só é atribuível ao indivíduo e que somente ele constitui a unidade última da ação social, ainda que a ação social não possa ser compreendida sem o contexto de grupo. Podemos resolver a controvérsia aparentemente insolúvel entre nominalistas e universalistas concedendo aos primeiros que o indivíduo é o centro da realidade e que a realidade grupal é derivativa, e ao mesmo tempo insistir que abordar o indivíduo através do grupo é mais eficaz que a abordagem direta. Reconhecer que o indivíduo é o foco da realidade não é o mesmo que pensar o eu como entidade isolada: para compreender seu comportamento é preciso conhecer as constelações nas quais age [20].

6. *Esboço Preliminar do Projeto de Busca de uma Sociologia do Espírito*

O objetivo das considerações que seguem é visualizar a dimensão social da mente antes que reificar seu conceito e deduzi-lo de um conceito hipostatizado de sociedade. Ainda que continuemos a nos preocupar com abstrações sociológicas, o que propomos não é um exercício escolástico, mas um método para descobrir as situações da ação, as estruturas de grupo e as escolhas que, de um modo ou de outro, estão envolvidas nas expressões de sentido. A sociologia do espírito aplica-se universalmente à história do pensamento na medida em que as situações sociais são componentes tácitos de todos

---

[20] Um nominalismo mais bem delineado que o proposto aqui encontra-se em BART LANPHEER, *op. cit.*, pp. 22, 28 e 30.

os atos mentais, pouco importando quais disciplinas acadêmicas ou quais divisões socialmente estabelecidas detenham a prerrogativa de estudá-los.

Primeiro passo — As expressões documentadas de pensamentos, sentimento ou gosto são examinadas para que se revele seu sentido inerente ou pretendido, enquanto as indagações sobre sua validade ou veracidade intrínsecas ficam adiadas até o terceiro passo[21].

Segundo passo — Toda a gama de relações sociais nas quais essas expressões são concebidas e realizadas é delineada e estabelecida. Especial atenção deve ser dada às escolhas e à ordem de preferências implicitamente manifestadas pelas ações dos participantes de uma dada situação.

Terceiro passo — A análise de conteúdo das manifestações é retomada no contexto restaurado da interação original, reconstruindo-se por completo seu significado situacional.

Ainda que seja fácil oferecer uma breve descrição do método de análise, sua aplicação efetiva requer certo realismo imaginativo e uma sensibilidade para com as relações complexas que justamente faltava nas abordagens anteriores da história do pensamento. Mais ainda, é preciso contar igualmente com uma capacidade de reconstruir o conceito total das coisas e com uma disposição para recusar uma visão sintética, se esta não se ajustar aos fatos. A coleta paciente e o uso crítico dos dados devem suplementar e controlar o exercício da intuição. A despeito do valor desta última, o domínio do método empírico do estudo de casos e, às vezes, dos procedimentos estatísticos de amostragem são pré-condições para uma análise segura. Os fatos devem ser estabelecidos e verificados, e os fatores, isolados, antes que se possa tentar inseri-los num padrão hipotético. É certo que os fatos não falam por si e não revelam uma estrutura a não ser que se lhes aplique um esquema experimental. É da hipótese que nasce a pergunta, é no cabimento desta que se sugere a resposta. O cultivo de fatos desconexos e o acúmulo de detalhes episódicos não nos revelarão suas inter-relações. Tijolos e cimento sem a intervenção do pedreiro e do arquiteto não constituem um edifício, assim como uma estrutura histórica não pode ser reconstruída em seus elementos sem um projeto que harmonize as peças numa configuração significativa. O teste da historiografia está em saber se o esquema que ela propõe se ajusta aos fatos e se ele é capaz de explicar suas relações. A mera enumeração do que é conhecido sobre um fato não explica por que ele aconteceu como aconteceu.

---

21 Para uma descrição mais detalhada, ver o ensaio "On the Interpretation of 'Weltanschauung'", em KARL MANNHEIM, *Essays on the Sociology of Knowledge*, *op. cit.*

7. *Os Três Tipos de Sociologia e os Níveis Correspondentes da Sociologia do Espírito. Estrutura e Causalidade*

Podemos agora voltar à nossa questão anterior: qual é o objeto específico da sociologia que a distingue da sociologia do espírito? Esta última propõe-se a elaborar, como vimos, a dimensão social da comunicação de significados. A resposta está implícita na tese, anteriormente apresentada, de que a "sociedade" não existe como entidade independente. A dimensão social das coisas é universal e não constitui um domínio separado, comparável ao da arte ou religião.

Os grupos não se compõem só de relações cooperativas e competitivas, assim como não podem ser totalmente descritos pela consciência mútua de seus membros. O inconsciente é uma dimensão do social tanto quanto o consciente. Mesmo antes de termos consciência de uma situação de "nós", já compartilhamos modos de ver ou ignorar as coisas. A abordagem comum e pré-consciente de certos objetos é uma fase do processo de socialização tanto quanto o aprendizado do vernáculo ou a estipulação do orçamento familiar. Algum tipo de sentido, consciente ou não, faz parte de todas as relações sociais, e os dois — significado e relações de grupo — ocorrem em estado de fusão.

E no entanto, coisas fundidas na realidade podem ser percebidas separadamente. A abstração é um instrumento de investigação. Podemos dirigir nossa atenção ao processo de pensamento enquanto tal ou à estrutura social subjacente. Podemos legitimamente estreitar nosso foco na medida em que não reifiquemos a linha demarcatória que nos convém para delimitar nossa investigação. Pois uma coisa é estreitar o foco a um aspecto do objeto, desviando nossa atenção de outros aspectos; e outra diferente é declarar que a área destacada nada tem a ver com a que nos interessa. O primeiro ato, em si, não cria fantasmas; é apenas um princípio para selecionar itens para ulterior elaboração. Em suma, as abstrações não destorcem necessariamente a realidade.

Já temos nos servido de abstrações frutíferas. A competição é um bom exemplo. Os atos competitivos possuem um contexto concreto, seja ele econômico, erótico ou político. Não existe competição *in abstracto;* no entanto, em qualquer contexto onde atos competitivos sejam realizados, eles possuem certas características funcionais em comum. É nesse nível de abstrações que a *sociologia geral* conceitua o comportamento; seu objeto são atos de associação concebidos em relativo isolamento de sua incidência histórica. A sociologia geral antes interpreta que descreve seus objetos, procedendo tipologicamente do elementar ao complexo. São elementares os atos que fazem parte de todas ou muitas relações; diz-se de um fenômeno que é complexo quando apresenta combinações de atos elementares. Foi nesse nível de abstração que Simmel projetou seu plano de uma sociologia "formal" e nesse mesmo plano outros estão fazendo esforços legítimos para detectar no comportamento social atos elementares (isto é: subistóricos) de associação. Refiro-me ao trabalho de Park e Burgess, apesar de pouco conhecido na Alemanha, como o mais frutífero de todos. Talvez se possa lamentar sua concepção um tanto estreita do campo da sociologia geral e seu confinamento aos processos mais elementares. A teoria geral da associação deveria ser suplementada com um estudo comparativo dos fenômenos históricos. *Wirtschaft und Gesellschaft*[22], de Max Weber, oferece a esse respeito um modelo significativo, na medida em que Weber reforça a apresentação preliminar de seu sistema sociológico geral com tratados históricos *comparativos* que elaboram as ramificações históricas daquelas categorias. Outro ponto importante de seu trabalho é a maneira — que nos lembra a física teórica — pela qual estruturas complexas se desdobram a partir de atos de associação mais elementares. Assim, encontramos em seu trabalho não só uma discussão da dominação, mas também uma cobertura sistemática de suas variações históricas interpretadas através de um mínimo de relações elementares.

O nível seguinte de análise — seguinte em ordem de concreção — é *histórico*. Seu objetivo é a apreensão construtiva da singularidade das estruturas históricas. Max Weber não chegou a esse nível de abordagem porque dentro de seu quadro de referência individualista e nominalista não lhe era possível o acesso a fenômenos históricos singulares. Pelo contrário, estes foram interpretados como combinações particulares de relações elementares, como se percebe nos três volumes de sua *Sociologia da Religião* e, particularmente, na *Ética Protestante e o Espírito do Capitalismo*[23].

O que propomos não é a análise causal de eventos históricos desconexos, mas uma compreensão das grandes mudanças estruturais que se tornam manifestas nos vários níveis da interação social. Esta é a maneira pela qual Marx, com seu estilo particular, concebeu o caráter histórico do capitalismo, e foi assim que Sombart estudou o assunto. O caráter dessas abordagens difere daquele puramente histórico na medida em que elas visualizam eventos únicos não como eventos, mas como componentes de estruturas singulares no processo de mudança.

22. Traduzido em parte por T. PARSONS sob o título de *The Theory of Social and Economic Organization*, Nova York, 1947, e por H. GERTH e C. W. MILLS, *From Max Weber, Essays in Sociology*, Londres e Nova York, 1946.
23 Traduzidos para o inglês por T. Parsons. Londres. 1930.

Não é necessário contrapor os tipos causal e estrutural de análise como opostos. Defendemos uma posição intermediária que não exclui nenhum dos dois procedimentos. Ambos podem ser incorporados numa abordagem que a partir de componentes isolados e suas relações causais imediatas atinge o complexo estrutural. Ao invés de descrever os passos sucessivos desse procedimento, enunciemos seus postulados metodológicos que, a esta altura, damos por supostos:

(a) A sociologia geral constitui um legítimo quadro de referência: em virtude de seu alcance geral, suas categorias têm precedência sobre as categorias da descrição histórica. Neste nível, os fenômenos singulares da história são vistos como combinações particulares de tendências supra-históricas, como são observados ao nível da sociologia geral.

(b) Causas isoladas passam a compor-se e a integrar-se no interior de processos coletivos.

(c) Este composto de impulsos causativos deve ser compreendido como uma estrutura cujo comportamento não é totalmente descrito pelas ações que a constituem. As relações causais compõem a dinâmica das estruturas complexas, mas não as explicam.

(d) A dinâmica da mudança pode às vezes tomar um rumo antitético e inverter uma mudança determinada. Este é o sentido da observação de que algumas mudanças históricas são dialéticas. A mudança através de opostos, entretanto, não é de nenhum modo um traço universal da história, mas apenas um de seus possíveis cursos. A generalização evidente de que a história caminha invariável e necessariamente através de inversões estruturais parte dos aspectos dogmáticos da perspectiva marxista. A tese de que o capitalismo é o oposto dialético do feudalismo é tão questionável quanto o prognóstico correspondente de que a tendência do capitalismo é encontrar sua antítese. O que o estudo da mudança social deve a Marx não é sua casuística política e propagandística, mas a abordagem estrutural da mudança e da dinâmica da história.

Em suma, a sociologia pode desenvolver-se em suas três dimensões, ou seja: sociologia geral, comparativa e estrutural [24]. A sociologia do espírito coloca-se potencialmente nos três tipos. Significados e atos simbólicos podem ser estudados em cada um dos três níveis. Podemos, por exemplo, abordar o tema da *Gemeinschaft* (comunidade) enquanto *locus* de atitudes simpáticas através de qualquer um desses

---

24 Talcott Parsons considera níveis de análise similares, ainda que não idênticos: 1. o do ator individual; 2. o de um sistema interativo; e 3. o de sistemas de padrões culturais, "cada um implica os demais e portanto a variabilidade de um é limitada por sua compatibilidade com as condições mínimas de funcionamento dos outros dois". (*The Social System*, Londres e Glencoe, 1951, p. 27.)

três canais. Podemos ligar os tipos comunais de relação a suas expressões artísticas e legais; podemos elaborar uma tipologia de suas variações históricas ou antropológicas quando ocorrem em tipos conhecidos de situações comunais; e finalmente, podemos estreitar nosso esquema de referência a manifestações legais ou artísticas concretas de estruturas comunitárias singulares. Em suma, o estudo sociológico de atos simbólicos (ou, para usar o termo corrente: sociologia cultural) deriva seu tríplice universo de discurso das mesmas fontes de que se originam as três abordagens das relações humanas. A escolha entre esses três caminhos pode não ser livre, mas a consciência de qual dos três é exeqüível num caso preciso é essencial para que se delineie com acerto um objetivo de pesquisa na área da sociologia cultural.

III. O CONCEITO CORRETO E O CONCEITO FALSO DE ESPÍRITO

1. *Segunda Revisão da Versão Hegeliana*

Insistamos, para começar, que o conceito hegeliano de espírito é ainda básico para o empreendimento aqui proposto. Voltaremos, portanto, a nos referir a Hegel à medida que formos desenvolvendo nossa posição sobre o assunto deste capítulo, tentando sempre evitar uma interpretação dogmática. Esta retomada de Hegel pode parecer surpreendente. O leitor poderá perguntar-se que relevância Hegel possivelmente teria hoje, dado que ele lançou fora o conceito imanente das idéias, aceitou uma ontologia individualista e rejeitou as noções hipostáticas de espírito e sociedade.

O que ainda merece ser lembrado do ponto de vista original de Hegel é sua compreensão coletivista e potencialmente sociológica das idéias. Foi Hegel quem estabeleceu o padrão para uma perspectiva estrutural, e foi ele quem sensibilizou os sociólogos e humanistas alemães que o sucederam para o contexto total dos fenômenos históricos. Por mais êxito que tenham logrado alguns filósofos da história alemães procurando interromper esse impulso construtivo com especulações inconseqüentes sobre Deus e a história do mundo, o padrão original transcende tais especulações. A dicotomia espúria da evolução imanente *versus* história social das idéias foi a culminação de uma cisão nas fileiras dos sucessores de Hegel. Tal dicotomia era alheia ao pensamento de Hegel.

O que há de construtivo na proposta original é um padrão para a descoberta de relacionamentos globais entre os fenômenos que a visão microscópica esconde. A sociologia americana, comparada com a alemã, opera numa base empírica mais sólida, mas mesmo assim carece de energia sintetizadora, de perspectiva global e de um modelo comprovado para aplicar a estruturas inclusivas. Os sociólogos alemães não foram capazes de desenvolver uma tradição de observações elementares controladas, mas faz parte de sua herança propor hipóteses estruturais frutíferas e examinar seus objetos a partir de perspectivas amplas. As duas práticas terão que fundir-se, se a sociologia pretender dominar tanto o simples quanto o complexo, além das técnicas de isolamento e integração.

Entretanto, a aproximação das duas tendências continuará impraticável, enquanto continuarmos a pensar em termos tão antitéticos como método generalizador e abordagem configuracional (ou singularizadora). Esse é ainda o costume aceito — estabelecido desde o movimento romântico e a aparição do romantismo alemão — reforçado por certos aspectos da influência marxista e levado adiante pela historiografia recente. Esta polarização questionável do campo de investigação revela uma presunção, que é a armadilha comum a todos os compromissos metodológicos dogmáticos. Tais preconceitos são mau agouro para um trabalho proveitoso.

2. *A Gênese do Conceito de Espírito*

Tentaremos agora reconstruir passo por passo os elementos sustentáveis do pensamento hegeliano, começando pelos traços coletivistas de seu conceito de espírito. Este conceito não apareceu com a rapidez de um tiro de pistola. É possível perceber sua evolução através de períodos sucessivos da história social ao retomar seus significados em suas variações e mudanças. Hoje estamos em condições de discernir alguns estágios dessa evolução graças à investigação de Hildebrand, resumida sob a epígrafe *Geist* no dicionário alemão dos irmãos Grimm [25].

Originalmente, *Geist* não possuía sua atual conotação de um conjunto materializado e socializado de significados; de-

---

[25] Ver R. HILDEBRAND, "Geist", na série *Philosophie und Geisteswissenschaften*, ed. E. Rothacker, Haia, 1926. Respeitando o estilo de um artigo de dicionário, Hildebrand classificou em ordem cronológica os vários significados do termo *Geist*, ao lado das citações pertinentes. Para apresentar a essência dessa transformação histórica, alteramos a seqüência original, mesmo porque Hildebrand não pretendia fazer uma análise sociológica do significado. Um exame crítico da matéria revela o interessante fato de que os estágios mais antigos da evolução em geral só são desvendados por documentos recentes — fato este que corrobora a observação de que formas recentes de um significado verbal não anulam necessariamente as formas mais velhas. As duas podem coexistir e assim perpetuar ambas as fases de uma metamorfose histórica. Numa vez que sejamos capazes de situar no tempo esses significados e localizar as perspectivas sociais implícitas que originalmente deram curso à sua vigência, entramos no campo da sociologia do significado.

notava antes algo transcendente e extático. O termo de Hegel ainda reflete ambas as significações: a herança materializada e socialmente compartilhada expressa pela palavra "cultura", e uma experiência absorvente de êxtase cujas raízes se perdem na religião primitiva. A utilização alemã do termo *Geist* em preferência a seu sinônimo "cultura" revela a mesma interpretação ambivalente de cultura como sendo um patrimônio cumulativo e um estado de revelação espiritual. O fato de a filosofia alemã tentar reter ambas as conotações do termo constitui ao mesmo tempo uma vantagem e um risco. O uso ambivalente do termo *Kultur* é sem dúvida responsável por muitas idéias obscuras. Outro obstáculo que bloqueia a filosofia alemã são os remanescentes de uma ontologia primitiva implícitos na leitura subjetiva do termo *Geist*. Com efeito, essa ontologia impede o surgimento de uma abordagem nova e independente da problemática humana.

Examinemos mais de perto essa metafísica primitiva que o termo *Geist* perpetua. Podemos remontar à sua forma arcaica, quando os termos "espírito" e "respiração" ainda eram coextensivos [26]. Logo essa imagem material de respiração associou-se, de um modo animista primitivo, à idéia de centro da vida [27], passando a realidade a assumir um caráter dual, ainda perceptível nas ontologias atuais. Em lugar do mundo das percepções sensoriais, e de dentro dele, emerge um segundo mundo de essências. As duas esferas, entretanto, não são separadas nem mutuamente exclusivas; são antes concebidas como o aspecto dúplice de cada objeto físico. A respiração, por exemplo, é tanto o sopro de ar que parece ser e também a essência da vida. O espiritualismo é a culminação de uma longa evolução através da qual a distância entre o mundo empírico das coisas e o nível transcendental das essências tornou-se cada vez mais articulada. As elites religiosas costumam desempenhar um papel importante no surgimento desse espiritualismo: elas tendem a transformar seu alheamento ascético da vida diária em desvalorização ontológica da mesma. Com a rejeição ascética do mundo das atividades diárias, a esfera espiritual torna-se o centro da realidade. Neste ponto, as coisas espirituais tornam-se reais e não mais meros atributos da respiração.

As duas fases do processo ainda se encontram no pensamento de Lutero: ele se refere indistintamente a respiração e espírito, mas usa também *Geist* para denotar apenas espiritualidade. Lutero adota a primeira versão quando diz: "O Céu foi criado pela palavra do Senhor e Seus exércitos pelo espírito de Sua boca"; e ainda mais claramente: "eles perece-

26 Ver as referências de Hildebrand, p. 2.
27 *Ibid.*, p. 3.

ram pelo sopro do Senhor e pelo espírito de Sua ira" [28]. Por outro lado, encontramos a concepção não-material de espírito como entidade separada na passagem seguinte: "Pois tudo o que não pertence ao espírito e à graça está morto". Aqui "espírito" é coextensivo com divino, transcendente e o oposto de finito.

Nenhuma dessas concepções tem a menor relação com coisas tais como cultura e razão. Essas conotações surgiram muito depois. Seria um erro, entretanto, supor que o ato de participar do espírito foi concebido como uma experiência solitária e individual. Se nos sentimos inclinados a tal interpretação é porque nossa *intelligentsia* elaborou uma concepção subjetiva e interiorizada de religião. Em sua forma arcaica, a revelação espiritual era concebida como um ato único de participação coletiva, e era um espírito simultaneamente compartilhado que se comunicava com o homem [29]. É claro que sua natureza coletiva não era igual à da posse comum de um elemento cultural como a linguagem e a ciência; era, antes, algo assim como um ataque coletivo. Esse êxtase comunal proporciona também o pano de fundo das aclamações coletivas através das quais os grupos arcaicos (em sua versão antiga ou moderna) expressam decisões unânimes. Essa prática sobreviveu em certas esferas religiosas sob forma ritualizada. Diz-se, por exemplo, que as eleições devem ser feitas *per viam inspirationis Sancti Spiritus*. É essa comunhão espiritual de cardeais que elege o Papa: "sem dúvida, o Espírito Santo fala mais claramente à assembléia que a homens isolados" [30].

O caráter distintivo dessas concepções do espiritual verifica-se na empatia coletiva de que se revestem. Em assuntos espirituais, o homem primitivo não age nem comunga claramente como indivíduo; nesse sentido, ele é mais socializado que o contemporâneo. Uma sociedade de massas complexa oferece menos oportunidades de êxtases coletivos, mas aumenta o alcance da transmissão institucional da cultura. Por isso encontramos a cultura como uma herança solidificada e objetiva acessível ao indivíduo. É claro que os canais de transmissão cultural estão abertos também em sociedades primitivas; afinal, a continuidade seletiva é a essência de todas as culturas. Mas a organização racional do processo de transmissão é peculiar às sociedades grandes e complexas. Somente à luz dessa perspectiva sociológica é que se pode

28 *Ibid.*, 70.
29 *Ibid.*, 30.
30 *Ibid.*

compreender a moderna reinterpretação do conceito de espírito, que passa a significar algo próximo da idéia de razão. Esta tendência tornou-se dominante durante o Iluminismo, substituindo *mens* por espírito [31]. Hildebrand enfatiza que antes de Adelung nenhum dicionário menciona o intelecto pensante [32]. Mas logo se elevam algumas vozes em protesto contra a interpretação racionalista e objetivista do termo, ao mesmo tempo que se tenta religá-lo a antigas tradições, quando o conceito não se restringia à capacidade racional [33]. Goethe expressa esse ponto de vista: "é na música que antecipamos tal futuro, pois não há nada além do espírito e sem ele não há futuro (como tampouco nenhum passado)".

A gênese da concepção de *Geist* de Herder é tão complexa como a de Hegel. Mas enquanto para Hegel *Geist* é um tipo mais "elevado" de pensamento, para Herder é um tipo mais elevado de visão simpática: "assim nossos críticos de arte procuram usar toda sua erudição e sagacidade para nos privar dos doces momentos em que contemplamos e seguimos o espírito dos outros" [34]. Percebe-se que aqui *Geist* envolve não só cognição, mas também volição e atividade. Mas enquanto a corrente racionalista rejeitava os primitivos componentes de êxtase do termo e o identificava mais e mais com o raciocínio consciente, os clássicos e românticos ressuscitavam os antigos elementos não-conscientes e supra-racionais do *Geist*. Nesta reação literária à mentalidade calculista da Idade da Razão encontramos o *Geist* como alma da história e forma "elevada" de razão que também envolve contemplação, volição e ação. Todos esses ingredientes encontram-se particularmente fundidos no bem articulado conceito de Hegel. É a síntese hegeliana característica da perspectiva clássica e romântica que serve de pano de fundo ao resumo de Hildebrand: "...devemos enfatizar que, segundo o uso que fazemos do conceito nesse século XIX, *Geist* envolve não apenas nosso pensamento mas também aquilo que vive e age em nós e nos anima e guia, e tudo isso estava também presente nas mais antigas conotações de sopro de vida, ofego e significação". Eis aí a descrição de um conceito de cultura que implicitamente abrange sua interpretação racional sob a forma de uma herança exteriorizada e disponível, mas que também retém a primitiva imagem de atos coletivos e dinâmicos. Seria um erro não perceber a promessa contida nessa tradição tão característica da filosofia alemã.

31 *Philosophie und Geisteswissenschaften*, ed. H. Rothacker, Haia, 1926, p. 93.
32. *Op. cit.*, p. 96. Adelung define espírito como "uma substância corpórea capaz de pensamento e volição". *Ibid*.
33 *Op. cit.*, p. 98.
34 *Op. cit.*, p. 99.

3. *As Manifestações Subjetiva e Objetiva do Espírito.
A Gênese Social do Significado*

Depois de haver considerado a conotação arcaica e subjetiva de *Geist* tal como se apresenta na obra de Hegel, passaremos agora a seus aspectos modernos. Um dos temas recorrentes da filosofia alemã é a dissociação entre conhecimento e o ato de conhecer. Descobrimos, na verdade, que a experiência tende a separar-se dos atos dos quais se origina e a tornar-se acessível independentemente deles. Este aspecto objetivo do ato está bem elaborado na filosofia de Hegel, principalmente na distinção que faz entre espírito subjetivo de um lado, e o objetivo e absoluto de outro. A moderna distinção entre o ato subjetivo ou temporal e o significado pretendido e separável já se prenuncia nas teorias de Kant e Bolzano, mas no sistema hegeliano ela aparece de modo mais incisivo. Foi ele quem percebeu mais claramente o caráter coletivo e social do significado.

Os significados alcançam sua primeira significação social através de sua dissociação do ato original. Tão logo um significado emerge da percepção consciente que o traz à luz, ele abandona sua singularidade anterior e torna-se um foco comum. Referimo-nos aqui à diferença entre pensar e pensamento, ou entre o ato de fazer e o feito. O feito, ou ação consumada, deve ser considerado aqui como a realização de uma concepção coletiva, do mesmo modo como o escultor de uma efígie expressa uma imagem comum. (Encontramos aqui um estreito paralelismo com as "representações coletivas" de Durkheim que, a propósito, levanta a interessante questão de saber-se quanto do pensamento hegeliano participa da composição dessa importante categoria. De qualquer modo, a força da abordagem durkheimiana do problema do significado coletivo é atribuível, parcialmente, à perspectiva filosófica em que ele esboça o problema.) Um significado objetivado é um produto da sociabilidade. Objetivamos não apenas o pensamento, mas também as emoções, estados de alma e qualquer outro filtro de "saída" do circuito fechado das experiências singulares. Sem dúvida, o impulso para objetivar significados é eminentemente social e nenhuma consciência pode desenvolver-se num indivíduo não socializado (se por consciência entendemos a soma total de atos dirigidos que se resolvem em significados intencionais). Significado, portanto, é um termo sociológico, inseparável de alguma fase de sociabilidade. Não é nossa preocupação com objetos idênticos que nos conduz a um nexo social, mas os significados idênticos que atribuímos conjuntamente aos objetos; encontramo-nos uns aos outros não nas coisas, mas através de suas significações. Entretanto, concebemos significados não apenas em atos comunicativos, mas também em momentos solitários. Mesmo num estado isolado de contemplação executamos atos de sociabilidade. Assim sendo, cognição e comunicação tornam-se funções inseparáveis. Organismos que não podem comunicar-se são também incapazes de conceber conceitos objetivos. Contatos humanos estabelecidos por impulsos biológicos não constituem em si associações, a menos que transcendam o impulso inicial.

A que necessidades e situações sociais devemos atribuir a propensão à objetividade e o esforço de reflexão? Esta questão é básica para a sociologia da cultura. Devemos distinguir claramente os dois atos. Uma coisa é tornar uma experiência solitária inteligível a outrem, outra coisa é refletir sobre ela, dar-se conta dela e assim converter o conhecido em conhecimento. Os dois impulsos provêm de situações sociais diferentes que influem nessas formas alternativas de repensar uma experiência. Os atos de reflexão têm sido vinculados ao que às vezes se considera um tipo de deficiência, ou seja, um hiato social no ato de comunicação. A questão se refere a certas lacunas nas experiências coletivas que tornam seu sentido deficiente, e portanto incomunicável, pelo que o impulso objetivo original retrocede e torna-se reflexo.

A teoria do significado de Bolzano ignora a função social das significações; postula uma antítese absoluta entre o indivíduo isolado e o nível consciente dos conceitos. Assim procedendo, Bolzano impede-se de perceber o fato de que o significado não é uma entidade abstrata, mas uma função concreta da experiência comum. Pode-se concordar com a separação que Bolzano faz entre atos subjetivos e seu significado objetivo sem no entanto aceitar a tese implícita da disjunção entre o significado e a experiência (coletiva) onde ele se origina. Uma vez posto de lado o mito de um nível separado de significações, o significado torna-se um objeto natural de investigação sociológica.

A questão, levantada inclusive por Max Weber, de como passamos das experiências individuais para um significado objetivo ou para o ponto de vista sociológico, é uma versão confusa da real questão de saber como partir do significado concreto das coisas e chegar ao significado pretendido pelo indivíduo (segundo Weber) e à concepção de uma esfera abstrata de significações isoladas. Na verdade, devemos nos perguntar como é que em certos casos se ignora o caráter social do ator (o indivíduo) e de seus atos. Procuremos reconstruir o contexto social da primeira questão, ou seja, como as percepções se derivam dos atos originais de perceber.

O cerne do significado, presumivelmente, é a situação cooperativa. A manipulação idêntica de coisas idênticas abre certas vias comuns de abordagem. Uma tora de madeira pode ser uma canoa potencial, uma lança, uma balsa, ou combustível — dependendo das necessidades dos que pretendem usá-la. São as ações coletivas, em situações dadas ou potenciais, que fixam a noção comum ou variável de uma coisa. Uma vez estabelecida uma abordagem comum, falta-lhe apenas um símbolo comum para que assuma um significado objetivo. O apelativo comum não é, portanto, nem uma abstração nem uma derivante de significados individuais, mas a forma primária através da qual cada indivíduo atribui significado ao objeto.

Estudos lingüísticos em comunidades primitivas nos proporcionam evidências da gênese coletiva de certos significados. A aparição da gênese solitária de conceitos é o resultado final de um processo de diferenciação (ao qual Simmel devotou um importante livro) que diversifica as abordagens possíveis de uma mesma coisa e que apresenta um objeto sob várias perspectivas. Essa situação complexa acarreta uma visão diversificada das coisas, sem entretanto implicar a perda de um universo comum de experiência. O significado das coisas permanece concreto na medida em que estas são objeto de uma abordagem comum. O esquema de referência comum só desaparece quando dois ou mais grupos ou culturas coexistem lado a lado, cada um dotado de sua própria visão das coisas: é então que o indivíduo encontra-se em posição de escolher entre várias abordagens. O campo e a cidade, assim como o artesanato e o comércio, podem tornar-se as fontes de tais discrepâncias. A passagem do indivíduo de uma situação a outra, e sua liberdade de escolha entre elas, caracterizam a situação primária na qual uma pessoa dispõe de várias abordagens para o mesmo objeto. É aí também que se originam o relativismo e o ponto de vista cético; essa é a origem da concepção antitética dos aspectos parciais e gerais das coisas. A percepção embaçada de objetos é inerente à interpenetração de grupos com estruturas distintas. Essa mesma situação de ambivalência permite que o indivíduo evite certas normas de comportamento. É o caso da sociedade profana que emerge da sagrada. Carl Mennicke notou bem que as comunidades primitivas não oferecem escapes para as evasões éticas: a única alternativa à conformidade é a repressão, o que equivale dizer que a formação de complexos é um fenômeno complementar à existência do sagrado. Uma sociedade complexa, com sua ética pluralística, oferece escapes mas também propicia neuroses. A descoberta da psicologia coincide, significativamente, com a existência de mecanismos de escape, pois é só numa situação livre e descomprometida que a espontaneidade e as razões para realizar decisões se tornam perceptíveis.

O adolescente de hoje defronta-se com uma situação marginal semelhante quando se prepara para viver sua própria vida fora do lar paterno. As manifestações são as mesmas, sejam indivíduos ou camadas sociais que se defrontam com encruzilhadas. O que é peculiar aos sofistas e a Sócrates (como veremos depois) senão sua passagem de um modo de vida feudal, agrário e mitológico para uma ordem mais fluida da cidade costeira de artesãos e comerciantes? A experiência de um novo mundo cheio de escapes, a descoberta do caráter ambíguo das coisas e da dimensão subjetiva da percepção em lugar da antiga perspectiva coletiva — esses são os elementos de uma situação nova e desnorteante que permitiram o surgimento da lógica grega como codificação de um pensamento independente não-canalizado, do mesmo modo que a psicologia emergiu de similar perplexidade alguns séculos mais tarde. Esta é também a gênese do chamado pensamento abstrato e formal. Este tipo de pensamento surge quando o indivíduo, em face de papéis sociais intercambiáveis, é livre para abandonar abordagens correntes e se vê forçado a substituir a compreensão coletiva pelo abstrato denominador comum das fugazes percepções individuais da realidade. Na medida em que se desvanece o universo concreto, surge a polaridade entre o indivíduo isolado e a razão generalizadora (mais tarde, a consciência abstrata). Em suma, tanto o período iluminista grego como a moderna Idade da Razão derivam seus traços comuns da dissolução de uma ordem feudal e sua substituição por uma sociedade urbana e móvel, na qual a relação entre o grupo e o pensar já não é mais diretamente evidente. Só os românticos tentaram diminuir a significação dessas mudanças ao projetar no futuro os sonhos do passado.

4. *O Caráter Suprapessoal do Significado*

A força do conceito hegeliano de *Geist* reside, como vimos, na sua compreensão das dimensões sociais do significado, e é este fato que torna possível a distinção entre o ato subjetivo e sua contrapartida objetiva: o significado socialmente relevante. Mas isso não é tudo. Continuamos a tatear pelo reino solipsista das aparências enquanto não transcendemos a objetividade dos significados. Pois nesse nível só nos é dado tratar de significados individuais, por mais comunicáveis que sejam, cujas relações ainda não conhecemos. Desse modo, quando estudamos história nesse plano deparamo-nos com uma seqüência de expressões isoladas carentes de continuidade histórica. Dessa perspectiva nominalista (na qual só são reais as percepções individuais), não podemos chegar a entender acontecimentos como a evolução do Direito comum americano a partir do inglês, a assimilação por parte do Japão da tecnologia ocidental no século XIX, o crescimento do Estado prussiano de Frederico II a Bismarck, ou a revolta protestante contra a Igreja medieval. Não é possível reconstruir o quadro das mudanças sociais a partir do mosaico de expressões individuais, assim como não se pode explicar um fato passado ou presente sem ter sequer um nome para designar seu contexto.

Nossa insistência anterior de que o indivíduo é o *locus* primeiro de realidade não deve fazer com que esqueçamos o fato de que as relações humanas, por mais complexas que sejam, são também reais. (Certamente, o grupo não absorve o indivíduo, assim como a pessoa não assimila nem reflete por completo sua sociedade; mas há áreas comuns nas quais as ações do indivíduo tornam-se social e historicamente relevantes e, conversamente, as estruturas de grupo tornam-se determinantes das ações individuais.) O que o *Geist* de Hegel implica — além do discernimento dos significados objetivos a que nos temos referido — é a configuração coletiva da história que devemos conhecer para compreender sua continuidade. Os problemas e alternativas com que se defronta o indivíduo em suas ações e expressões assumem novos sentidos — os quais transcendem os significados "pretendidos" pelo indivíduo quando ele concebe ou comunica uma experiência. Tão logo falamos de comportamento ou pensamento estruturado, já nos encontramos nesse segundo nível de significações objetivas: procuramos compreender o significado dos significados tentando reconstruir o contexto da ação e da percepção individuais.

5. *Crítica da Enteléquia Como Modelo Conceitual*

Num esforço de isolar os elementos construtivos na obra de Hegel de suas fases especulativas dirigimos nossa atenção para seu conceito de "mente objetiva" e seus componentes sociais. Vimos que os fenômenos mentais possuem uma estrutura e uma dimensão supra-individual. Mas no próprio momento em que fazemos essa proposição deparamo-nos com sua perversão potencial, assinada pelo próprio Hegel. A distorção é inerente à tendência de tratar significados como enteléquias que se desdobram e se realizam a si próprias. Expor a falácia dessa concepção não é fácil pois ela contém um grão de verdade, apesar da falsa perspectiva na qual é apresentada e da confusão que criou obscurecerem a luz que o conceito lança.

Para ilustrar o questionável procedimento de Hegel, seria o caso de conceber a evolução do barroco como um processo que desenvolve as potencialidades intrínsecas desse estilo na mesma ordem em que artistas individuais concretizaram suas incipientes possibilidades. Tal modo de abordar um processo histórico não é interpretativo, mas exegético; ele apenas conglomera peças dispersas num padrão unitário e elaborado. Pode-se com razão argumentar que a evolução do barroco não é fortuita e que não lhe falta certa consistência, mas seria absurdo sustentar que o desenvolvimento real da história barroca é logicamente preordenado. As mutações regionais desse estilo, assim como suas diferentes interpretações por artistas individuais deveriam bastar para afastar qualquer noção de uma evolução predeterminada e irreversível do barroco. Pode-se reconhecer o grão de verdade contido nessa concepção panlogística, ou seja, que certos conjuntos dados de idéias e estilos de certo modo estabelecem limites de variabilidade. Pode-se até mesmo defender a tese de que cada concretização adicional de um padrão passa a limitar seu raio de variação. Mas a noção de um curso preordenado de significados que se desdobram deixa de levar em conta duas circunstâncias adicionais: a incidência de catástrofes (tais como invasões) que podem alterar o contexto no qual envolve uma corrente de pensamento; e os limites dados dentro dos quais um artista ou organizador são livres para criar novas estruturas.

Tomemos um exemplo concreto. A decadência final de Roma já estava prenunciada desde o início pelo caráter de seu capitalismo escravista. Que tal sistema social apresente tanto potencialidades quanto limitações é sem dúvida verdadeiro; podemos portanto dizer que a história real da sociedade romana estava potencialmente contida em sua estrutura incipiente. Mas isso não quer dizer que o curso real de acontecimentos era previsível. Certas correntes de interferência, atuantes no primitivo meio ambiente de Roma, poderiam ter contido o crescimento do capitalismo escravista num estágio inicial. As resistências externas à expansão romana poderiam ter amadurecido séculos antes de ter tomado uma forma definitiva. Nenhum historiador sociologicamente informado poderia predizer em retrospecto a derrota de Aníbal sem levar em conta certas circunstâncias exteriores à estrutura da Roma republicana. Voltando à história moderna, o capitalismo assumiu traços distintos na França, na Inglaterra, na Alemanha e nos Estados Unidos. Os recursos naturais, o meio geo-político e as migrações desempenharam papéis importantes na diversificação da cultura e da política nesses países. Os elementos comuns de sua estrutura econômica não revelam nada que pudesse explicar as óbvias diferenças. O que perverte a visão estrutural da mudança numa doutrina de total determinismo e predeterminação é a má compreensão de estrutura como um princípio que inexoravelmente se desdobra por si próprio. Essa visão imanística obscurece o papel do meio — geográfico, histórico e social — e o alcance das variações individuais. O conceito de estrutura implica não um processo intencional de auto-realização, mas uma dada margem de escolhas sucessivamente limitadas. Estas continuam sendo escolhas, por mais estreitas que se tornem suas limitações. Ignorar o papel da liderança e negar a função catalítica de alguns indivíduos é uma distorção do interesse sociológico pelo contexto coletivo dos acontecimentos. Uma coisa é aplicar o método sociológico ao estudo do Fascismo e do surgimento de movimentos revolucionários mundiais; outra, porém, é esquecer os papéis de Mussolini, Marx e Lênin. Podemos perfeitamente levar em conta as limitações que estreitam o raio de ação de um líder, mas não podemos aquilatar seus sucessos ou fracassos sem considerar tanto suas alternativas como iniciativas.

6. *O Procedimento Explanatório e o Expositivo.*
   A Estrutura dos Acontecimentos

O vício de apresentar a estrutura das coisas como a fonte de sua emanação é responsável pela abordagem *expositiva* da história do pensamento em lugar da abordagem *explanatória*. Quando se concebe mudança como um processo teleológico através do qual um esquema preexistente assiste à sua inexorável realização, limitamos nosso enfoque ao projeto básico que parece localizar cada evento como se ocorresse numa seqüência predeterminada. Tal empreendimento assemelha-se ao trabalho de alguém debruçado sobre um quebra-cabeça em busca da correspondência entre o modelo e as peças. Este procedimento é expositório no mesmo sentido que procurar entender o significado de sentenças separadas no contexto de um discurso inteiro. Dessa forma, supõe-se que a história tenha um projeto preòrdenado. Uma vez feita tal suposição, o problema se reduz a decifrar o plano intrínseco que se desdobra, tornando-se supérfluo indagar sobre relações causais entre acontecimentos singulares.

Esse tipo religioso de exegese histórica estabelece o modelo da filosofia da história de Hegel, assim como se tornou tradição da historiografia alemã e de certas fases da sociologia alemã. Mesmo as tentativas de conceber a história sem um plano divino ainda revelam a influência dessa tradição. Mas, uma vez abandonada a apresentação da história como sucessão de retribuições e recompensas, devemos descartar o método expositivo. Devemos mesmo? Não inteiramente, pois dele ainda retemos o significado estrutural da mudança histórica. O fato de que o tipo positivista de investigação histórica é incompatível com uma interpretação teleológica não quer dizer que devamos por força restringir nossa abordagem à visão microscópica e fragmentária dos acontecimentos. Não é preciso aplicar hipóteses teleológicas para compreender o caráter estrutural da mudança. A partir do momento em que delineamos uma fase histórica como um conjunto concreto de alternativas, passamos a considerar a história como uma totalidade, uma configuração. É certo que não se atinge tal perspectiva sem o esforço expositivo de encaixar fragmentos num modelo exclusivo[35]; mas isso não tem nada a ver com o método hegeliano de remeter uma fase histórica a seu projeto universal. O que se tem em vista não é o significado intencional dos acontecimentos, mas seu contexto estrutural.

Neste ponto, cabe perguntar se a interpretação estrutural da mudança deixa margem para as investigações causais. A pergunta antecipa a resposta: a alternativa não é tão estrita, e os dois procedimentos não são mutuamente exclusivos. A estrutura social é a ordem na qual as seqüências causais operam regularmente dentro de um sistema social.

Por exemplo, o capitalismo moderno pode ser compreendido como um sistema de operações entrelaçadas, como produção, distribuição, o mecanismo de preços, o sistema de crédito, o estímulo competitivo da demanda, o recrutamento da força de trabalho etc. Não precisamos conhecer a motivação do diretor da Casa da Moeda para saber o que é dinheiro, assim como não precisamos investigar por que razões se gasta para saber o que é inflação. Podemos perfeitamente compreender os princípios que governam o fluxo de capital de uma indústria para outra sem levar em conta as relações entre cada corretor da bolsa e seu cliente. Estas operações

---

[35] Sapir chega à mesma conclusão com referência aos padrões de desenvolvimento lingüístico. "A linguagem só existe na medida em que é efetivamente usada... Quaisquer mudanças significativas que nela ocorram devem primeiro surgir como variações individuais. Isso tudo é verdade, mas daí não resulta que se possa compreender a orientação geral da linguagem a partir apenas de um estado exaustivo e descritivo dessas variações. Estes são fenômenos casuais, como as ondas do mar, movendo-se para frente e para trás num fluxo sem propósito. O movimento lingüístico, porém, tem uma direção. Em outras palavras, só as variações individuais que se movem numa certa direção é que o impulsionam. O movimento de uma língua é formado pela seleção inconsciente, por parte dos que a usam, das variações individuais que se revelam cumulativas numa direção especial. Essa direção pode ser inferida, *grosso modo*, a partir da história da língua. A longo prazo, qualquer novo elemento torna-se parte do discurso comum e aceito; mas pode permanecer por muito tempo como mera tendência no discurso de uns poucos. Se olharmos em redor e observarmos usos correntes, é bem pouco provável que encontremos em nossa língua uma "curva", ou seja, que as mudanças dos séculos vindouros estejam prefiguradas em obscuras tendências do presente ou que essas mudanças, quando consumadas, pareçam ser a continuação de mudanças já realizadas. Ao contrário, parece-nos que nossa língua é praticamente um sistema fixo e que mesmo as mais leves modificações que nela venham a ocorrer podem dar-se tanto numa direção como noutra. Mas a impressão é falaciosa. É nossa própria incerteza quanto aos detalhes iminentes da mudança que torna a eventual coerência de sua direção tanto mais surpreendente". (SAPIR, Edward. *Language*. Nova York, 1921, p. 165.)

formam um sistema que, apesar de não planejado, apresenta um esquema funcional que se pode reconstruir sem procurar seu autor. Devemos supor que ele resulta de um processo adaptativo que se desenvolveu através de uma série de seqüências causais do tipo tentativa e erro. O que importa, entretanto, é que o sistema funciona como se tivesse um modelo. Mais que isso, o plano subjacente do sistema não só indica funções e papéis que devem ser desempenhados, mas também proporciona motivação para os necessários desempenhos. Desse modo, as diferenças de preço no mercado local apresentam ao investidor uma oportunidade de lucro; mas ao mesmo tempo, este desempenha uma função econômica ao igualar o nível dos preços[36].

A perspectiva *causal* desta operação deixa claro *por que* o investidor desempenha seu papel; mas é o esquema funcional que nos mostra *como* ele atua com sucesso e *qual* é seu campo de ação. A soma final de motivações causais não explica toda a estrutura: com efeito, nem todas as ações para as quais há incentivos são necessárias para o funcionamento do sistema capitalista. Não só ocorre que muitas ações são irrelevantes para o funcionamento do sistema, como também existem enclaves sociais — tais como comunidades isoladas, ciganos nômades, clãs agrários — já ultrapassados pelo desenvolvimento atual. Seu modo de vida nada tem a ver com o "modelo" de nosso sistema social. Deveremos assim distinguir as ações e motivações estruturalmente *relevantes* das *irrelevantes*.

7. O Problema de se o Mundo tem Estrutura

A distinção que acabamos de fazer tem a ver com as considerações que seguem. A história é feita de acontecimentos, e um acontecimento pode ser relevante ou não para uma dada estrutura na qual ocorre. Não se pode então dizer que alguns acontecimentos são intrinsecamente irrelevantes? Freud descobriu o sistema inconsciente de significados, revelando assim a importância de coisas até então tidas como triviais, tais como os lapsos da memória e da língua. Sua relevância fez-se patente num contexto previamente irreconhecível. Na verdade, nunca podemos decidir cabalmente que uma ocorrência não faz parte de um sistema, dado que sua irrelevância em relação a sistemas conhecidos não impede

---

[36] No sistema social, "uma parcela suficiente dos atores que o compõem devem estar suficientemente motivados para agir de acordo com as exigências de seu sistema de papéis..." (PARSONS, T. *The Social System. Op. cit.*, p. 27.) Do mesmo autor, ver também "The Position of Sociological Theory", em *Essays in Sociological Theory, Pure and Applied*, Glencoe, 1949, pp. 7 e 11.

a possibilidade contrária em relação a estruturas ainda por descobrir. O termo relevância apenas denota que um fato pode ser prenunciado pelo esquema de um sistema *conhecido*. Devemos estar preparados para antecipar que incoerências estruturais aparentes podem resolver-se num sistema mais amplo que transcende nosso conhecimento atual. Isto suscita um problema ao qual Hegel era extremamente sensível.

Talvez se possa interpretar a teoria panlogística de Hegel como uma tentativa de conceber o universo como encarnação do *logos* ou, em nossa terminologia mais pragmática, como uma estrutura completa que, em sua totalidade, acha-se aberta à compreensão racional. Esta ambiciosa teoria nos proporciona uma rica hipótese de trabalho que se pode aceitar sem risco. Procuremos, por um momento, discutir este ponto à maneira dos escolásticos. Se o mundo não passa intrinsecamente de um emaranhado de coisas separadas, a hipótese panlogística cai por terra mas resta a possibilidade de achar nesse caos total áreas limitadas às quais podemos imputar uma certa ordem conceitual por nossa própria conta. Ocorre entretanto que a rejeição apodítica da hipótese de um universo ordenado pode impedir-nos a visão de um possível esquema, caso o mundo possuísse algum. Em resumo, nada se ganha ao descartar um instrumento potencial de exploração só por ser inexplorado e não conhecido. Tais expectativas mostraram-se frutíferas em algumas áreas — como nos *Tableaux Économiques* de Quesnay.

Segundo nossa concepção atual, o mundo não aparece como uma estrutura única e completa, mas como um agregado de órbitas parcialmente estruturadas. Ainda uma vez, pensemos sobre esse dado à moda escolástica. Pode ser de fato que o mundo seja um agregado de ordens parciais. É também concebível que o universo tenha uma estrutura completa, mas ainda não a discernimos. A terceira possibilidade, entretanto, é a mais atraente de todas, ou seja: o universo humano é estruturado de modos e em graus diferentes nas fases subseqüentes da história. Se esse fosse o caso, teríamos que variar e diferenciar nossos critérios estruturais. Max Weber parece ter tido em mente tal diferenciação em seu ensaio *A Ética Protestante e o Espírito do Capitalismo,* onde enfatiza a primazia das motivações religiosas na história inicial do capitalismo, ao mesmo tempo que reconhecia o papel decisivo de um certo determinismo econômico numa era de amadurecimento do capitalismo. Desenvolvendo esse tipo de raciocínio, podemos supor que da perspectiva de um sistema em evolução, muitos dos fatos que ocorrem numa fase inicial de desenvolvimento são coincidentes e não-estruturados;

entretanto, na medida em que a nova ordem se desenvolve, ela permeia uma área cada vez maior do comportamento social.

8. Novo Exame da Explicação Causal e da Expositiva

A discussão precedente oferece uma nova perspectiva à questão anterior sobre o papel da análise causal em oposição à análise interpretativa da história. Usualmente, essas duas abordagens são concebidas como opostas. Ainda que muitos estudiosos tenham julgado correto rejeitar a necessidade de escolha entre ambas, a questão ainda merece exame e resposta. Max Weber definiu a sociologia como uma explicação expositiva (ou interpretativa) do comportamento social. Esta síntese dos dois métodos, o explanatório e o expositivo, é basicamente frutífera, apesar da aplicação real que Weber dela faz não ser completamente satisfatória. Seja como for, ele compreendeu claramente a necessidade de combinar o procedimento expositivo e o explanatório.

Insistamos, antes de mais nada, que o problema essencial de uma explicação expositiva de fenômenos históricos não gira em torno das intenções dos participantes. Pode-se dar por suposto que os homens dispõem de motivações e percepções sobre suas ações, ficando claro de imediato que essas percepções podem e devem ser compreendidas. O que torna o problema algo mais complexo é o fato de que as ações individuais, a despeito de suas motivações, fazem parte de um todo estruturado e como tal devem ser interpretadas. Que explicação será então mais adequada, a causal ou a estrutural? Além de sua intenção subjacente, as ações têm um significado objetivo inerente à sua estrutura. Este significado, desvendável através da análise expositiva, pode também ser atingido pela explicação causal, de tal modo que cada ocorrência aparece sob duas perspectivas distintas porém inter-relacionadas. Na perspectiva causal procuramos *conceber* um evento através de tantos de seus determinantes quantos formos capazes de isolar. Em boa medida, a concepção final é uma aproximação do evento real, e quando a aproximação é suficiente para um determinado propósito, dizemos que o evento está *explicado*. Por outro lado, *interpretamos* a mesma ocorrência se descobrimos sua função no equilíbrio do sistema total no qual ela tem lugar. A concepção do sistema como equilíbrio não passa de um recurso heurístico e aplica-se tanto a estruturas estáticas como dinâmicas. A função de um evento é seu papel necessário num sistema ou, mais especificamente, é o modo pelo qual o equilíbrio heuristicamente suposto do sistema é condicionado por aquele evento[37].

Os dois aspectos, o causal e o funcional, acham-se inter-relacionados. O esquema funcional de um desempenho sugere os limites dentro dos quais o jogo de agentes causais é relevante para a estrutura do sistema. Por exemplo, a propensão aquisitiva do investidor é estruturalmente relevante na medida em que este desempenha a função de igualar preços. Na medida em que o equilíbrio de preços depende daquela função, o livre jogo de investidores no mercado é estruturado, enquanto a mesma motivação pode encontrar uma saída em campos de ação estruturalmente irrelevantes (por exemplo, colecionando antiguidades). Ambos os tipos de atividade são motivados e causalmente explicáveis mas apenas um pode ser interpretado em termos funcionais (neste caso: econômicos).

Neste ponto, duas coisas devem ficar claras. Primeira: o agente não precisa ter consciência do significado funcional de suas ações, raramente sendo motivado por ele. A concepção simplificada de Max Weber sobre o significado da ação — como alvo pretendido ou inconsciente — impediu-o de perceber o significado objetivo ou funcional da conduta. Pode-se muito bem supor tal significado sem concebê-lo à la Hegel como uma corrente teleológica de eventos. Segunda: a interpretação estrutural do comportamento não exclui a causal. Muito pelo contrário. O equilíbrio de um sistema depende, para cada uma de suas funções, de livre jogo do tipo tentativa e erro. As motivações subjacentes a esse livre jogo são, em termos práticos, fortuitas; entretanto sua incidência é essencial para a manutenção do equilíbrio. A falha de Hegel consistiu em conceber seus significados objetivos não apenas teleologicamente, mas sem levar em conta o processo causal; por essas duas razões, não conseguiu elevar-se acima da perspectiva exegética da história.

9. *O Conceito Estrutural e o Fortuito de Causalidade.*
   O Problema de Causalidade Múltipla

Resta-nos ainda o problema de saber como a explicação causal dos fatos se relaciona com as funções desses. Sem dúvida, *o que* constitui um fato histórico ou social só pode ser compreendido através de sua função. Identificamos coisas como clãs, nações, castas ou grupos de pressão não causalmente, mas através de seu contexto estrutural. Vários impulsos atuam na formação da família: a busca de compa-

---

[37] Para um uso similar da categoria de equilíbrio, ver T. PARSONS e E. A. SHILS, *Towards a General Theory of Action*, Cambridge, Mass., 1951, p. 107 e ss. e p. 120. Convém consultar a excelente discussão de "função" em ROBERT K. MERTON, *Social Theory and Social Structure*, Glencoe, 1949, pp. 21-28.

nhia, a segurança, sexo e considerações econômicas, mas é basicamente sua função procriadora que define a família. Seu desempenho pode ser compatível com diferentes combinações de impulsos, mas algumas de suas funções devem ser desejadas e realizadas para que a instituição se mantenha. Alguns incentivos são indispensáveis, ao passo que outros são meramente compatíveis. De certa forma, cada instituição seleciona os impulsos de que depende para seu funcionamento[38]. Um mínimo de incentivos, como o desejo de companhia e prole, a capacidade de compartilhar experiências e autocontrole são necessários para a existência contínua de uma união monogâmica. Não obstante, alguns impulsos não necessários ao funcionamento da família monogâmica podem ser compatíveis com ela.

Essas considerações nos explicam duas coisas.

Primeira: certas estruturas depende de agentes causais específicos, cuja ausência pode acarretar decadência ou mudança da estrutura em questão. Um baixo nível de aspirações econômicas é incompatível com uma alta taxa de capitalização. A presença de um santo na Bolsa de Valores ou no serviço de inteligência seria uma anomalia. Pareto pretende que a domesticação das elites as desqualifica para seu papel; ao contrário, organizações monásticas podem acomodar traços de competitividade que não lhe são necessários.

Segunda: podemos agora elucidar a observação familiar de que um dado fenômeno pode ser explicado em diferentes níveis simultâneos de causalidade. Pode-se então falar de determinismo redundante. O linchamento, por exemplo, tem sido explicado como a expressão invertida de um sentimento de culpa coletiva, como uma fase de uma aguda competição por oportunidades escassas, como uma reação de defesa de uma ordem social ameaçada, e como um caso extremo de distância social. Como se pode explicar tal redundância causal? A resposta se anuncia se lembramos que os fatos são atuados por uma torrente de impulsos fortuitos. Alguns são requisitos funcionais, outros não. Ocorre que ao interpretar o significado funcional de um fato, levamos em conta os motivos requeridos e ignoramos os irrelevantes, ou seja, os funcionalmente acidentais. Esquecemos as fontes multilaterais da ação e sentimo-nos desconcertados ao vê-las superar o mínimo funcional. Parece-nos então que o fenômeno fica super-explicado. Mas essa impressão não se justifica, pois apenas deparamo-nos com diferentes seleções do mesmo agregado fortuito de motivos. O que nos causa incômodo é o fato de não havermos descoberto a diferença entre o conjunto de

---

[38] Ver. T. PARSONS, "The Motivation of Economic Activities", *Essays in Sociological Theory*, op. cit., p. 206 e ss.

agentes causais requeridos e a classificação abstrata dos motivos fortuitos, que agrupamos sem nenhuma consideração quanto à sua relevância funcional. Assim sucede quando reunimos separadamente as "causas" psicológicas, sociológicas, econômicas e políticas do mesmo acontecimento. O fato de que uma coisa tenha mais causas do que as funcionalmente necessárias nos confunde.

10. *A Historiografia e a Concepção Estrutural*

O fato de que a abordagem causal e a interpretativa dos fatos sociais sejam igualmente importantes é algo que não pode ser questionado, uma vez que fique bem claro que estruturas dadas requerem agentes causais particulares para sua existência e que uma mudança estrutural não pode ter lugar sem uma alteração correspondente nas motivações necessárias. O método interpretativo nos ajuda a visualizar o significado objetivo ou funcional de um fato e os limites particulares dentro dos quais motivações fortuitas operam — de modo relevante ou não. O sociólogo, naturalmente, está basicamente interessado no mínimo requerido de motivos relevantes.

Devemos encarar mudança social ao mesmo tempo como um conjunto de eventos causados e como um processo estruturado. Por exemplo, podemos tentar determinar que circunstâncias causaram a derrogação das leis cerealistas inglesas e podemos também explorar o significado de tal fato no contexto da revolução industrial inglesa. Apesar de estarmos apenas lidando com dois aspectos da mesma coisa, os dois procedimentos abrem diferentes perspectivas. A primeira, que revela a seqüência causal dos fatos, é a perspectiva histórica, enquanto a segunda é a estrutural. A historiografia, quando bem feita, procura reconstruir fatos no contexto concreto de seus determinantes, ao passo que a abordagem estrutural evita o mecanismo causal de mudança e se concentra sobre seu esquema funcional. Em geral os dois métodos são complementares, e dificilmente um estudo sério ignora por completo esses aspectos da realidade social. No entanto, os objetivos dos dois métodos são claramente distintos: o método causal reconstrói fatos em sua seqüência temporal, enquanto o interesse estrutural focaliza os padrões que operam num sistema funcional. Este último é o objetivo da sociologia, não obstante o fato de que ela possa tratar de fatos históricos. O sociólogo é o que é porque identifica estruturas concretas onde outros estudiosos dos problemas humanos só vêem fenômenos separados ou homologias.

11. A Matriz das Obras e da Ação

Até este ponto, não estabelecemos nenhuma diferença entre os vários tipos de estrutura. Nos exemplos dados, porém, fizemos referência a casos diversos como o capitalismo, o sistema de preços e o barroco. Todos eles dizem respeito à estrutura de várias coisas, e era esse denominador comum que de certa forma nos permitia colocar coisas tão díspares no mesmo plano. Voltaremos agora nossa atenção para duas áreas distintas nas quais encontramos estruturas.

O capitalismo é um contexto particular no qual as pessoas *agem;* a estrutura do capitalismo designa um sistema de padrões que governam as ações relevantes do indivíduo. O barroco, por outro lado, não é uma matriz de ações, mas um padrão comum de certas *obras* realizadas. Se convenientemente classificadas, estas revelam uma tendência unitária em direção a um alvo conhecido e a um tipo comum de configuração. A diferença é patente: no primeiro caso são ações que formam uma estrutura, no segundo são obras; e seria tão incongruente falar de um esquema de ação barroco como encarar o feudalismo como um padrão de obras terminadas. O estilo barroco não existe *per se,* separado das várias criações que o expressam, enquanto feudalismo só existe no estado fluido das ações que se entrelaçam.

A segunda diferença baseia-se na importância dos motivos para a compreensão da ação. Apesar de nem sempre ser possível levar em conta os incentivos que animam uma ação, eles são, por sua própria natureza, adequados à estrutura da ação em questão. A busca de lucro é tão inseparável do sistema empresarial quanto a honra e a lealdade do feudal. Por outro lado, não encaramos as obras de arte e a ciência em estado fluido ou no ato da criação, mas como produtos consumados. É claro que se pode detectar motivações atrás de cada ato, mas elas não têm nenhuma relação com a feitura da peça terminada. O hiato existente entre o significado objetivo de um teorema ou um objeto de arte e os motivos do autor é consideravelmente mais radical do que aquele entre os motivos de uma ação e o significado do feito. Isso equivale a dizer que a estrutura das obras, em marcado contraste com a das ações, dificilmente pode ser aclarada por seus agentes causais.

A terceira diferença entre o nível da ação e o das obras diz respeito a seus respectivos contextos. O contexto total das ações forma um sistema no qual usualmente existe espaço suficiente tanto para participantes dispostos como para os relutantes. Um estilo comum ou uma corrente de pensamento, por outro lado, só podem tomar forma na presença de indivíduos que de algum modo os adotam e expressam.

Expressões como "estilo econômico" (usada por Sombart) são fundamentalmente metafóricas. Ao falar da estrutura da arte, referimo-nos a uma configuração que toma forma através de uma série de obras; e podemos falar de uma estrutura do pensamento com referência ao padrão que se desenvolve através de uma série de formulações completas. A estrutura da ação, por outro lado, sugere uma ordem de interdependências. São os diferentes aspectos das ações que permitem concebê-las como partes de um equilíbrio.

12. *A Descoberta da Relação Estrutural entre Ação e Obras*

Naturalmente, nosso primeiro interesse é estudar a ação social, que é também o tema-chave da sociologia. Como já indicamos, o social não é uma fase ou aspecto das coisas comparável à estética ou ao direito, mas é um esquema de comportamento. Esse esquema apresenta-se em dois níveis. Primeiro, na perspectiva da sociologia enquanto ciência da sociabilidade, e segundo, do ponto de vista da sociologia do espírito. Essa dupla perspectiva corresponde à nossa distinção entre estrutura e ação de obras.

A estrutura da ação deriva-se de suas implicações de grupo, do modo pelo qual o desempenho de um depende do desempenho de outros. Pois bem: para reconstruir a ordem segundo a qual os papéis se interligam, não é preciso levar em conta as imagens que os agentes formam ou seguem para desempenhar seus respectivos papéis. Mas tão logo pretendamos interpretar essas imagens no contexto em que os papéis são assumidos, nosso esquema de referência transfere-se para o da sociologia da cultura[39].

Nesse caso já não lidamos diretamente com papéis, mas apenas com sua forma derivada, na medida em que se encarnam em obras realizadas. Reconhecemos que um conjunto de imagens traz em si elementos da situação em que foi concebido. Além disso, tais criações não só refletem seu meio incipiente como revelam a volição conjunta e o consenso de ação de alguns dos que pertencem àquele meio.

IV. UM ESBOÇO DA SOCIOLOGIA DO ESPÍRITO

O objetivo de nossa discussão até aqui tem sido o de levantar os problemas que devem orientar a sociologia alemã

---

[39] Os termos "sociologia da cultura" e "sociologia do espírito" são aqui intercambiáveis.

de hoje. Ao fazê-lo tentamos separar os elementos construtivos da herança do pensamento alemão de seu lastro morto de dissipação e falsidade. Lançamos mão de Hegel e Marx como símbolos dessa tradição ambivalente que facilmente se presta a uma distorção da história, mas que também traz consigo a promessa de soluções significativas. Tentamos demonstrar que as pré-condições da sociologia alemã fazem dela um campo peculiarmente fértil para o crescimento da sociologia do espírito.

Quando os esforços feitos em vários campos do saber alemão convergirem para estudos correlatos de processos sociais e mentais, fase por fase, período por período, estaremos em condições de identificar, num relance, as aspirações sociais contidas em dadas expressões de pensamento. Temos que estudar o mecanismo pelo qual a ação social e os processos mentais permeiam-se mutuamente. Não se deve temer, como fazem alguns, que essa tarefa acabe por reduzir o domínio do pensamento apenas a mera sociologia. Ao contrário, a abordagem proposta deveria adicionar uma terceira dimensão à perspectiva plana e sem vida na qual os doutrinários escolásticos têm apresentado os trabalhos criativos do homem. Assim como outros países fizeram progredir a sóbria análise do comportamento social, as contribuições do pensamento alemão deveriam tornar possível elaborar a significação do processo social para as criações objetivas da cultura. A promessa de uma herança pode às vezes contrabalançar realizações já feitas. Mas para capitalizar uma herança é preciso viver nela e ao mesmo tempo afastar-se o suficiente para distinguir o que nela é relevante para o presente e o que não é. É possível que valha a pena considerar uma tradição, não por seu caráter venerável, mas porque ela se origina de situações passadas que podem surgir de novo. É possível estar alerta às orientações do passado e também rever e peneirar seu patrimônio. É com esse intuito que procuramos separar a matéria decomposta dos tecidos vivos no trabalho de Hegel.

Até esse ponto, procuramos destilar conceitos viáveis de história, sociedade, mente e cultura. O restante deste ensaio preliminar será dedicado a um esboço do tipo de estudo que nos propusemos.

Não nos propomos apresentar nenhum sistema sociológico do espírito. Freqüentemente, os sistemas servem de substitutos para novas observações ou de compartimentos onde sepultar material inexplorado. Mas talvez não seja casuística inútil o ensaio de um esquema preliminar das áreas nas quais as manifestações objetivas da cultura podem tornar-se, como vêm se tornando, objetos específicos da exploração sociológica. O esboço é uma tentativa, mas apóia-se nos ensaios subseqüentes deste volume.

1. *A Sociologia do Espírito ao Nível Axiomático.
A Ontologia do Social e sua Relação com o
Caráter Histórico do Pensamento*

Esta é a perspectiva segundo a qual foi concebido o ensaio sobre "O Problema das Gerações". O termo ontologia não denota nada de metafísico, mas apenas uma colocação dos dados básicos do processo histórico de pensamento.

O caráter histórico do pensamento evidencia-se não só através da consciência individual, dentro da qual se manifesta por assim dizer fenomenologicamente, mas também devido ao fato de que os homens cogitam enquanto membros de grupos e não como seres solitários. O pensamento dos indivíduos é relevante historicamente na medida em que os grupos a que pertencem subsistem através do tempo. A transmissão de compreensões de grupo de geração a geração é um processo tanto interpretativo quanto seletivo. Cada ato de transmissão peneira, interpreta e seleciona certos elementos da experiência passada. Não se pode visualizar corretamente este processo interpretativo sem a concomitante seleção social que tem lugar quando uma nova geração aceita ou modifica a acumulação da geração anterior. A transmissão de pensamento é basicamente uma fase na sucessão de gerações. É a análise dessa seleção que ilumina a continuidade ou descontinuidade do pensamento. Isso suscita nossa primeira questão de como se originam as *tradições*.

(a) Em primeiro lugar, devemos estabelecer uma diferença entre os traços mentais de grupos *amorfos* e *descontínuos*, de um lado, dos *contínuos* de outro. Aqui deve-se demonstrar como a perpétua formação e dissolução de pequenos grupos dentro da sociedade inclusiva determina a natureza da tradição que se cristaliza na sucessão das gerações. Além disso, deve-se aclarar a significação social da formação impulsiva de pequenos grupos efêmeros que não criam tradições, e as implicações dessas associações flutuantes quanto à mentalidade da sociedade mais ampla. Deve-se ademais considerar o fato de que pontos de vista comuns numa sociedade só existem na medida em que certos grupos conseguem assegurar sua continuidade através do tempo e do espaço.

(b) Isso nos traz aos aspectos sociológicos da *continuidade no tempo e no espaço*. A continuidade do tempo histórico (a qual, nem é preciso dizer, não é a mesma do tempo cronológico) depende da natureza da comunicação em sociedades dadas. Não apenas indivíduos mas também sociedades podem regredir a um clima mental pregresso se um grupo representativo é substituído por outro que preservou uma orientação social anterior. A descontinuidade histórica freqüentemente resulta da ruptura de comunicação entre elites sucessivas. Por outro lado, a descontinuidade no espaço ocorre quando grupos contemporâneos rompem o contato e passam a agir e reagir de modo independente. Sem esses fatos elementares não se pode compreender nem as correntes de pensamentos singulares nem as múltiplas através da história. Fatores tais como hermetismo de grupo e mobilidade moldam de modo significativo o fluxo de idéias no espaço e no tempo.

A categoria "inovação" é tão básica para a ontologia social do espírito quanto a tradição e sua ruptura. De que maneira as coisas novas irrompem através do peso dos costumes? A familiar referência à generalidade não basta. Repetindo: não é necessário ignorar o papel dos líderes para que se considere a psicologia do pioneiro secundária em relação à questão sociológica de saber quais situações provocam novas expectativas coletivas e descobertas individuais. A resposta está quase que implícita na pergunta: as inovações resultam ou de uma mudança na situação coletiva ou da variação do relacionamento entre os grupos ou entre indivíduos e seus grupos. São modificações desse tipo que engendram novas adaptações, novos esforços assimilativos e novas criações.

O fenômeno inverso, o *processo de estereotipia,* igualmente revela constelações que se abrem a análises complementares.

(c) Continuidade, descontinuidade, regressão, o processo de estereotipia, inovações, e a corrente de transmissão singular ou multilinear formam as categorias básicas dos processos mentais. Elas substituem os elementos irredutíveis de fenômenos complexos. Adicionemos a essa série uma categoria a mais: a *dinâmica histórica do pensamento,* que também deve ser compreendida como um processo social. Por dinâmica entendemos a tendência comum de um certo número de eventos. Pode-se falar de mudança dinâmica, ao invés de mutação, se fenômenos tais como continuidade, descontinuidade, inovação e estereotipia tornam-se partes interdependentes do mesmo processo social.

No presente nível ontológico, interessa-nos a dinâmica meramente enquanto derivativo das formas elementares de associação, ficando em segundo plano os processos históricos concretos. Por que será que os processos mentais são dinâmicos, possuem traços comuns e ocorrem num curso orientado, e não de forma dissociada e fortuita? Novamente, devemos retomar o fenômeno a partir de sua matriz social.

O hermetismo relativo dos grupos, atribuível à sua busca de segurança e à divisão do trabalho, impede a mobilidade ilimitada do indivíduo. Isso se evidencia em certas situações marginais: a ruptura da continuidade ao nível do pensamento e do sentimento tende a coincidir com a dissolução dos grupos que sustentavam os traços comuns; sua coesão desvanecente reflete-se numa debilitação da consciência normativa. O fato de que a história do pensamento assume a forma de seqüências compactas pode ser atribuído ao hermetismo dos grupos sociais mais comunicativos em face de impulsos alternativos[40].

A relativa impermeabilidade e o hermetismo dos grupos explica o fato de que os processos mentais não são uniformes através do espaço e do tempo, assumindo configurações distintas. Uma tendência evolutiva e dinâmica subsiste enquanto o grupo que a sustém permanece coeso. Dentro desse *continuum* as seqüências acham-se tão inter-relacionadas que uma não pode ser propriamente compreendida sem a outra.

O esboço anterior oferece alguns fragmentos de uma ontologia social da mente. Procuramos relacionar fenômenos básicos como continuidade, descontinuidade e dinâmica com as formas elementares de associação. Se a sociologia do espírito há de ser uma área de estudo racional, tais relações elementares devem ser estabelecidas antes que se tente realizar análises concretas.

2. *A Sociologia do Espírito ao Nível da Tipologia Comparada*

A partir dos fatores elementares da sociabilidade, que em si mesmos não são históricos mas fornecem o molde para o processo histórico, passamos agora para suas variações concretas e empíricas. No entanto, não abandonamos a perspectiva abstrata do processo social, apesar de procurarmos identificar o delineamento dos grupos elementares em sua incidência histórica. Em outras palavras, focalizamos os aspectos gerais do particular ao tentar reduzir configurações empíricas a uma tipologia racional, construída com o mínimo possível de variáveis. Em última análise, tal tipologia deveria constituir-se num cânone de variabilidade, num guia para a derivação de fenômenos complexos a partir dos simples. Esse cânone deveria abranger tanto os *processos* de associação quanto a *formação de motivos*.

Com a crescente ênfase na variabilidade dos fenômenos elementares, atingimos o terceiro nível de análise: o estudo

---

[40] Ao nível da sociologia geral, Max Weber oferece um bom exemplo das conseqüências opostas que o mesmo evento pode acarretar quando se efetua em sociedades diversamente estruturadas: "...a oportunidade para a produção em massa de produtos de algodão, criada pela utilização mecânica da colheita, teve efeitos opostos na Europa e na América; na Europa o algodão incentivou a sindicalização de trabalhadores livres – o primeiro sindicato de importância foi organizado em Lancashire, na Inglaterra – enquanto que na América o algodão tornou-se a base da escravidão". (WEBER, Max. *Wirtschaftsgeschichte*. Munique e Leipzig, 1928, p. 84.)

sociológico da individualização no campo da história[41]. Neste, como nos níveis anteriores, o método de abordagem é o mesmo, quer se estude a ação social ou os documentos objetivados da cultura. É essencial, entretanto, ter em mente que a transição da visão geral dos agrupamentos sociais à visão concreta e particular não é abrupta, mas nos faz atravessar um campo intermediário de fenômenos complexos cuja tipologia é um instrumento indispensável para o domínio intelectual das estruturas históricas.

3. *A Sociologia do Espírito ao Nível da Individualização Histórica*

Repitamos que a compreensão sociológica da mudança histórica depende, a longo prazo, de uma elaboração prévia dos agrupamentos elementares através de vários níveis de complexidade. É só através dessa progressão gradual em direção às escrituras concretas que nos equipamos para lidar com configurações históricas[42]. Cada fase intermediária da tipologia que se deixar de lado acarreta o ônus de se ter que retroceder à análise *ad hoc,* a improvisações nas quais é impossível que a intuição desempenhe o papel principal. É claro que é sempre possível tomar os fatos históricos em seu valor aparente e classificá-los sem o devido aparato sociológico, mas tal improvisação, sustentada apenas pelo bom senso, permanece aquém da compreensão estrutural do material. A maioria das reduções esquemáticas da dinâmica histórica padece dos males resultantes de diagnósticos abruptos e impensados. Um desses males é a tendência a estabelecer interpretações em que não se pode confiar e veredictos não verificáveis. Outro é a tentação de hipostatizar *ex post facto* a necessidade interna de uma cadeia de fatos passados sem prévio exame das soluções alternativas que existiam potencialmente em uma ou outra fase de tal processo. É assim que a história tem sido concebida num grande ímpeto, como concretização de idéias preexistentes, como resolução de temas de época, ou como a realização de um destino inexorável. Comte, Hegel, Marx e Spengler ilustram as ciladas de um ataque abrupto e inábil.

Os ensaios sobre "O Papel da *Intelligentsia*" e "A Democratização da Cultura" ficam a meio caminho entre a socio-

41 Ver KARL MANNHEIM, *Die Gegenwartsaufgaben der Soziologie,* Tübingen, 1932.

42 KURT LEWIN expressa uma opinião similar em seu trabalho "Field Theory and Experiment in Social Psychology", *American Journal of Sociology,* maio de 1939: "A tarefa da sociologia ou da psicologia não pode ser a de eliminar a dimensão histórica de seus problemas. Pelo contrário, a abordagem de um campo teórico não pode deixar de levar em conta o caráter histórico de cada fato e seu contexto histórico específico" (p. 892). Porém "as questões de um tipo sistemático de causalidade deverão ser respondidas experimentalmente antes que se possa tratar satisfatoriamente do aspecto dinâmico dos problemas de origem histórica" (p. 892 e s.).

logia geral e histórica. Esses estudos não são feitos ao nível histórico e não confinam seu objeto a nenhum período. O segundo ensaio, por exemplo, trata do processo de democratização de modo comparativo, como a tendência prevalecente num certo número de situações conhecidas — no mundo antigo, no período da Revolução Francesa, na última fase da cidade medieval e em sociedades pré-letradas. O primeiro ensaio foi igualmente concebido nesse nível intermediário. Trata também de uma situação complexa — a da *intelligentsia* — mas ainda ao nível da variabilidade. Todos os que estudam a dinâmica do pensamento terão que dar conta do papel variável dessa camada social. Ainda não dispomos de um estudo sociológico de peso sobre esse assunto, não obstante a extensa literatura a respeito. Note-se que nesse ensaio a pretensão do autor não foi de tocar fontes inexploradas, mas antes oferecer amostras do rico material acumulado em vários campos de investigação. Apesar da abordagem adotada em ambos os ensaios ser ainda geral e comparativa, a tipologia usada já não é nem elementar nem abstrata, mas de uma complexidade que chega a se aproximar de uma perspectiva histórica. Mesmo assim, o autor não se propôs uma síntese histórica prematura, dado que nossas atuais necessidades exigem estudos ao nível intermediário de complexidade.

O esboço seguinte, que fecha este ensaio, apresenta um esquema sumário da sociologia do espírito como o autor a concebe no presente.

V. RECAPITULAÇÃO. A SOCIOLOGIA DO ESPÍRITO COMO ÁREA DE INVESTIGAÇÃO

O objetivo da sociologia do espírito é o estudo dos processos mentais e suas significações em seu contexto social. O objeto de estudo se apresenta em três níveis:

A. *Concepção Axiomática*:

Ensaio de uma ontologia social do espírito com vistas a seu caráter histórico. Análise das constantes sociais da sociabilidade que condicionam a continuidade, a tradição, a descontinuidade e a dinâmica do pensamento.

O problema da continuidade pode ser abordado sob os três aspectos seguintes:

(a) *Associações amorfas e descontínuas como base da descontinuidade, e a ruptura da tradição na corrente dos processos mentais.*

(b) *Contatos contínuos no espaço e no tempo como base de tradições convergentes e históricas.* Os fenômenos de continuidade; interrupção, regressão, tradições singulares e multilineares. A sucessão de gerações, a estereotipia e as inovações.

(c) *A contingência da dinâmica.* A relação entre o hermetismo de grupos e a incidência de períodos compactos de pensamento. A importância da situação original.

B. *Tipologia Comparativa.*

Tentativa de elaborar as variações concretas dos processos sociais elementares e de identificar suas variações correspondentes ao nível do pensamento.

C. *A Sociologia da Individualização.*

I. *A gênese das estruturas:*

(a) A relação entre motivações sociais e estruturas de pensamento.

(b) A importância dos grupos sociais na gênese dos pontos de vista. A relevância das situações estruturadas para a formação de conceitos.

II. *A dinâmica das estruturas.* A mudança social e sua importância para a dinâmica concreta do pensamento.

2. O Problema da "Intelligentsia". Um Estudo de seu Papel no Passado e no Presente

1. *O Autodescobrimento dos Grupos Sociais.*

Vivemos numa época de crescente autoconsciência. Não é uma fé fundamentalmente nova o que distingue nosso tempo de outros, mas sim uma preocupação e uma autoconsciência cada vez maiores.

Qual é a natureza dessa consciência contemporânea? Em períodos precedentes, o homem vivia numa atmosfera de crenças em que nada o levava a se auto-avaliar. Vivia sem preocupar-se em saber como vivia. Aceitava a fé, o conhecimento e a ação assim como aceitamos a própria vida. O homem de épocas anteriores vivia fora do tempo, sem necessidade de refletir sobre as condições de sua existência. Para nós, a inteligibilidade tornou-se essencial. Procuramos dar nome não só ao conhecido, mas também ao desconhecido. A necessidade de pensar não é por certo nova; mas o objetivo anterior do pensamento era apenas a auto-afirmação e a autoconfiança, sendo nessa busca de confiança que o homem aceitava incondicionalmente a si próprio e suas crenças.

O pensamento moderno se orienta para outra direção. Seu objetivo não é nem a segurança nem a reconciliação com as condições de vida existentes. Quem experimenta a mudança de suas próprias circunstâncias não se percebe em termos fixos e definitivos[1]. Sua visão nunca se torna compacta, por desprender-se de qualquer esquema antes de cris-

---
[1] De tempos em tempos, percebemos reações coletivas contra a mobilidade social por parte dos que se encontram numa situação estática; mas estes não chegam a constituir um tipo representativo de nossa sociedade industrial.

talizar em torno de uma imagem nítida do mundo. A autosuficiência inabalável também já não pode mais ser um ideal. Bastar-se a si próprio é o ideal de uma sociedade firmemente arraigada ao passo que o tipo representativo de nossa era tem as características de Proteu, sempre a transcender e reconstruir a si próprio, impulsionado pelas forças da renovação e da reforma.

O indivíduo ajustado ao molde medieval procurava reviver um papel velho. O tipo novo, formado de início por exemplos individuais a partir da dissolução da visão compacta da Idade Média, vive a busca perene de novos horizontes. Procura perscrutar cada nova verdade, descobrindo nesse processo a natureza fortuita das situações particulares. Enquanto o tipo estacionário aceita cada condição como uma ordem atemporal de existência, o dinâmico afasta em sua busca falsos absolutos e dedica-se deliberadamente ao nível finito e condicional das coisas. Mas ao aventurar-se além dos limites de uma cosmovisão estabelecida ele se defronta a cada passo com a eterna questão: como atingir e levar a cabo decisões incondicionais em face de uma existência condicionada?

A despeito de sua variabilidade em diferentes épocas, o homem sempre se coloca questões similares sobre si mesmo: como pensar-se para agir. Algum tipo de concepção do mundo e do eu, ainda que não formulada, nos acompanha a cada passo. A pergunta: quem somos? é sempre feita, mas com objetos de permeio. É no confronto com coisas ou situações que o homem reflete sobre si. Eu não saberia o que responder se me perguntassem quem sou ou o que sou; seria outro o caso, porém, se a pergunta fosse o que sou aos olhos de A ou B. É através das visões dos outros que nos compreendemos a nós mesmos. A questão decisiva, entretanto, é saber quem é esse outro em cujos olhos nos vemos.

O que é verdade para o indivíduo se aplica quase que identicamente aos grupos. Eles também têm um "eu refletido", para usar os termos expressivos de Cooley. A história das auto-interpretações coletivas, que não é o tema deste ensaio, é num certo sentido a própria evolução da consciência, caracterizando-se cada fase desse desenvolvimento pela natureza desses outros em cuja imagem o homem se vê. O mais longo desses períodos se caracteriza pela tentativa de compreender-se face a um Deus personificado, numa relação que vai desde a situação senhor-escravo até a de pai-filho. Cada uma dessas relações expressava um paradigma social existente e um conjunto de normas reais garantidas em última instância por um deus personificado.

A dissipação dessa cosmovisão unitária da Idade Média marca o início da longa busca de uma nova garantia para novas normas. Só depois de várias soluções intermediárias é que o Iluminismo chegou à tão desejada garantia de uma nova ordem: a Razão. Em retrospecto, pode-se qualificar as normas atemporais da Razão como sendo as regras da ordem competitiva das classes médias. Entretanto, não se deve estreitar os limites dessa ordem, pois ela inclui as cortes de príncipes absolutistas e as burocracias recém-constituídas.

O absoluto seguinte — a "História" — surgiu depois da derrota da Revolução Francesa e da Restauração subseqüente. Foi através da deificação da História que os oponentes das revoluções das classes médias conseguiram provar que a Razão absoluta por elas entronizada não passava de uma das possíveis variantes da Razão, todas elas produtos históricos. Não é essa a ocasião para mostrar como nesse passo em retaguarda a filosofia do racionalismo abandonou seus anseios de absoluto ao conceder-lhe um caráter temporal, ou ainda como ela retrocedeu a uma concepção mais abstrata e formal da Razão. Mas mesmo com essa versão secundária e formalista, o racionalismo não pôde impedir o surgimento de afirmações novas e substantivas.

Na medida em que a própria Razão se apresentava como função da História, novamente se deslocavam as bases da auto-interpretação. Já não se pode mais defender um ponto de vista em termos de sua racionalidade intrínseca, dado que só a História poderia legitimar — ou invalidar — uma pretensão política. Nesse contexto, era preferível ficar com o *Weltgeist*[2] ou ser o expoente da próxima fase histórica que ser um profeta de verdades fora do tempo. O pragmatismo histórico sobrepôs-se à revelação. Enquanto alguns procuraram identificar seu ponto de vista com o veredito último da História, outros preferiram a sanção da etapa seguinte. Entre as formulações destacáveis se encontram: "Cada época está próxima de Deus"; "A História do mundo é um tribunal do mundo"; e até mesmo: "Deus está do lado dos batalhões mais fortes". Tais expressões de autojustificação histórica, procedentes que são de Ranke, Hegel e Marx, configuram-se segundo a linguagem do pragmatismo histórico.

A base da compreensão e da auto-realização humana deslocou-se ainda uma vez quando o argumento histórico deu lugar ao sociológico.

A interpretação sociológica sobrepôs-se à histórica em virtude de sua problemática ainda mais fundamental: qual é o agente dessa mudança perpétua que cria novas normas e revoga velhas? De quem trata a História? De fato, é claro que a palavra "mudança" só tem sentido enquanto predicado de uma oração que estabelece que algo muda. Quando usada

---

2 Espírito da época. (N. do T.)

como sujeito, a História torna-se uma entidade mítica e incompreensível que ocupa o lugar deixado pelo Deus criador. Apesar de alguns filósofos da história ainda se preocuparem com a natureza da historicidade, o obscuro verbalismo da voga pós-hegeliana abriu caminho a uma corrente de pensamento que pode ser resumida nos seguintes postulados:

(a) Os homens são os autores reais da mudança, e não a história;

(b) As variações do "intelecto" são as mutações do espírito humano;

(c) Não é a mente de um indivíduo isolado que muda, mas as percepções de seres sociais;

(d) A história do espírito humano expressa as consecutivas tensões e reconciliações dos grupos.

Já não se trata mais de substitutivos verbais, mas de ações observadas e das perplexidades periódicas do homem. Assim sendo, novamente deslocou-se a base para a auto-interpretação do homem. Ela não mais se vê no espelho de um Deus pessoal, da Razão, da História, ou de um *Weltgeist*, mas através da perspectiva de seus objetivos sociais. Neste ponto, cabe a questão: não será esse panorama sociológico outra visão passageira, logo substituível por outra melhor? Talvez; mas até agora nenhum outro método superou o sociológico e nenhuma tentativa mostrou-se mais adequada. Devemos notar que na sucessão de esforços interpretativos cada um é mais inclusivo e mais fundamental que o anterior, e que cada nova solução contém e resolve a anterior. Isto é mais verdade no esquema de referência sociológico do que em qualquer outro, a tal ponto que quando a discussão é livre e aberta a sociologia se torna o campo inescapável de autovalidação tanto de radicais quanto de moderados e conservadores. Já não é mais possível orientar-se diante do estado atual de coisas sem uma compreensão sociológica e histórica de si mesmo. Duas observações ulteriores seguem ao exposto.

A. Em cada época, os homens atingem alguma forma de auto-avaliação mais ou menos adequada ao controle de suas circunstâncias. São em geral os pioneiros individuais que primeiro adaptam suas concepções a uma situação alterada, de modo a restabelecer algum grau de congruência entre suas ações e pensamentos. Gradualmente, os outros, que de início resistiam às novas propostas, acabam por adotá-las na medida em que suas situações também mudam.

B. Não é necessário interpretar como sintoma de decadência a gradual substituição do traço anterior de personalidade — a satisfação intransigente — pelas novas tendências de autocrítica, auto-revisão e adaptabilidade. Os novos traços desenvolvem-se como resposta a um mundo cada vez mais dinâmico, que ao modo de vida rural acrescentou um modo urbano, ao agrário um modo industrial, e ao feudal um modo burocrático. O pioneiro tornou-se figura central nessa transformação, pois ele a aceita tal como é e está sempre disposto a rever sua posição numa ordem em mudança[3]. Nesse esforço, a sociologia revela-se melhor instrumento porque suas hipóteses de trabalho, em comparação com outras, são mais inclusivas e mais adequadas às circunstâncias. A hipótese de um mundo regido por uma autoridade vingativa era adequada a uma situação na qual a natureza produzia os elementos essenciais à vida. A dependência aos caprichos da chuva e do vento acha-se adequadamente expressa numa *Weltanschauung* que tem por base o destino ou um Deus implacável. É atuando sobre a agricultura que a tecnologia começa a substituir o destino. A passagem da enxada ao trator marca o retraimento acelerado do domínio do impredizível, e nesse processo torna-se cada vez menos relevante a suposição de uma vontade inescrutável e todo-poderosa. Nesse novo estado de coisas, de nada serve buscar uma sinopse que reconcilie as idéias que o homem tem do mundo com suas perplexidades crônicas. Neste ponto, o agricultor prefere um plano detalhado de ação antes que uma concepção tranqüilizadora do cosmos.

Os critérios para uma adequada auto-avaliação também mudam ao nível da organização social. Uma sinopse geral que harmonize pensamento e comportamento social só se aplica a uma sociedade estruturalmente simples e relativamente estável. Na medida em que as relações sociais se pautam pela conformidade, obediência e reciprocidade, a hipótese de um plano preordenado representa o máximo possível de orientação ética. Mas mesmo uma sociedade em transformação, com uma população densa especializada, não pode funcionar sem um plano de trabalho, compreendido ao menos por alguns, capaz de explicar e orientar os mínimos detalhes dos necessários desempenhos. Se hoje nos perguntamos quem e o que somos, é que pretendemos redescobrir nosso lugar na ordem social existente.

Nossa época caracteriza-se não só por uma crescente autoconsciência como também por nossa capacidade de determinar a natureza concreta dessa consciência: vivemos num tempo de existência social consciente. Este processo de auto-esclarecimento começou de baixo para cima. Certamente, as classes médias dispunham, desde seus primórdios, de algum tipo de orientação sociológica e pode-se, de certo modo, detectar vislumbres sociológicos no pensamento polí-

[3] A este respeito, ver as observações de David Riesman sobre a desaparição das motivações tradicionais e a aparição consecutiva da personalidade "interiorizada" ao lado da "dirigida pelos outros". (*The Lonely Crowd*, New Haven, 1950. Trad. bras. pela Ed. Perspectiva, col. "Debates", n. 41.)

tico no patriciado que governou as cidades-estado da Renascença. Pode-se dizer o mesmo das chancelarias dos estados territoriais, assim como não se deve esquecer a significação sociológica de escritores da Restauração como Maistre. Mas é só no pensamento do proletariado que a perspectiva sociológica tornou-se globalizante. O proletariado foi o primeiro grupo a propor-se uma auto-avaliação sociológica consistente e a adquirir uma consciência de classe sistemática.

A consciência social já não é mais privilégio do proletariado; ela aparece também nas classes superiores e se desenvolve mais e mais em todos os tipos de grupo, inclusive aqueles com base nas diferenças de sexo e idade.

Qual seria então a origem típica da consciência de grupo? Ela começa com a tentativa de um grupo de avaliar sua posição numa situação nova. As mulheres, nesse sentido, formam um grupo relativamente novo. Não é nem por moda nem acaso que o questionamento da posição da mulher, dos jovens e dos velhos tem-se proliferado como nunca. Cada um desses grupos procura redefinir sua posição na sociedade, e ao fazê-lo é forçado não só à auto-avaliação mas também à crítica das interpretações existentes. As mulheres aceitavam a definição que os homens davam de seu papel; mais que isso, elas acostumaram a ver-se como os homens as viam. A consciência desse fato é que marca o início da consciência grupal feminina. Uma definição coletiva, tal como a interpretação dos homens sobre as mulheres, não é apenas uma mera hipótese ou uma teoria substituível, mas é a própria fonte de hábitos e ações coletivas. Portanto, na medida em que um grupo critica sua definição decretada por outro, ele passa a criticar sua própria relação com esse outro grupo. Basta lembrar a peça de Ibsen *A Casa de Bonecas,* que pela primeira vez na literatura moderna apresenta o confronto de duas concepções de mulher. Uma nova auto-avaliação, tal como a atingida por Nora na peça de Ibsen, raramente tem êxito sem a confirmação de indivíduos movidos por propostas análogas e colocados em situações análogas.

O mesmo ocorre, *mutatis mutandis*, com a juventude alemã. Ela produziu um arsenal de teorias filosóficas, reagindo todas à concepção corrente de juventude engendrada por uma geração anterior. Na visão anterior, a juventude era definida a partir de um papel derivado, como estágio preliminar à maturidade. É precisamente essa colocação que as várias proclamações da juventude atacaram ao afirmar o valor autônomo de ser jovem. O ímpeto social desse movimento emancipatório advém da Revolução Industrial, que ofereceu oportunidades sem precedentes a moços adaptáveis e com espírito de inicitiva, de preferência a homens mais velhos, com idéias fixas e hábitos de trabalho estabelecidos.

Na sociedade estável dos camponeses e artesãos, os adultos e os velhos — guardiães da tradição — são os intérpretes públicos da ordem social que eles construíram em seu próprio favor, ao passo que a sociedade industrial valoriza cada vez mais a juventude e deprecia o saber acumuado [4]. (Seria interessante investigar se a utilidade decrescente dos grupos de mais idade necessariamente debilita seu papel ideológico. Para responder a essa questão, teríamos que estabelecer quais configurações intensificam a atuação social das gerações mais velhas e, conseqüentemente, quais situações favorecem os jovens. A dinâmica da Revolução Industrial é apenas um dos diferentes fatores.)

Nem sempre a consciência social coincide com a ascendência dos grupos, haja visto que a reação consciente à mudança social é um fenômeno moderno. Como já foi mencionado, esta é uma característica de todos os estratos e não apenas do proletariado, apesar de sua autoconsciência ter sido a primeira e a mais marcante dessas manifestações. O fato de que tais aspirações só tenham tido êxito em nossa época pode ser atribuído a várias circunstâncias, mas é evidente que, na medida em que é dominado por outro, um grupo aceita e vive o papel que lhe é imposto como um fato natural.

Dois fatores tornam possível essa autoconsciência social. Primeiro, a sociedade contemporânea desenvolveu uma grande variedade de controles para substituir o poder coercitivo enquanto garantia primordial de subordinação[5]. Segundo, a sociedade contemporânea assumiu uma grande parcela do controle educacional e disciplinar antes exercido pelos grupos primários e organizações comunitárias.

Examinemos o primeiro fator. Se nos perguntarmos por que os conflitos de classe da Antigüidade ou os subseqüentes antagonismos entre mestres e artesãos não originaram a cons-

---

[4] Vale a pena citar uma interessante observação de Max Weber com respeito à questão: "A idade é originalmente a base da honra. Os velhos, além de sua experiência e do prestígio que dela decorre, inevitavelmente ocupam um *status* honorífico em comunidades exclusivamente orientadas pela tradição, pela convenção e pela lei consuetudinária ou sagrada. Dado seu conhecimento da tradição, os velhos são os árbitros mais eficazes das disputas e suas recomendações, sua prudência e suas sanções são tidas como garantias, face aos poderes sobrenaturais, de que as decisões tomadas são corretas. Já entre pessoas de posição econômica similar, esse fenômeno não ocorre. O prestígio relativo da idade enquanto tal varia consideravelmente. Em sociedades onde o alimento é escasso, os velhos não-produtivos são considerados um ônus. As guerras crônicas debilitam a posição dos velhos com relação aos que estão em idade militar, assim como estimulam um consenso dos jovens face ao prestígio dos velhos. O mesmo ocorre em períodos de transformações econômicas e políticas de caráter revolucionário, violentas ou pacíficas, e também em períodos de enfraquecimento do controle religioso, quando as tradições sagradas declinam. Por outro lado, a idade é positivamente considerada sempre que a experiência e a tradição representam uma força vital". (MAX WEBER, *Wirtschaft und Gesellschaft*, 1 ed., Tübingen, 1922, p. 609. Ver também as observações de KINGSLEY DAVIS sobre a situação da juventude alemã: The Sociology of Parent-Youth Conflict, *American Sociological Review*, ago. 1940, pp. 523-535.)

[5] David Riesman descreve um estágio avançado do processo que cristaliza um conjunto inter-relacionado de grupos de pressão, "cada um dos quais lutou para conseguir deter processos tidos como contrários a seus interesses ou iniciar outros, dentro de limites mais estreitos". (*The Lonely Crowd*, Garden City, Nova York, 1953, p. 247).

ciência de classe, teremos que estudar as circunstâncias segundo as quais a sociedade industrial viria a produzir trabalhadores livres e associações contratuais livres.

O êxito no mercado livre competitivo requer a consciência contínua da mudança social. A necessária adaptação a essas mudanças exige reações mediatas e juízos independentes, livres das ilusões convencionais ou mitológicas. O indivíduo compelido a viver de seus expedientes e das oportunidades do momento já não pode se sentir comprometido com um modo de vida prescrito. O efeito imediato desse novo estado de coisas é uma racionalidade crescente, primeiro no comportamento econômico, depois em situações derivadas e finalmente na conceituação dos próprios interesses. Nessas situações o homem aprende a orientar-se segundo seus próprios pontos de vista e a abrir mão de ideologias tradicionais não pertinentes. Esse é o primero passo para a autoconsciência social. De início desenvolve-se individualmente, assumindo um caráter coletivo quando indivíduos em posição análoga descobrem seus denominadores comuns e chegam à definição comum de seus papéis. As ideologias de grupos assim criadas pautam-se pelo desprezo aos sentimentos tradicionais ligados ao sangue, laços regionais ou honra de casta.

O segundo fator que favorece a consciência de grupo é a moderna prática de educar uma pessoa numa atmosfera socialmente neutra, cuja inexistência no tipo tradicional de educação inibia o surgimento de uma orientação grupal nova e independente. Já se tem observado com freqüência que o artesão não podia adquirir uma consciência de classe própria, mesmo na época de seu declínio econômico, enquanto vivesse com a família do mestre. Essa situação comum de grupo primário de mestres e artesãos ou aprendizes perpetuava tanto a lealdade dos últimos à guilda como suas esperanças de atingir a posição de mestre de ofício. É precisamente essa situação que bloqueou a emergência daquele ressentimento de classe que levaria o proletariado à sua concepção de sociedade a partir de si próprio. A evolução de uma consciência de grupo feminino apresenta claras analogias. Ela começou no momento exato em que as mulheres realizaram suas vocações profissionais, orientando suas carreiras segundo a situação competitiva do mercado. Esse fato marcou o início do conflito entre a interpretação tradicional e patriarcal do papel feminino e as visões de si apresentadas pelas mulheres trabalhadoras.

Resumamos os argumentos apresentados até este ponto:

1. As ideologias coexistem em inter-relação antagônica. A forma extrema desse antagonismo consiste nos pressupostos não-verbalizados e no esquema de pensamento tendencioso com que os grupos dominantes inibem a formação

de uma autoconsciência independente por parte dos estratos subordinados. Dado que estes não encontram um escape adequado para seus impulsos sociais, usualmente recorrem à auto-repressão e à sublimação, para usar a terminologia freudiana, em contraste com a liberdade dos dominantes, capazes de reagir segundo suas próprias autoconcepções. Esse mecanismo também atua na relação entre os sexos na medida em que uma sociedade dominada pelos homens assegura a estes ampla margem de liberdade de expressão, enquanto confina a conduta feminina a rígidos preceitos de adequação. Não se deve confundir o controle masculino da expressão feminina com a proposição mais geral de que é impossível a vida grupal sem algum grau de inibição. A questão é se um grupo cria suas próprias inibições ou deve aceitá-las de outros.

2. Uma tendência importante da sociedade moderna (sobre a qual se insistirá mais no ensaio subseqüente sobre *Democratização*) pode se ver no fato de que cada grupo tende a desenvolver sua própria perspectiva e a desengajar-se da intepretação pública da ordem existente.

3. Esta é também a razão do conhecido mas pouco explicado fenômeno de que a democratização, em sua primeira etapa, não produz igualdade nem unidade universal de pensamento, mas acentua as divergências entre grupos. Na verdade, testemunhamos o crescimento contínuo do nacionalismo, e não do cosmopolitismo[6]. O processo democrático, que reforça a capacidade geral de autodeterminação, integra primordialmente aqueles que vivem situações comuns e desperta a consciência grupal em escala nacional antes de expandi-la a uma dimensão global. Nesse sentido, o nacionalismo é um fenômeno paralelo ao feminismo e ao movimento da juventude alemã.

2. *Esboço de uma Teoria Sociológica da "Intelligentsia"*

O surgimento da *intelligentsia* marca a última fase do crescimento da consciência social. A *intelligentsia* foi o último

6 O processo democrático tem ocasionado essa mesma manifestação desde o fim da Idade Média, como se vê pelo desenvolvimento de estilos regionais na Baváría, Suábia, Francônia e outras províncias. Dehio alude com razão às raízes sociais desse desenvolvimento (sem entretanto adotar o ponto de vista sociológico) nos seguintes termos: "Depois das correntes internacionais que dominaram o século XIV, o século XV nos surpreende como um século eminentemente alemão. ... Isso se deve ao fato de a arte ter lançado raízes em novos estratos até então intactos. A arte ficou mais nacional por ter-se tornado mais popular: esse é o duplo significado de sua crescente *popularidade*. Nossa observação inicial de que o século XV foi eminentemente um século alemão deve então ser qualificada por uma segunda observação: esse foi o século do *terceiro estado*. Os burgueses conferiram-lhe seu ímpeto e seus padrões, em marcante contraste com a arte aristocrática e universal do apogeu da Idade Média" (DEHIO, G. *Geschichte der deutschen Kunst*. 2. ed. Berlim-Leipzig, 1923. V. II, p. 132). A segunda fase do processo democrático, iniciada no período da Revolução Francesa e após a retomada do feudalismo nos Estados territoriais, coincide novamente com o nacionalismo meramente ideológico do Iluminismo. Nessa nova fase, o nacionalismo expandiu-se do âmbito regional ao nacional, em aspectos tanto culturais como políticos.

grupo a adotar o ponto de vista sociológico, pois sua posição na divisão social do trabalho não lhe propicia acesso direto a nenhum segmento vital e ativo da sociedade. O gabinete recluso e a dependência livresca só permitem uma visão derivada do processo social. Não é por acaso que essa camada ignorou por tanto tempo o caráter social da mudança. E os que finalmente se mostraram sensíveis ao pulso social de seu tempo encontraram o caminho para uma apreciação sociológica de sua própria posição bloqueado pelo proletariado.

Tal fenômeno não decorre nem de um acidente, nem de um projeto. O proletariado já havia aperfeiçoado sua própria visão do mundo quando os retardatários entraram em cena, e aquela visão do mundo tinha os mesmos efeitos hipnóticos de ideologias anteriores usados por grupos dominantes para impor-se a estratos subordinados. Era natural que o proletariado se colocasse no centro de sua visão do mundo. Todos os grupos que buscam uma orientação social começam por uma interpretação da sociedade que os enfatiza, criando assim uma parcialidade que só se corrige num nível mais elevado de reflexão — nível esse que se atinge através da sociologia do conhecimento. Os estratos subseqüentes, portanto, tiveram que haver-se com a ideologia arraigada do proletariado antes que pudessem compreender-se a si próprios. Esse proceso é paralelo ao de emancipação do proletariado das ideologias que anteriormente impediam sua consciência de classe. No momento em que começaram a buscar sua orientação sociológica, setores esparsos da *intelligentsia* passaram a interpretar-se dentro do quadro de referências que o proletariado criara para si. Isso explica a repentina queda da auto-estima da *intelligentsia*; seu velho orgulho deu lugar à subserviência.

A arrogância anterior do intelectual pode em parte ser explicada pelo fato de ter ele sido, por tanto tempo, o único intérprete acreditado do mundo. Tal prerrogativa justificava-lhe a pretensão de um papel importante, ainda que sua atuação fosse posta a serviço de outras classes. A história da *intelligentsia* está repleta de exemplos de sua auto-importância, desde a imperiosidade das camadas sacerdotais e seus rivais, os profetas, até os poetas laureados do Humanismo, os visionários históricos do Iluminismo e os filósofos românticos que ditavam o *Weltgeist*. Não se deve, é claro, ignorar a longa luta pelo reconhecimento que alçou escultores, arquitetos e pintores do nível de artesãos e servos à respeitada posição de artistas, principalmente desde o fim da Idade Média e da Renascença. Estes foram, entretanto, exceções. Assim como alguns pintores de patronos bem postos não se esqueceriam de retratar-se em algum canto de uma pintura alegórica, alguns filósofos também se reservaram um nicho preferido em suas *Weltanschauung*. Mas a fé do erudito em sua própria missão só dura enquanto ele detém a chave dos segredos do universo, enquanto ele é o órgão pensante de outros grupos. Sua presunção se esvai diante da imperativa visão do mundo de outro grupo. O servilismo de alguns modernos intelectuais independentes decorre de uma sensação de impotência que os invade quando eles — feiticeiros de conceitos e reis do domínio das idéias — são desafiados a estabelecer sua identidade social. Descobrem então que não têm nenhuma, e é disso que tomam consciência.

Temos que reconhecer a impressionante consistência com que o proletariado reinterpretou o universo social. Devemos perguntar, por outro lado, em que medida esse novo ponto de vista impôs à *intelligentsia* uma auto-apreciação inadequada e estranha. Passemos então ao exame do aparato conceitual que Marx elaborou para as necessidades de uma classe social.

A) Qual é o eixo de uma sociologia proletária? É uma sociologia de classe que opera com apenas uma categoria sociológica: a classe. Dentro desse estreito esquema de referência um fenômeno é ou de classe ou não. Esta técnica de prejulgar um tema vem sendo empregada a fim de minar a autoconfiança do oponente, confrontando-o com uma alternativa dentro da qual ele não pode afirmar-se. Usando uma analogia: uma mulher forçada a ver-se segundo a alternativa de dona de casa ou prostituta não será capaz de associar-se a nenhum dos papéis adicionais que o movimento emancipacionista tornou possíveis.

Este é um dos métodos mais sublimados, e ao mesmo tempo menos angustiantes de formar uma ideologia. Não se trata porém de um estratagema calculado, mas de um método que confunde o oponente precisamente por brotar de uma auto-afirmação agressiva e irrefletida. O próprio proletariado já foi no passado objeto passivo desse mesmo método de controle ideológico. E assim os intelectuais, pouco dados ao pensamento sociológico, acabam por colocar-se diante da alternativa classe ou não-classe para afinal descobrir apenas sua própria nulidade; pois dado que não sejam uma classe, certamente deveriam ser uma não-entidade social.

Essa abrupta perda de autocerteza seguiu dois caminhos típicos.

O primeiro foi a escolha feita pelos intelectuais que se uniram aos partidos operários. Não se tratava de uma aliança entre iguais, mas de uma disposição autodestrutiva de desempenhar o papel de funcionário proletário, do mesmo modo que alguns predecessores seus defenderam a causa das classes dominantes de outras eras.

O segundo caminho teve em Scheler seu melhor exemplo. Sem qualquer vacilação, Scheler adotou as mais radicais redefinições de seu tempo e — como se guiado por um demônio — passou de uma filosofia religiosa e histórica para uma orientação sociológica. Tendo experimentado o impacto das forças sociais sobre o pensamento, Scheler caiu vítima de um nihilismo intelectual, e quase no fim de sua vida concebeu um livro sobre "A Impotência da Mente".

O pensamento sociológico não conduz necessariamente a *intelligentsia* ao derrotismo e à subestima. Para localizar-se numa ordem cambiante, é preciso estar pronto para abandonar interpretações impostas e pensar a partir de seu próprio ponto de vista — como aliás deve fazer qualquer grupo atual; é possível fazer alianças políticas, mas consciente da própria posição. Deveria ter ficado claro que a *intelligentsia* não é de modo algum uma classe, que ela não pode formar um partido[7], e que ela é incapaz de realizar ações articuladas. Tais tentativas estavam fadadas ao fracasso, pois a ação política depende basicamente de interesses comuns de que carece a *intelligentsia* mais do que qualquer outro grupo. Nada poderia ser mais alheio a esse estrato que a mentalidade monolítica e a coesão. Um funcionário do governo, um agitador político ou escritor descontente radical, um clérigo e um engenheiro têm poucos interesses tangíveis em comum. Há mais afinidade entre o escritor "proletário" e o proletariado do que entre o resto dos tipos intelectuais mencionados. É do conhecimento comum, por outro lado, que os renegados filhos intelectuais da burguesia ou da aristocracia reagem de modo diverso de outros membros de seu próprio estrato menos favorecidos socialmente. Além de seus próprios interesses de classe distintos, os intelectuais introduzem em sua vocação intelectual uma motivação especial e uma atitude particular que o sociólogo não pode deixar de identificar.

A *intelligentsia* é uma camada intersticial; e a sociologia proletária, centrada que é em torno dos conceitos de classe e partido, não podia deixar de atribuir a esse agregado sem características de classe o papel de satélite de uma ou outra das classes e partidos existentes. Tal concepção naturalmente esconde as motivações peculiares do intelectual e é capaz de paralisar sua auto-estima. É compreensível que o político faça pouco uso das peculiaridades dessas existências politicamente indefiníveis, pois ele lida com tangentes claras que unem ou dividem as pessoas. Pode permitir-se pensar em termos exclusivamente políticos e ignorar agrupamentos politicamente

---

7 Para uma análise de tais tentativas na França, ver H. PLATZ. *Geistige Kaempfe im modernen Frankreich*, Munique, 1922, especialmente o Cap. VII; também E. R. CURTIUS, *Der Syndikalismus der geistigen Arbeiter in Frankreich*, e V. HÜBER, *Die Organisierung der Intelligenz*, 3. ed. Leipzig, 1910.

irrelevantes. O sociólogo, por outro lado, é um diagnosticador de fenômenos sociais e sua tarefa é a de diferenciar.

Pode-se resumir as características essenciais desse grupo do seguinte modo: é um agregado situado entre e não acima das classes. O membro individual da *intelligentsia* pode ter, como freqüentemente ocorre, uma orientação particular de classe, e em conflitos reais ele pode alinhar-se com um ou outro partido político. Mais ainda, suas posições podem revelar uma clara posição de classe. Mas além e acima dessas afiliações, ele é motivado pelo fato de que seu treinamento o equipou para encarar os problemas do momento a partir de várias perspectivas e não apenas de uma, como faz a maioria dos participantes de controvérsias. Dissemos que ele está *equipado* para encarar os problemas de sua época a partir de mais de uma única perspectiva, ainda que em diferentes casos ele possa atuar como partidário e alinhar-se como uma classe. Seu equipamento adquirido torna-o mais instável que os outros. O membro da *intelligentsia* pode mais facilmente mudar seu ponto de vista e está menos rigidamente engajado num lado do conflito, pois ele é capaz de experimentar concomitantemente várias abordagens conflitantes da mesma coisa. Essa propensão pode ocasionalmente entrar em conflito com os interesses de classe da mesma pessoa. O fato de estar exposto a várias facetas da mesma questão, assim como seu acesso mais fácil a outras interpretações da situação, de um lado fazem com que o intelectual se reconheça numa área mais ampla de uma sociedade polarizada; mas de outro, essas mesmas condições fazem dele um aliado menos digno de confiança que alguém cujas escolhas se referem a uma seleção menor das várias facetas sob as quais a realidade se apresenta. Em termos de experiência política, os intelectuais sentem-se menos compelidos pela prática do voto partidário consistente ou da defesa inalterável da mesma posição.

Não podemos explicar essas coisas com base nas simplificações expedientes do funcionário partidário ou de uma sociologia de classe, ainda que se possa perceber uma consciência comum desses fatos aparentemente elusivos na distinção comumente feita entre pessoas "cultas" e "incultas". Para o senso comum, essas duas categorias aparecem tão diferenciadas socialmente como as categorias empregador e empregado ou rico e pobre. O mesmo fato é também expresso pela autoconsciência ainda mais desenvolvida com que as pessoas diferenciam sua falta de cultura de sua falta de meios. Tais diferenças não se tornam evidentes num quadro de referência sociológico centrado no conceito de classe.

Convém a esta altura reafirmar que os intelectuais não constituem um estrato elevado sobre as classes e não são de modo algum mais dotados que outros grupos para superar seus próprios engajamentos de classe. Em análise anterior desse estrato, usei o termo *"intelligentsia* relativamente descomprometida" (*relativ freischwebende Intelligenz*), que aceitei de Alfred Weber, sem pretender sugerir um grupo completamente desligado e livre das relações de classe. O epíteto *relativ* não é uma palavra vazia. A expressão simplesmente alude ao fato reconhecido de que os intelectuais não reagem diante de determinadas situações de modo tão coeso como por exemplo os empregados ou os operários. Até mesmo estes últimos, de tempos em tempos, demonstram variações em suas reações a dados assuntos, mais ainda as chamadas classes-médias; porém o menos uniforme é o comportamento político da *intelligentsia*. A história natural deste fenômeno é um tópico deste ensaio e de um estudo anterior[8]. Feita essa advertência, é de se esperar que os críticos não voltem a simplificar minha tese, de acordo com suas conveniências, à proposição facilmente refutável de que a *intelligentsia* seja um estrato elevado acima das classes ou que possua revelações próprias. Com respeito a esse último ponto, o que eu pretendia demonstrar é que certos tipos de intelectual possuem maiores oportunidades de testar e aplicar as visões socialmente disponíveis e de experimentar suas incoerências. Voltarei mais tarde a essa questão.

3. *Como são Identificados os Grupos Sociais*

Para determinar a posição social da *intelligentsia* deveremos inicialmente reexaminar os procedimentos sociológicos que operam exclusivamente com os conceitos de classe e interesse de classe. Mas antes estabeleceremos as diferenças entre *posição de classe, classe* e *classe consciente*[9]. A primeira designa a posição de indivíduos e grupos na ordem social. Já foi apontado anteriormente que o termo "posição social" é mais inclusivo que "posição política". Posição social é um termo geral que se refere à exposição contínua de alguns indivíduos a influências semelhantes ou às mesmas oportunidades, persuasões e restrições. Um *habitat* social comum não cria necessariamente interesses análogos; por exemplo, a posição comum das diferentes minorias étnicas pode ser concebida

---

[8] *Ideology and Utopia*, Londres e Nova York, 1936, pp. 136-146. (Traduzido como *Ideologia e Utopia* por Sérgio Magalhães Santeiro e César Guimarães, Rio de Janeiro, Zahar Ed., 1968. N. do T.)

[9] A observação metodológica de Geiger é bastante pertinente a esse respeito: "A questão do conceito correto de classe, em si mesma, não tem sentido. Um conceito de classe só se torna impróprio quando é derivado do padrão de um grupo e aplicado a outro". (GEIGER, Theodor. *Die Schichtung des deutschen Volkes*. Stuttgart, 1932, p. 1.)

em si mesma, sem levar em conta interesses de grupo[10]. O termo "posição" pode mesmo ser dilatado para incluir fenômenos como gerações e grupos etários[11]. *Posição de classe*, por outro lado, implica uma certa afinidade de interesses no interior de uma sociedade diversificada que distribui poder, prerrogativas diferenciais e oportunidades econômicas de modo seletivo[12].

Para passar do conceito de posição ao de classe é preciso familiarizar-se com o caráter posicional do comportamento. Compreendemos o homem antes de mais nada através de seu comportamento e motivações, os quais, por sua vez, dependem de sua orientação numa dada situação. Fala-se então de *comportamento posicional* se a conduta de uma pessoa relaciona-se à sua posição. O termo *orientação posicional* não deve ser entendido de modo determinista, posto que uma dada posição permite mais de um tipo de comportamento. Ao mesmo tempo, um comportamento é posicional somente se guiado pelos impulsos latentes numa posição, em contraste com as atitudes de uma criança ou de um incapaz, que não discernem sua posição nem respondem a ela. Uma posição tem um componente objetivo e outro subjetivo. O caráter objetivo de uma posição pode ser definido sem referência ao comportamento dos que a ocupam, dado que uma posição simplesmente existe, a despeito das reações que se tenha diante dela. Apesar de uma posição só se concretizar e se tornar discernível através do comportamento dos que dela participam, estes podem encontrar-se nela e não reagir de modo típico e predizível.

A forma mais importante de comportamento posicional é aquela orientada unicamente pelos interesses econômicos do indivíduo. Pode-se então falar de uma *classe* se os indivíduos atuam uniformemente, de acordo com seus interesses comuns e sua posição análoga no processo de produção. Uma *classe consciente*, por outro lado, caracteriza-se pela tendência de seus membros a agir coletivamente de acordo com uma avaliação consciente de sua posição de classe em relação a todos os demais estratos da sociedade.

Posição de classe, classe e classe consciente constituem três níveis de diferenciação. Seu contingente humano não precisa necessariamente coincidir. Partidos de classe, sindi-

---

10 A diferença entre posição de classe e consciência de classe foi percebida de modo claro por M. SHERIF e H. CANTRIL: "É necessário liderança e organização para transformar uma classe numérica desarticulada numa classe psicológica compacta. É portanto importante ter em mente a distinção entre diferenciação de classe subjetiva e objetiva". (*The Psychology of Ego Involvements*, Nova York, 1947, p. 145.)

11 Ver o ensaio do autor "The Problem of Generations", *op. cit.*

12 Os vários tipos de *status* e conceitos de *status* que podem vir a associar-se com posições idênticas são bem ilustrados por E. C. HUGHES em *Dilemmas and Contradictions of Status*, American Journal of Sociology, março de 1945, pp. 353-359; ver também M. SHERIF e H. CANTRIL, *The Psychology of Ego Involvements, op. cit.*, p. 140 e ss.

catos e grupos de pressão são em geral manifestações da terceira fase — a classe consciente.

Antes de passar a uma análise da *intelligentsia,* convém retomar alguns pontos.

A. Não afirmamos que o comportamento humano é unicamente orientado por interesses econômicos, mas sugerimos que a estrutura de ação que tem essa motivação constitui um modelo útil para a análise sociológica — como foi bem demonstrado por Max Weber[13]. Apesar da conduta tradicional ser em si o oposto do comportamento racional, ela freqüentemente preserva um núcleo prévio de racionalidade. A tradição tanto pode proceder de interesses passados quanto da magia.

B. Com bastante freqüência, o leigo não consegue identificar o jogo de interesses racionais em ações irracionalmente motivadas. A observância de preceitos religiosos, não-racional em si, costuma estar a serviço de fins racionais. A conhecida análise de Max Weber sobre o ascetismo puritano é um bom exemplo. A motivação primeira desse ascetismo era inquestionavelmente religiosa, embora correspondesse a uma atitude racional com respeito a valores econômicos imposta pelo capitalismo comercial em expansão. Afinal de contas, o homem não pode agir sem alguma referência a sua posição e negar as condições sociais de sua existência; o que conta, portanto, é o que ele faz, e não o que pensa que faz. As ações podem perfeitamente atingir um certo objetivo sem ser motivadas por ele. Freqüentemente, uma série infindável de pequenas adaptações inconscientes acabam por reorientar um tipo originalmente disfuncional de comportamento, dirigindo-o para canais racionais.

C. Praticamente, todas as pessoas têm motivações ambivalentes e mais de um *habitat social.* A posição de classe, portanto, é uma posição entre outras e uma das várias motivações para a ação. Isso se aplica especialmente ao intelectual, devido principalmente a seu maior envolvimento na comunicação interclasses. Suas opções políticas dependem não só de sua posição de classe, mas de entendimentos mantidos com membros de outras classes.

D. Estas considerações não terão sentido enquanto se aceitar a dogmática concepção de classe apresentada pela teoria marxista. Desse ponto de vista, não se pode tratar adequadamente a *intelligentsia* enquanto fenômeno social. Em contraste com sua intenção positivista, a filosofia marxista segue o tipo medieval de realismo conceitual cuja ontologia evita o indivíduo. Aí temos um traço hegeliano do marxismo. O marxismo concebe classe como tendo uma natureza ma-

[13] WEBER, Max. *Wirtshaft und Gesellschaft.* Tübingen, 1922. Cap. II: "O conceito de Comportamento Social".

cro-humana, e o indivíduo como mero instrumento de um Leviatã coletivo. Na visão marxista, a *classe* parece ser tão independente das percepções e reações do indivíduo como eram os universais da Idade Média. Uma vez conceituadas desse modo, as classes podem facilmente transformar-se em compartimentos verbais, e se diz que o indivíduo pertence a esta ou aquela classe. Apesar da doutrina não ser exposta desse modo, tal conclusão é inelutável para os que pensam em termos de classe ou não-classe. Dessa perspectiva, não se consegue apreender um fenômeno tão evasivo e ambivalente como a *intelligentsia,* declarando irrelevantes as nuances distintivas que a delineiam e passando a identificá-la com alguma classe ou a considerá-la a reboque dessa ou daquela classe.

A análise desse estrato nos dá uma oportunidade de revelar a falácia dessa abordagem. A classe, distinta de posição de classe, não pode ser pensada independentemente das ações de indivíduos, mas sim como um grupo que reage de modo homogêneo a uma posição econômica idêntica. Somente suas motivações de classe tornam um indivíduo membro de uma classe. Uma vez esclarecido esse ponto, pode-se atribuir algum significado às várias motivações que afetam as opções políticas. Enquanto algumas pessoas seguem apenas uma motivação preponderante, outras são sujeitas a persuasões conflitantes. Isso não se aplica só aos intelectuais, mas a qualquer um que pertença a uma profissão de acesso restrito.

Só seremos capazes de compreender situações ambivalentes se abandonarmos o realismo hegeliano que enrijece o conceito marxista de classe e o torna adverso a uma psicologia concreta. É preciso fundamentar o conceito de classe sobre ações e preferências individuais para poder avaliar situações alternativas, além de reconhecer que uma classe não absorve nem explica por completo todas as ações do indivíduo concreto. Se, apesar de tudo isso não adotamos inteiramente os procedimentos dos nominalistas sociológicos, que só atribuem realidade aos atos e percepções do indivíduo, é porque eles tendem a ignorar tanto as situações como a independência e a dinâmica relativas de estruturas grupais. Por mais que a suposição de que o indivíduo seja o *locus* primeiro de realidade nos pareça inelutável, não devemos impedir-nos de examinar as condições objetivas que confrontam o indivíduo a cada passo. Essas condições canalizam e motivam seu comportamento, esteja ele ou não consciente delas. A conseqüência extrema da visão nominalista é um mundo não-estruturado, um vácuo social que torna as ações do indivíduo concreto tão incompreensíveis como na visão de um realismo doutrinário.

O procedimento que propomos baseia-se nas seguintes considerações. Sustentamos, com os realistas, que o comportamento do indivíduo não pode ser adequadamente compreendido separado de suas relações sociais. Mas rejeitamos a prática "realista" de conceder — por razões políticas ou religiosas — prioridade a um agrupamento particular tal como classe, raça, igreja ou nação, e nos opomos à interpretação de que todos os outros agregados sociais derivem do único agrupamento "real". Aceitamos a intenção dos nominalistas de compreender o comportamento e as motivações do indivíduo, mas nos opomos à sua tendência de conceber o indivíduo como uma entidade socialmente desvinculada e residual. Acreditamos que o indivíduo enquanto tal só pode ser compreendido através de sua participação numa multiplicidade de agrupamentos, alguns dos quais coordenados e outros superpostos ou mesmo em conflito. O que torna o indivíduo sociologicamente relevante não é seu comparativo desvinculamento da sociedade, mas seu envolvimento múltiplo. O processo de individualização tem lugar no próprio processo através do qual o indivíduo se identifica com grupos superpostos e conflitantes.

É nesse sentido que passaremos a examinar as afiliações múltiplas e as motivações ambivalentes, particularmente no caso da *intelligentsia*.

4. *Tipos de "Intelligentsia"*

Passamos agora das preliminares aos fatores que nos permitem falar da *intelligentsia* como um único tipo social. De que fontes decorre a ambivalência de seus componentes, e de onde provêm suas motivações particulares, acima e além de suas posições de classe?

O principal atributo comum dos intelectuais é seu contato, em graus diferenciados, com a cultura. Esse contato, entretanto, pode significar uma série de coisas: a maioria dos equívocos decorre das várias interpretações que se dá a "ser culto"[14]. Passemos então à diferenciação.

1. A primeira está implícita na distinção entre as atividades *manual* e *intelectual*. Tal polarização não é totalmente desprovida de sentido. Indica uma diversidade de meios e instrumentos de trabalho vocacional sem referência à camada social. Se em épocas pregressas tal justaposição sempre conotou algum tipo de avaliação social, por exemplo

---

14 A discussão do assunto continuará estéril enquanto os contendores tiverem em mente diferentes grupos de intelectuais. Minha exposição do tema em *Ideologia e Utopia* ficou prejudicada por minha incapacidade de distinguir de outros o tipo particular que denominei a *"intelligentsia* socialmente desvinculada". Os equívocos ocasionados por essa omissão me compelem a elaborar o conceito de *intelligentsia* com cuidado e precisão.

a posição social, a democratização do trabalho na sociedade moderna despojou a distinção entre os dois tipos de atividade de suas antigas conotações valorativas[15]. Numa sociedade de especialização ocupacional, a natureza particular do trabalho torna-se cada vez menos um símbolo de *status*. Para dar-se conta dessa tendência moderna basta pensar na antiga diferenciação romana entre *opera servilia* e *artes liberales*. O primeiro caso designava vários tipos de trabalho físico de que não eram dignos os homens livres, exceto o serviço militar, ginástica e competições; ao passo que as *artes liberales* já tinham algo da classificação posterior das profissões liberais.

2. Um segundo estágio na avaliação das ocupações intelectuais já implica frontalmente o *status* social: o contraste anterior entre atividades físicas e mentais dá lugar à nova diferenciação entre *profissões liberais* e *ofícios*. O primeiro caso designa uma preocupação com as artes, ciências e religião em si mesmas e sem remuneração. A ausência de considerações pecuniárias é um importante elemento do prestígio ligado a essas ocupações. Seu cultivo desinteressado só se faz possível a fidalgos auto-suficientes. Uma profissão livre nesse sentido implica não só uma atividade não-manual como uma fonte de prestígio e um *ethos* vocacional particular, ou seja, devoção desinteressada a uma missão. Seu alto apreço moral, entretanto, obscurece com freqüência o fato de que o prestígio não resulta da atividade desinteressada enquanto tal, mas da própria posição social que a torna possível. Isso pode ser bem ilustrado pelo antigo costume segundo o qual o médico educado na tradição hipocrática só podia dedicar-se a diagnósticos e prognósticos, devendo deixar a cirurgia, a terapia e a enfermagem a ajudantes assalariados. A mesma diferenciação entre as profissões liberais e as vocações remuneradas revela os antecedentes da prática — anterior ao surgimento da burocracia moderna — de colocar os negócios públicos nas mãos de funcionários honoríficos: proprietários rurais não remunerados (como na Inglaterra) ou patrícios independentes.

3. Esta classificação aristocrática das ocupações intelectuais ainda se acha presente numa terceira distinção, aquela entre *cultos* (*Gebildeten*) e *incultos*. Esta diferenciação é ainda muito significativa nas pequenas cidades de vários países da América do Sul e da Europa, particularmente na Alemanha. Essas designações não se referem apenas a profissões e educação acadêmica ou às castas feudais já desaparecidas[16]. Nesse sentido particular, o termo "culto"

---

15 Ver o ensaio seguinte deste volume sobre "Democratização", e também E. ZILSEL, *Die Entstehung des Geniebegriffes*, Tübingen, 1926.

16 Para o que segue, ver MENNICKE-VON DER GABLENTZ, *Deutsche Berufskunde*, Leipzig, 1930, especialmente p. 33.

inclui figuras respeitáveis como o doutor, o advogado, o professor, o pastor, o comerciante e o industrial, em suma, personagens habituados a reunir-se na taverna favorita e a visitar-se entre si. Estão aqui operando três princípios intercambiáveis de seleção, ou seja: *educação, posição social* e *renda*. Uma renda substancial pode compensar alguma falta de cultura e vice-versa. À seleção resultante não falta uma certa dose de homogeneidade. Baseia-se em grande escala na etiqueta social similar, no estilo de vida similar e num senso comum de decoro. Esta simbiose social produz uma cultura homogênea, isto é, uma forma convencional de refinamento social seletivo.

4. Esse traço convencional dos "cultos" vem rapidamente perdendo a vigência desde o surgimento do Estado absoluto e sua burocracia tecnicamente preparada. A hierarquia burocrática cria seus próprios critérios de distinção através de um novo sistema de *certificados* para as carreiras da administração pública[17]. Com essa nova base, os homens cultos passaram a ser identificados como portadores de diplomas e monopólios de carreira. A distinção anterior de respeitabilidade cede lugar à diferenciação entre os que possuem ou não educação acadêmica[18], e na Alemanha isso chegou à hierarquização dos diplomas conforme o número de anos de estudo.

Uma sociedade industrial não pode evitar a uniformização educacional. Um funcionalismo público honorário de leigos refinados não corresponderia às necessidades da sociedade contemporânea. Tampouco se pode questionar o caráter democrático de um sistema que faz do preparo controlado

17 Weistock sem dúvida tem razão ao dizer que não há nada de mau na seleção racional de funcionários. Ela só se tornou absurda quando esse mecanismo de seleção passou a ser usado como base para o serviço militar abreviado de um ano que o Ato de Defesa Alemão de 1876 tornou possível. Esse dispositivo transformou uma seleção educacional numa seleção social. Ver H. WEINSTOK, "Das Berechtigungselend", em *Die Erziehung*, 1929, v. IV.

18 Parece que o sistema prussiano de certificados se originou com Frederico Guilherme 1. Primeiramente, foram exigidos exames de juízes militares; logo, depois da Ordenança de 1713, dos juízes delegados também. Desde 1737, juízes de todas as instâncias foram obrigados a cumprir com padrões educacionais prescritos e a submeter-se a exames. Estranhamente, as instituições administrativas permaneceram uma exceção; para essas posições, dava-se mais valor à experiência prática que aos "expedientes de advogado". Pela ordem, seguiram-se os ministros. É claro que o sistema de exames foi pensado para evitar o nepotismo, pois ao mesmo tempo foi decretado que um filho não poderia suceder a seu pai em sua função. Entretanto, é bom lembrar que a promoção de um *esprit de corps* na administração pública em geral coincide com um incentivo para que os filhos escolham a vocação seguida por seus pais. Frederico o Grande considerou ter sido esse o melhor estímulo para a formação de um corpo capacitado de funcionários. Ver LOTZ, *Geschichte des deutschen Beamtentums*, Berlim, 1914.

O ano de 1788 é o grande marco na história do sistema alemão de certificados, quando um edito real prussiano instituiu os exames de madureza colegial. O mesmo edito instituiu a distinção entre colégios certificados e não-certificados ao atribuir aos próprios colégios a tarefa de administrar os exames de qualificação para as universidades, ou seja, só os colégios certificados poderiam fazê-lo. É interessante notar que a admissão de estudantes excepcionais nas universidades havia começado nesse período; só recentemente é que essa provisão foi reintroduzida na Alemanha. Ver *Lexicon der Paedagogik der Gegenwart*, v. II, 1932, especialmente o artigo "Berechtigungswesen".

a base da qualificação ocupacional, pois, pelo menos em princípio, a educação é acessível a todos. No entanto, este sistema cria um novo tipo de diferenciação, e não apenas pelas exigências pecuniárias que os estudos superiores acarretam.

Desse modo, a administração burocrática da sociedade alemã introduziu um novo critério de intelectualidade nos velhos conceitos convencionais e aristocráticos de erudição: a posse de *conhecimento aplicável*. Os exames sistematizados têm por função testar que medida de conhecimento prontamente utilizável o candidato foi capaz de absorver, e se ele domina certos métodos prescritos e padronizados. É certo que uma sociedade diferenciada requer um pessoal preparado em matérias especializadas e operacionalmente definidas. Mas isso não deve obscurecer os aspectos de uma cultura que não são indispensáveis para carreiras selecionadas. A convencionalização da cultura data do século XVI. Franz Blei afirma que o período Rococó quase conseguiu substituir a literatura pela poesia[19]. A influência burocrática alimentou o ímpeto dessa tendência, particularmente na educação superior. Voltaremos a este assunto no final deste ensaio.

Descrevemos aqui quatro critérios distintos de erudição e educação. Correspondem a quatro tipos sociais bem diferenciados por suas características ocupacionais, seu comportamento e sua orientação social. Apesar desses tipos terem-se originado em diferentes fases da história, eles ainda coexistem na sociedade contemporânea. Seria incorreto pensar que eles não representam nenhum traço genuíno da *intelligentsia*, mas seria igualmente falso ver neles as únicas variantes possíveis.

Seja qual for a classe ou posição social com que as pessoas acima descritas se identificam, todas demonstram desvios de conduta característicos em relação a seus pares quando estes não compartilham de suas preocupações intelectuais. Esse interesse conjunto é uma fonte alternativa de motivação que desvia a conduta individual da linha prefigurada por sua posição de classe. O professor que não aceita remuneração por certos serviços está de certo modo repudiando sua posição de classe como um empregado de escritório[20]. Empregados do governo freqüentemente rejeitam a sindicalização em nome de um prestígio apoiado unicamente em suas concepções vocacionais comuns[21]. A ambivalência do homem culto e o desvio de seu modelo de classe podem ser explicados pelo fato de que um universo distinto de discurso

---

19 BLEI, Franz. *Der Geist des Rokoko*. Munique, 1923, p. XI.
20 No original, *white collar worker*. (N. do T.)
21 LEDERER, E. & MARSCHAK, I. "Der neue Mittelstand". In: *Grundriss der Sozialoekonomik*. Tübingen, 1926, vol. IX-1, p. 121.

tende a criar um grupo unânime com um *esprit de corps* especial, e a aumentar a distância entre os que podem ou não se comunicar dentro desse universo adquirido de pensamento.

Não é nossa intenção prolongar o exame dessa tipologia vocacional de intelectuais, pois foi pensada como ponto de partida. Os tipos de *intelligentsia* de que tratarão as partes subseqüentes deste ensaio diferem dos tipos esboçados acima em virtude da ausência comparativa de distinções vocacionais e de suas motivações peculiares, que pretendemos explicitar. Em alguns pontos, pode ser que a discussão ultrapasse os limites da análise sociológica, penetrando no domínio da filosofia da cultura. Discute-se ainda se a filosofia é substituto ou extensão da análise sociológica. Pretendemos seguir a segunda proposta.

5. *O Intelectual Contemporâneo*

Nossa busca de um conceito adequado de intelectual deve partir de situações que permitam um primeiro contato com o fenômeno. O termo "culto" fornece um indício do problema em termos mais abrangentes. O termo "ser culto" faz certa alusão a um envolvimento numa situação que diz respeito a todos nós sem afetar especialmente a ninguém. O horizonte cognitivo de uma pessoa cobre ao menos a área dentro da qual ela deve agir e adquirir um corpo de conhecimento operacional. Sua apreensão do universo humano pode perfeitamente extravasar seu raio de ação, mas nenhuma vocação ou posição na sociedade exigem-lhe uma consciência da problemática humana total. Os homens cultos é que se mantêm *en rapport* com nossos problemas e não apenas com os seus, sendo nesse sentido que se fala de envolvimento numa situação que nos diz respeito a todos.

Apesar dos tipos previamente esboçados não terem sido definidos desta forma, não se pode conceber que tal envolvimento seja possível sem algum acesso ao conhecimento socialmente dado, como no caso dos tipos mencionados. É claro que seria ainda mais arriscado tomar por suposto que todos aqueles cuja posição social lhes permite acesso ao conhecimento *ipso facto* o possuem. Para ser mais específico, o conhecimento se desenvolve em duas direções distintas.

A. No *continuum da experiência cotidiana* (categoria à qual Dilthey, Scheler e Heidegger, cada um a seu modo, dedicou bastante atenção), no qual o indivíduo é obrigado a resolver os problemas práticos que surgem em sua própria vida. Tais problemas são enfrentados com o auxílio de um corpo de conhecimentos que o indivíduo adquire de modo espontâneo, casual ou imitativo, mas de qualquer forma sem um método consciente. A informação assim adquirida constitui a destreza do artesão, a experiência de vida e o *savoir faire*.

B. Um tipo diferente de aprendizado origina-se da corrente *esotérica* de transmissão que, num certo estado de complexidade social, torna-se o veículo da "educação". A visão esotérica de mundo não é uma aquisição espontânea, mas resulta de esforços dedicados e de uma tradição cultivada[22].

Em culturas simples, esses dois tipos de conhecimento freqüentemente se confundem. Assim, técnicas artesanais tribalmente monopolizadas — elas próprias um elemento da rotina diária — freqüentemente constituem um elemento sagrado, ao passo que a magia, cuja fonte e substância são esotéricas, faz parte do ciclo diário de atividades privadas. As sociedades complexas, entretanto, tendem a separar o domínio do conhecimento diário do esotérico, e, ao mesmo tempo, a aumentar a distância entre os grupos que se encarregam de um ou de outro.

A separação patente desses dois domínios desponta com o surgimento do xamã vocacional e, particularmente, com a aparição da guilda e finalmente da casta de feiticeiros[23]. As igrejas monopolistas igualmente tendem a estabelecer estratos compactos e resguardados de sacerdotes, sejam castas ou estamentos. A evolução do saber e da educação ultrapassa um marco de incomparável significação quando os leigos rompem e usurpam o monopólio sacerdotal da interpretação pública. Em épocas anteriores, só esporadicamente o laicato participava da formulação de opiniões públicas sobre temas situados fora do domínio da experiência privada e cotidiana. Na história européia, a substância da educação mudou com a secularização do saber no período do Humanismo e, mesmo antes, na restrita cultura da cavalaria medieval. Os aspectos sociológicos desse secularismo incipiente não têm sido suficientemente enfatizados, tornando-se impossível compreender a avalanche de transformações subseqüentes sem reconhecer claramente sua origem numa mudança social relativamente simples. A chave da nova época do saber está no fato de que *os homens cultos deixam de constituir uma casta ou estamento fechado, passando a integrar um estrato aberto* ao qual ganham acesso pessoas das mais variadas procedências. Uma visão unitária do mundo já não pode mais imperar, e o hábito de pensar dentro de um sistema escolástico fechado dá lugar ao que se pode chamar de *processo intelectual*. Basi-

---

[22] Ver FLORIAN ZNANIECKI, *The Social Role of the Man of Knowledge*, 1940, p 93 e ss. e J. D. BERNAL, *The Social Function of Science*, Londres e Nova York, 1939, p. 15 e ss.

[23] Para uma sinopse, ver GUNNAR LANDTMAN, *The Origin of the Inequality of the Social Classes*, Londres e Chicago, 1938, pp. 111-126.

camente, esse processo expressa a polarização de várias visões do mundo coexistentes que refletem as tensões sociais de uma civilização complexa. O intelectual moderno que sucedeu ao escolástico não pretende reconciliar ou ignorar as visões potenciais na ordem de coisas ao seu redor, mas procura identificar as tensões e participar das polaridades de sua sociedade. A mentalidade transformada do homem instruído, e a perspectiva fragmentária do intelectual contemporâneo não são a culminação de um ceticismo crescente de uma fé em declínio ou a prova da incapacidade de criar uma *Weltanschauung* integrada, como pesarosamente sustentam alguns autores. Muito pelo contrário, a secularização e a multipolaridade de visões são conseqüência do fato mesmo de que o grupo dos eruditos perdeu sua organização de casta e sua prerrogativa de formular respostas cabais às questões de seu tempo[24].

O ponto decisivo e crucial da história ocidental é a dissolução gradual das castas compactas. O homem de letras foi o primeiro a ser afetado por essa mudança. A maneira pela qual ele conceitualiza a experiência reflete a estrutura de seu estrato social. O escolástico, seguro em sua posição de casta, construiu um arcabouço de conceitos estacionário e compacto, de acordo com sua existência estabilizada. Só levantou questões para as quais já tinha respostas. Expressou dúvidas apenas para dissipá-las, e não se sensibilizou aos fatos que não confirmariam suas convicções. O intelectual moderno possui uma disposição dinâmica e encontra-se perenemente preparado para rever suas opiniões e começar de novo, pois ele tem pouco atrás de si e tudo à sua frente. Sua sensibilidade às visões alternativas e às interpretações divergentes da mesma experiência, entretanto, reflete uma fonte potencial de suas limitações — ou seja, uma falsa universalidade e a ilusão de ter apreendido o ponto de vista dos outros quando apenas percebeu suas expressões. Assim mesmo, não se deveria, como tem ocorrido, subestimar o significado desse processo intelectual aplicando-lhe um padrão de medida pertencente a um sistema social estacionário e passado. O anseio de segurança permitido por aquela ordem social estável não deve impedir o reconhecimento das conquistas realizadas pela ordem subseqüente. E nem seria concebível que aquela unidade perdida de visão pudesse ainda encantar os que têm consciência da base social em que ela se apoiava.

A *empatia* é outra capacidade, significativamente moderna, do intelectual. Pouco tem sido dito sobre a origem sociológica desse traço, que não reflete apenas um fenômeno

[24] Ver ZNANIECKI, *op. cit.*, p. 114.

psicológico. Essa capacidade de "por-se no lugar do outro" não é tão auto-evidente e intemporal como pode parecer à primeira vista. Esse traço distingue o intelectual moderno do escolástico e também do sábio solitário. Esses últimos podem possuir sabedoria, mas não de um tipo caracterizado pela reflexão que se submete a auto-exames periódicos. É claro que a simpatia e a compreensão são traços universais, mas não se pode dizer o mesmo do desejo de penetrar em pontos de vista desconhecidos ou desnorteantes. A sabedoria da pessoa experiente mas "inculta" pode relacionar-se à de outros na medida em que ambos pertencem ao mesmo meio, ao passo que a "verdadeira educação" é uma fonte de transcendência intelectual do próprio meio.

Não se está tentando fazer aqui nenhuma comparação invejosa; nem é preciso depreciar os duradouros benefícios advindos de uma postura mental aberta ou da longa experiência. O indiscutível valor dessa sabedoria autodidata está em sua capacidade de focalizar problemas reais. A pessoa que forma seu próprio julgamento através do aprendizado direto da vida não se perde tão facilmente no labirinto dos caprichos intelectuais. Sua propensão pragmática para submeter seu pensamento ao teste diário de relevância a salvará da tentação que acomete o erudito de extraviar-se no reino das elucubrações especiosas e inverificáveis. O perigo desse realismo, entretanto, está na possibilidade de ele ser ultrapassado por mudanças imperceptíveis, aferrando-se às máximas de uma árdua experiência mesmo depois que os fatos tenham deixado de sustentá-las. Esta é freqüentemente a origem de um falso tradicionalismo cujas normas não mais se aplicam à situação existente. O paradoxo que uma mudança súbita pode ocasionar consiste no fato de que o realista sóbrio e assentado perde o contato com a realidade e se torna utópico — um utópico do passado, na expressão de G. Salomon[25].

Essas são as limitações de uma sabedoria centrada na vida. Ela fica limitada às coisas que entram diretamente na situação vital do indivíduo e seu âmbito não pode se expandir muito na ausência de educação. A educação não amplia apenas os limites de coisas conhecidas, pois enquanto estas não afetam nosso ponto de vista, continuamos a encarar os fatos com os olhos do tradicionalista que aprendeu sozinho a manter-se e a enfrentar os problemas de um mundo imutável. A educação nos ensina a descobrir nossa própria problemática na problemática de povos distantes e a compreender

---

25 O tipo rural de tradicionalismo que se constitui a partir da experiência cotidiana pode ser bem ilustrado pelo ótimo material colhido nos Estados Unidos. Ver, J. M. WILLIAMS, *Our Rural Heritage*, Nova York, 1925; G. A. LUNDQUIST, *What Farm Women are Thinking*, Universidade de Minnesota, Divisão de Extensão Agrícola, Boletim Especial n. 71, 1923; H. BEMARD, A Rural Theory, *American Journal of Sociology*, XXII e J. W. THOMAS e F. ZNANIECKI, *The Polish Peasant in Europe and America*, 2. ed. Nova York, 1927, 2 v.

outros pontos de vista através da redefinição do nosso. É certo que tal propensão não é desprovida de perigos; já os indicamos anteriormente. Uma empatia globalizante pode degenerar num intelectualismo descompromissado, frívolo e vão. O pensador pode perder seu senso de proporção, e ao exercer sua empatia em coisas recônditas pode deixar de desempenhar seu papel num contexto mais imediato. Estes são os perigos, e não há aventura desprovida deles. As vantagens da educação, como as possibilitadas pela época moderna, são inequívocas. Consistem na expansão do eu através da participação de uma cultura multipolar. Um indivíduo pode viver mais que sua própria vida e pensar mais que seus próprios pensamentos. Pode elevar-se sobre o fatalismo e o fanatismo de existências solitárias, sejam de indivíduos, vocações ou nações. O preço dessa vantagem é a disposição de manter o eu em recesso, quando necessário, de repensar suas premissas e colocar um ponto de interrogação no fim dos absolutos. Não se pode apreciar a mente educada sem dar-se conta do aspecto positivo que reveste os atos exploratórios do ceticismo — compreendido este não sob a forma congelada de sistema filosófico, mas como estado de incerteza fértil.

Essa tendência cética, originada na França do século XVII, quase deixou a Alemanha de lado. Talvez Nietzsche tenha sido o único alemão de renome que compreendeu a vitalidade do ceticismo francês em sua evolução desde Montaigne até Pascal, La Rochefoucauld, Chamfort e Stendhal. Nenhuma época anterior teve a convicção da nossa, ou seja: de que *não possuímos nenhuma verdade.* Todas as épocas anteriores, mesmo as céticas, tiveram suas verdades[26].

Esta abordagem revela sua fecundidade particularmente na situação pedagógica. O orientador indevidamente educado pode quando muito transmitir a experiência a que teve acesso. Ele poderá ajudar-nos em dificuldades, mas não saberá ensinar-nos como transcendê-las. Só se pode dominar uma situação *vendo além dela.* Só se pode compreender um fenômeno identificando sua margem concreta de variabilidade. Esse é o tipo de orientação que se pode tirar de uma análise sociológica genuína. Assim se pode iluminar um impasse aparente, percebendo seu caráter contingente e as alternativas abertas. Incidentalmente, essa é também a natureza da orientação que um tipo fértil de psicanálise pode fornecer. Há algo de incomparavelmente positivo nessa capacidade moderna de ver o aspecto transitório de cada situação, de rejeitar qualquer manifestação de fatalismo, de evitar alter-

---

26 F. NIETZSCHE, *Aus der Zeit der Morgenroete*, 1880-81; R. SAITSHICK, *Deutsche Skeptiker: Lichtenberg, Nietzsche — Zur Psychologie des neueren Individualismus*, Berlim, 1906.

nativas aparentemente inescapáveis e de olhar atrás e além de imutabilidades aparentes.

Façamos outra pausa para reconhecer os perigos da moderna faculdade de evitar certos temas e questionar as próprias convicções. Não há dúvidas sobre as conseqüências debilitadoras acarretadas por uma perene atitude de dúvida de si, paralisia dificilmente suportável por aquele que precisa manter-se. Lembremo-nos também que a facilidade de evitar dificuldades consolida um tipo sem resistência e heroísmo, incapaz de ação independente. Mas não pode também ocorrer que o heroísmo degenere num *pathos* vazio, ou a intrepidez e perseverança em mera obstinação?

Talvez tenha agora ficado claro como o eixo sempre variável do pensamento moderno reflete a aparição de uma *intelligentsia* desprivilegiada e polarizada, que introduz na opinião pública todos os pontos de vista inerentes à heterogeneidade de seus antecedentes sociais. Uma vez rompido o antigo *esprit de corps* da *intelligentsia* e desfeita sua organização compacta, a tendência a questionar e investigar, antes que afirmar, torna-se seu traço permanente. A multipolaridade desse processo de questionamento cria uma propensão exclusivamente moderna de buscar por trás e além das aparências e de desmantelar qualquer esquema fixo de referências baseado em verdades últimas. Intimamente ligada a essa predileção está a tendência a correr mais que o tempo, a situar-se além e adiante de cada situação e a antecipar alternativas antes que se concretizem. Finalmente, há o contraste entre o sistema fechado, a *ordo* escolástica, e o cuidado moderno com as perspectivas fechadas. Esta é apenas outra expressão do contraste entre a coesão e homogeneidade dos letrados escolásticos e o agregado frouxo e polarizado da *intelligentsia* moderna.

Estas não são características da mente enquanto tal, mas da mentalidade de um estrato aberto e fluido cuja análise sociológica fornece uma chave para o pensamento moderno.

6. *Os Papéis Históricos da "Intelligentsia"*

Até este ponto, nossa preocupação tem sido a de localizar a base social da mentalidade moderna. Parece que em última análise o que denominamos processo intelectual — a multipolaridade de visões — se refere ao conglomerado fluido de intelectuais inter-relacionados. Este fato ainda não nos fornece uma explicação sociológica completa da mentalidade atual, mas sugere a situação básica a partir da qual se torna possível uma tipologia da *intelligentsia*.

A *intelligentsia* enquanto grupo especializado em geral e a *intelligentsia* pós-medieval em particular constituem um tema central da sociologia do espírito. Este ensaio será dedicado ao segundo tipo, tendo em vista que sua posição histórica lhe confere maior relevância para nós. A sociologia marxista concebe as manifestações intelectuais apenas no contexto mais amplo dos grandes conflitos de classe. Não se pode negar que essa visão simplificada contém um fundo de verdade na medida em que os conflitos centrais da sociedade são de interesse básico para o estudo sociológico da mente. Entretanto, esse procedimento pouco sutil apenas afirma que há uma relação entre conflito de classe e ideação, desprezando os elos intervenientes. É verdade que o caráter mediatizado da relação não é levado em conta, mas ele não chega a ser articulado. Os intelectuais que produzem idéias e ideologias constituem o mais importante dos elos entre dinâmica social e ideação. Apesar de ser insustentável conceber as ideologias meramente a partir da situação de seus autores e ignorar o cenário mais amplo em que operam, o esquema mais amplo da tensão social tampouco poderá, por si só, explicar como os porta-vozes de certas visões fazem suas escolhas e se unem a certos grupos. Para explicar tais fatos, a atenção deverá voltar-se a outras direções. Através de alguns exemplos, procuraremos mostrar quais são os principais problemas da sociologia da *intelligentsia* e como podem ser abordados[27].

A questão só pode ser colocada na perspectiva adequada uma vez resolvido o problema da conhecida categoria de "funcionário". A sociologia marxista só se interessa pelos intelectuais enquanto funcionários ou satélites. (Observe-se a área limitada da qual o termo geral "funcionário" é derivado; sua conotação é a de um funcionário sindical.) Bem, esse tipo de sociologia tosca não é completamente desprovido de sentido.

Sem dúvida, os intelectuais são e freqüentemente têm sido meros provedores de ideologias para certas classes. Esta, entretanto, é apenas uma dentre uma variedade de funções ideacionais, e a menos que se considere a todas, o estudo do intelectual não terá maior interesse.

A esta altura, podemos considerar quatro diretrizes fundamentais para a sociologia desse tema; as duas primeiras referem-se às características intrínsecas da *intelligentsia,* as duas últimas dizem respeito à sua relação com o processo social em geral:

[27] O objetivo deste ensaio é apresentar um possível padrão para o estudo de grupos concretos de intelectuais, atuais ou históricos. Tenho encorajado algumas dissertações a respeito.

1. a origem social dos intelectuais;
2. suas associações particulares;
3. sua mobilidade ascendente ou descendente;
4. sua função na sociedade inclusiva.

(a) A origem social dos intelectuais

A origem social dos intelectuais é relevante para nós na medida em que permite esclarecer os impulsos grupais por eles freqüentemente expressos. O meio de origem de um indivíduo não nos fornece todos os dados necessários para uma compreensão completa de seu desenvolvimento mental, mas indica alguns fatores de sua predisposição particular para enfrentar e experimentar dadas situações. Para explicar padrões dominantes de ideação sob circunstâncias historicamente conhecidas, necessitamos não só de histórias de vida individuais, mas também dados estatísticos sobre a origem social (de classe ou vocacional) e a posição de intelectuais representativos. Uma *intelligentsia* tradicional, entretanto, pode manter sua posição dominante a despeito do contínuo ingresso de novos membros. Esse tem sido o caso na política, em muitos casos controlada durante séculos pela nobreza mesmo depois da ascensão dos estratos inferiores à proeminência pública. Outro ponto a ser considerado é o peso representado pelo *status* anterior de um indivíduo após seu ingresso no grupo; além disso, há o problema de saber se os estratos superiores continuam a manter sua coesão apesar da troca de papéis, e se, ou em que medida, os indivíduos que entram para a *intelligentsia* renunciam a seus *status* anteriores. O índice numérico desses antecedentes sociais, é claro, é apenas um dos dados de interesse. Igualmente importante é saber que tipos de situações deram proeminência a pessoas de diferentes origens sociais. Finalmente, não se deve ignorar o fato de que em alguns casos os intelectuais combinam sua identidade anterior com uma nova afiliação de sua própria escolha.

(b) As afiliações de intelectuais e artistas

Entre a organização compacta e estamental e o grupo fluido e aberto, existem vários tipos intermediários de agregados nos quais os intelectuais podem situar-se. Seus contatos mútuos são em geral informais, sendo o grupo pequeno e íntimo que fornece o padrão mais freqüente[28]. Esse tipo

---

28 Referências úteis sobre o tema podem ser encontradas nas obras citadas de Dehio e Hausenstein. Ver também E. KRIS e O. KURZ, *Die Legende von Künstler*, Viena, 1939, texto considerado pelos autores como estudo preparatório para uma sociologia do artista.

de grupo desempenhou um papel eminentemente catalítico na formação de atitudes comuns e correntes de pensamento.

As primitivas organizações medievais de artistas refletem a natureza de suas atividades, exercidas sob a forma típica de ofícios artesanais. O trabalho era centralizado numa oficina comum, realizado por equipes em decorrência da natureza intermitente do emprego, exigia migrações freqüentes. O caráter cooperativo do processo de trabalho explica a organização de confraria dos artistas medievais, as primitivas formas de arte e o fato de que a individualização nesse meio começa bastante tarde. Um dos primeiros agrupamentos de artistas medievais é a fraternidade maçônica — "Bauhütte" — na Alemanha. A "Bauhütte", mencionada pela primeira vez no século XII no sul da França e na Alemanha, servia de depósito de ferramentas, de oficina de trabalho e de lugar de encontro de pedreiros, arquitetos e escultores. Logo a "Bauhütte" se torna uma fraternidade que preserva padrões comuns de trabalho, exerce jurisdição sobre seus membros e protege os segredos do ofício. Os pintores itinerantes se assemelhavam mais ao tipo de artista independente, apesar de terem freqüentemente encontrado emprego permanente como pintores da corte nas casas de príncipes, como por exemplo os irmãos Van Eyck, que tinham o título de *valet de chambre*.

Os poetas também formavam grupos de vários tipos. Na genealogia do poeta antigo encontramos o clarividente; o primitivo poeta germânico é conhecido pelo nome de *scop*[29]. Originalmente, pertence ao séquito do príncipe, leva armas e só se distingue por seu talento vocal. Freqüentemente, entretanto, uma incapacidade física ou outra peculiaridade qualquer o colocam na posição de um relativo estranho[30]. Tal posição favorece a reflexão ou uma tendência de oposição. Esta parece ser uma característica antiga do poeta, pois ele já é distanciado dentro do grupo antes de chegar ao desengajamento.

Além do poeta primitivo, encontramos os menestréis andarilhos e os comediantes que seguem a tradição e o papel do antigo mímico. Estes são separados por completo, sem nenhuma ligação com séquitos nobres ou vocações honoríficas e se classificam ao lado dos fanfarrões e prostitutas. Estes possuem desde o início uma organização e uma solidariedade de grupo à parte, ao passo que os poetas, que parti-

---

29 O *scop* anglo-saxão é um homem livre que atua nos salões. Geralmente pertence ao séquito de seu senhor feudal, mas muitas vezes leva vida ambulante, visita cortes estrangeiras e torna-se um confidente do príncipe. Sua arte é considerada como algo mais que um simples ofício. Seus senhores recompensam seus cantos com anéis de ouro e ele prefere visitar os que compreendem seus cantos e são pródigos nos presentes. Ao mesmo tempo, pode possuir terra herdada. As fontes não deixam bem claro se ele prestava ou não serviço militar.

30 KRONHEIMER, Paula. "Grenzglieder der Standes". In: *Koelner Vierteljahrshefte*, 1927, v. 6, n. 3.

cipam do *status* e da posição de seus pares nobres, só muito mais tarde é que irão adquirir uma consciência própria.

Bastante peculiar é a posição dos trovadores. Não ficam fora da hierarquia feudal, apesar de não poucos serem cavaleiros pobres ou arruinados em situação marginal. A fonte de sua nobreza não é sem importância, pois alguns a devem ao nascimento enquanto outros descendem dos chamados *ministeriales*[31]. Schulte, cujos estudos são muito importantes para a discussão desse tema, observa que esses poetas são em geral agrupados de acordo com o *status*. Assim, o manuscrito de canções de Heidelberg, inclui em sua lista de cantores primeiro o imperador, depois os príncipes, condes, barões, *ministeriales* e os cavaleiros; o último grupo compreende a aristocracia urbana, o clero, os letrados, os comediantes e os burgueses. Essa é a hierarquia do século XIII[32]. O fato importante aqui é que enquanto o poeta é bem identificado pelo *status* e posição, o refinamento e a cultura começam a transformar-se em agente nivelador na medida em que príncipes e outros nobres se orgulham de contar-se entre os *trouvères*[33]. É na qualificação de poeta, por outro lado, que os cavaleiros de condição modesta encontram compensação, a tal ponto que o cultivo cultural chega a ser um fator de avanço social. A proposição de que a forma poética depende do *status* do poeta é bem ilustrada pelo fato de que Walther von der Vogelweide, cavaleiro marginal que se aproxima dos comediantes andarilhos, é o primeiro a introduzir os poemas aforísticos destes na poesia cortesã. O encadeamento entre a forma de arte e a posição social é claro e direto, e é só posteriormente que a significação social da forma deixa de posteriormente que a significação social da forma deixa de ser compreensível sem o recuo da análise sociológica[34]. Pode-se correlacionar as mudanças de estilo literário, desde seus primórdios ao apogeu da poesia lírica cortesã, com as mudanças graduais ou posição social do autor. Schulte observa que o estilo primitivo é característico da nobreza fundiária, enquanto que o período climático posterior torna-se a era dos poetas da nobreza menor e dos *ministeriales;* em suma, a influência predominante passa de estratos estacionários para grupos relativamente móveis. Sobre o período primitivo, Schulte observa:

31 Servos empregados como homens de confiança na casa do senhor. (N. do T.)
32 SCHULTE, A. "Standesverhaeltnisse der Minnesinger". In: *Zeitschrift für deutsches Altertum und deutsche Literatur*, 1895. V. 39, pp. 185-251.
33 DIEZ, F. C. *Die Poesie der Troubadurs*, Leipzig, 1883, e *Leben und Werke der Troubaduren*, 1883.
34 Ver K. Y. HOLZKNECHT, *Literary Patronage in the Middle Ages*, 1923, e Y. C. MENDENHALL, *Aureate Terms; A Study in the Literary Diction of the Fifteenth Century*, 1919. Deve-se lembrar a pouca estima devotada às belas-artes especialmente às artes plásticas, na Antigüidade, devido ao *status* de escravo dos que as praticavam. Ver ZILSEL, *op. cit.*, p. 112.

"Excetuando a guerra, a nobreza ficava presa ao solo; o barão vivia em suas terras, e a ordem dos ministros (administradores) desempenhava seus serviços. É por essa razão que os poetas do primeiro período são muito mais sedentários que os do apogeu. As fontes só mencionam H. von Veldecke, um barão que viajava. A corte de Cleves, segundo nosso conhecimento, foi a primeira a abrigar um cantor errante nobre. Como isso tudo mudará depois! Sabe-se que Reimar, Walther, Wolfram, Nithart Zweter e Tannhäuser viviam e compunham seus versos nas cortes dos príncipes regentes, e não nas de seus senhores locais. Era um impulso impetuoso de viajar que afastava os vassalos de seus feudos, ou era a pobreza que transformava um poeta num cavaleiro andante?"[35]

Para usar a terminologia de Sorokin, aí estão em ação os dois tipos de mobilidade social: a agitação e o estímulo da mobilidade vertical e a expansão horizontal do mundo visto e experimentado. Os cavaleiros ainda considerados por seus pares mas não suficientemente seguros para imunizar-se contra novas experiências — esses é que são os andarilhos e aventureiros que abriram novas perspectivas dentro da hierarquia feudal. O viajar só é uma fonte de novas experiências para aqueles cuja posição social é maleável. O nobre que viaja por prazer sem necessidade de estabelecer-se a cada passo, só experimenta novos povos e costumes como variações de panoramas familiares. Somente o viajante que abandona seu meio social e sua posição para achar outros é que descobre alternativas e adquire um novo horizonte. É desse modo que cavaleiros relativamente independentes e itinerantes tornam-se os porta-vozes de uma concepção de vida reflexiva e multidimensional. E o próprio fato de eles não serem por completo exógenos, mas reterem uma posição na hierarquia feudal e falarem a língua de seus pares, é que lhes garantia sua influência na sociedade medieval[36].

Já assinalamos a diferenciação social dos trovadores. A distinção contemporânea entre canto (*minnesong*) alto e baixo refere-se àquela própria diferenciação. Os nobres cultivavam os cantos altos (*hohe Minne*), ao passo que Walther e seus companheiros de menor nobreza não só adotavam formas populares como ousavam reivindicar o amor das donzelas da plebe. Esse fato reflete antes uma nova atitude que uma alteração de comportamento, pois não foi certamente Walther quem originou as relações amorosas com plebéias. Desse modo, homens da baixa nobreza introduzem uma forma de relacionamento mais natural, mas já espiritualizada, como contrapartida do amor convencional da corte. Trata-se aqui

---
35 SCHULTE. *Op. cit.* p. 247.
36 SCHULTE. *Op. cit.* p. 249.

de um daqueles casos em que os padrões de julgamento distintos de dois estratos diferentes se confundem no esquema conceitual de um grupo em mobilidade que participa de ambos e adota suas atitudes. Códigos diferentes em si não se chocam na medida em que os estratos que os possuem não se interpenetram. As situações de conflito só surgem quando grupos em mobilidade ascendente ou descendente, funcionando como amortecedor, ligam-se tanto aos estratos de cima quanto aos de baixo e adotam seus valores. É dessas situações, quando se torna possível o acesso a mundos até então separados, que se origina uma genuína *intelligentsia*.

Já se fez referência ao *clero*, grupo dominante de letrados da Idade Média, sua organização compacta e seu tipo particular de saber. Passaremos agora a examinar a estrutura intrínseca do clero, particularmente quando reflete os diversos antecedentes de seus membros. Naturalmente, um grupo fechado procura desenvolver um *esprit de corps* unificado e neutralizar os efeitos das diversas orientações sociais que seus membros trazem consigo. A futura burocracia revelará a mesma tendência. Não obstante, o que denominaremos uma *diferenciação secundária* interna, pode refletir algo da diversidade externa. Torna-se importante, portanto, fazer um inventário da composição social de uma *intelligentsia* monolítica. Para tal fim, apoiamo-nos basicamente no importante trabalho de Schulte e nos estudos de Stutz, Kothe e outros, todos utilmente resumidos por Werminghoff[37], que é nossa fonte primária na exposição que segue.

A Igreja primitiva manteve a doutrina de Cristo sobre a igualdade religiosa e não reconheceu as hierarquias seculares na comunidade cristã. A prática dessa doutrina original de classes inferiores e submissas sofreu modificações na medida em que a Igreja se estabeleceu em sociedades altamente diferenciadas, especialmente nas áreas germânicas. A própria Igreja introduziu a hierarquia do clero através da criação de ordens seculares e monásticas. Essa distinção aumentou quando foi associada à diferenciação de tipo feudal. Resumindo a história social da hierarquia eclesiástica, Werminghoff observa:

"O clero sempre, e desde o começo, esteve aberto aos homens livres, e dentre estes, aos nobres por nascimento. Posteriormente, a nobreza inferior também teve acesso aos capítulos, mosteiros e claustros; por fim, o acesso abriu-se aos burgueses. Desde o século XI o clero alemão apresenta um quadro de diversidade."[38]

---

37 WERMINGHOFF, Albert. "Staendische Probleme in der Geschichte der deutschen Kirche des Mittelalters." In: *Zeitschrift der Savigny-Stiftung für Reichsgeschichte*, Kanonische Abt., Weimar, 1911. v. XXXII.

38 WERMINGHOFF. *Op cit.*

Kothe chega a conclusões similares em seus estudos do clero de Estrasburgo no século XIV.

Cada sociedade procura preservar seu esquema de organização não só através de suas leis e instituições, mas também por uma distribuição apropriada das posições dominantes. Se isso é verdade para uma sociedade democrática, tanto mais para uma ordem feudal na qual a nobreza controla tanto as posições-chave seculares quanto eclesiásticas. Essas últimas se institucionalizaram desde que os bispados e arcebispados tornaram-se prerrogativas dos nobres de nascimento. Os mosteiros da nobreza feudal obrigavam os filhos e filhas de príncipes e condes, mas fechavam suas portas aos de posição administrativa, aos cavaleiros feudatários e aos filhos do patriciado. Tal desenvolvimento começa a partir do Império Merovíngio. Essa reserva poderia ter estabilizado o controle de certas famílias sobre a hierarquia eclesiástica se não fosse a instituição do celibato. Na verdade, a predominância dos estamentos feudais na Igreja já começava a declinar no século XV; em 1427 os mosteiros feudais abandonaram sua política de portas fechadas, passando depois de 1516 a admitir plebeus.

O quadro de Werminghoff, reproduzido abaixo, ilustra bem o que foi exposto.

TITULARES DOS BISPADOS

Segundo W. Pelster e J. Simon, cf. Schult, pp. 67 e 349. Província eclesiástica de Colônia, incluindo Lüttich, Ultrecht, Münster, Osnabrück e Münden, província eclesiástica de Mainz excluindo Praga e Olmütz, incluindo Worms, Speyer, Estrasburgo, Chur, Augsburgo, Eichstaedt, Würzburg, Bamberg, Halberstadt, Hildesheim, Paderborn, Verden. (Outras províncias eclesiásticas em território alemão: Trier, Hamburgo-Brêmen, Magdeburgo, Salzburgo.)

Século	IX	X	XI	XII	XIII	XIV	XV	Total
Barões	44	51	68	107	126	128	77	601
Supostos nobres de nascimento	18	17	49	30	2	—	—	116
Ministeriales	—	—	2	2	31	47	44	126
Dependentes	2	—	3	—	—	—	—	5
Burgueses	—	—	—	—	2	17	3	22
Estrangeiros	—	—	1	—	—	3	1	5
Desconhecidos	42	39	31	22	8	7	3	152
	106	107	154	161	169	202	128	1 027

Bibliografia:

SCHULTE, Aloys. *Der Adel und die deutsche Kirche im Mittelalter*, Kirchenrechtliche Abhandlungen, Cads. 63-64. Stuttgart, 1910.

WERMINGHOFF, Albert. 'Staendische Probleme in der Geschichte der deutschen Kirche des Mittelalters", em *Zeitschrift der Savigny - Stiftung für Reichsgeschichte*, op. cit.

O quadro mostra duas tendências significativas: a gradual democratização da hierarquia eclesiástica e, o que é mais importante, a ascensão dos *ministeriales*, cuja escalada social sobrepassa a de qualquer outra classe feudal. São de origem dependente, mas como servidores de senhores ocuparam posições de poder e influência. No século XI, formam uma camada própria, prestam serviço militar e servem como oficiais, cunhadores e cambistas. Seu *status* ambivalente como dependentes mas detentores de poder começa gradualmente a mudar quando nobres de nascimento também aderem a suas fileiras. Finalmente, as portas da Igreja se abrem também para eles. Werminghoff enfatiza o interessante fato de que a hierarquia romana logo adotou a política, também seguida pela futura monarquia absoluta, de neutralizar as vantagens locais dos clãs nobres servindo-se dos plebeus. Mesmo assim, a preponderância feudal na hierarquia, que começa a declinar no século XI só termina no século XIX, quando a Igreja abre suas portas para todas as classes.

Apesar de o clero não ter sido totalmente imune a uma diferenciação secundária de tipo feudal, a Igreja foi capaz de criar uma *intelligentsia* bem amalgamada e disciplinada. Seu lugar na ordem social estava claramente definido, e todos os clérigos, a despeito de sua origem social, distinguiam-se pelos *privilegia competentiae, immunitatis, canonis et fori*. O celibato impedia a posse hereditária de cargos, assim como ajudou a criar uma mentalidade unificada no clero e evitou que a ambivalência social que penetrou na hierarquia atingisse a unidade da Igreja.

A fase seguinte na formação de uma *intelligentsia* literária é marcada pela presença de dois grupos: os *humanistas* e os *mestres cantores*.

A relação simbiótica entre os *humanistas* e a sociedade inclusiva era de dois tipos: ou eram mantidos por patrocinadores, ou empregavam-se em universidades e chancelarias. Qualquer que fosse o caso, sua existência era a de favoritos dependentes dos caprichos dos mecenas, dos quais o clero era comparativamente imune[39]. Os humanistas compensam

---

39 A partir de 1500, as universidades foram o cenário de um conflito de duas gerações de humanistas. A geração mais velha era de tipo patrício; entre esta encontramos Semlinger, Pirckheimer, Erasmo e Reuchlin. Os jovens humanistas — os "poetas" — eram principalmente bacharéis errantes, verdadeiros mercenários que dirigiam seus louvores ou ataques conforme as oportunidades de patronagem. Conforme Joachimsen, esse último tipo predominava na Alemanha, apesar de sua poesia lírica não ter sido aceita pela sociedade respeitável.

O emprego em chancelarias oferecia maior margem de independência. Originalmente, esse foi o domínio de sacerdotes eruditos. Durante o século XVI, o crescimento do Direito Romano acentua a influência dos juristas nas chancelarias. É aí que logo aprimoram os conhecidos traços de especialistas supostamente indispensáveis, obscurecem a natureza de suas funções e adquirem a arrogância típica dos que possuem exclusivamente alguma habilidade especial. A máquina burocrática se presta a tal dissimulação através do uso de um palavreado esotérico e da adoção de complicados procedimentos que tornam incompreensível ao não-iniciado o contexto das coisas. Ver as ótimas observações de VON STEINHAUSEN, *Geschichte der deutschen Kultur*.

sua falta de segurança através de associações próprias, escrevendo-se e visitando-se. Esse intercâmbio privado substitui os canais internacionais de comunicação que a Igreja punha ao dispor de seus doutores. As associações dos humanistas funcionavam como agências tanto para o intercâmbio intelectual como para a distribuição de posições de prestígio. Foram esses canais que gradualmente solidificaram uma opinião pública outrora fluida, para usar a expressão de Toennies. Pois a opinião não se cristaliza no público enquanto tal, nem em grupos literários, mas na cadeia existente de associações concretas. Seu crescimento se intensifica na mesma medida em que declinam os canais formais de opinião — as guildas, os parlamentos das cidades, as assembléias feudais[40]. Os círculos íntimos dos humanistas trazem a marca de uma necessidade vocacional e literária e freqüentemente evocam mais organizações diminutas para objetivos ulteriores do que amizades profundas, cuja aparência às vezes adotam[41]. Esses conclaves elásticos e informais não refreiam e amiúde alimentam, certos traços que caracterizavam os humanistas, como a extravagância, a autodramatização pública e extremos de subserviência a um mecenas.

A canção medieval *(mastersong)* é uma manifestação democrática cultivada pelo homem do povo que não abandona sua situação mas antes leva seu significado para sua arte. Num certo sentido, os mestres-cantores formam uma elite, não só em virtude de sua "maestria" em certas formas[42], como também devido ao deliberado hermetismo do grupo[43]. Aqui, de novo, a linguagem nos oferece uma pista. A linguagem coloquial é propositalmente evitada, sendo estabelecidas penalidades para "qualquer coisa não composta ou cantada em alto alemão, tal como o usado pelo Dr. Martinho Lutero em sua tradução da Bíblia ou pelas chancelarias dos príncipes e senhores"[44]. A rejeição de opiniões falsas, superstições, expressões impróprias ou não-cristãs, assim como o uso de palavras latinas *"contra grammaticae leges"*, revelam a hu-

---

40 Promovi certa vez um estudo sobre a formação de opinião numa velha cidadezinha alemã. As entrevistas realizadas revelam que um "público" organizado ainda sobrevive num tipo tradicional de comunidade, ao passo que desapareceu em Berlim. Uma vez que um autor se estabeleça numa comunidade coesa, pode contar com seu contínuo apoio, ao passo que num meio completamente aberto e fluido o público se constitui e se expressa em cada caso concreto, permanecendo aberto à aparição de personalidades novas, em desatenção a favoritos anteriores. O surgimento de públicos organizados como o das casas de espetáculo e do teatro político representam uma tendência compensatória.

41 SALOMON, Albert. *Der Freundschaftskult des Humanismus.* Tese de doutoramento inédita, Heidelberg, 1912.

42 Os mestres-cantores eram compositores itinerantes ou burgueses de versos aforísticos no século XIII. Distinguiam-se dos leigos não educados em canto. Cf. STAMMLER, *Reallexicon der deutschen Literaturgeschichte, op. cit.,* art. "Meistersang".

43 Havia 250 mestres-cantores em Nürenberg em 1540; os nomes de 262 foram conhecidos em Augsburgo entre 1535 e 1644.

44 MAY, C. *Der Meistersang.* Leipzig, 1901.

milde origem dessa *intelligentsia* e sua deferência para com os humanistas. Percebe-se uma certa falta de segurança na devoção às regras, no medo das improvisações e na contagem alta de sílabas nas apresentações — lapso que se atribuía ao cantor[45].

Percebe-se nessa disciplina auto-imposta do homem comum uma contrapartida da licenciosidade de uma *intelligentsia* incipiente que tende a colocar a novidade e o *imprévu* acima da segurança do uso estabelecido. Como salvaguarda contra improvisações, os mestres-cantores procuravam manter o público à parte, do mesmo modo como as guildas protegiam seus ofícios da competição livre. Apesar dos concursos serem públicos a circulação de canções impressas não era permitida.

Existem vários tipos intermediários entre essa *intelligentsia* da baixa classe média e os intelectuais livres da burguesia liberal de períodos mais recentes. Passaremos agora às várias formas de amalgamação a partir das quais emergem esses novos grupos.

Após o declínio das classes médias urbanas, as cortes dos príncipes tornaram-se o centro de revivalismo feudal e a sede de uma nova *intelligentsia* formada pela nobreza, incluindo ou não a burocracia nascente, conforme o caso. Nesse meio tempo, o Humanismo tornou-se cada vez mais um movimento convencional e de salão. Oficiais, clérigos, acadêmicos e nobres que perderam suas funções militares com o desuso dos exércitos mercenários, todos tornaram-se favoritos e dependentes de príncipes. A aristocracia, exceto a nobreza fundiária[46], passou a constituir um "clericato" da corte, o centro de todas as aspirações e oposições. A prévia linha de demarcação entre sociedade e elite urbana deixou de existir; pelo contrário, a urbanidade desprovida de posição e *status* passou a ser de pouca importância.

Os intelectuais só se tornaram elementos exógenos a partir das revoluções de classe média. Antes do advento da burguesia, a sofisticação é uma característica do *status* e da educação, não existindo fora da aristocracia. O tipo humano que encarna o ideal da época representa tudo o que é digno de valor, e o modelo desse ideal não é apenas o poeta, o artista e o erudito, mas também o funcionário e, sobretudo, o político. Uma das personificações mais conhecidas desse paradigma é o cavaleiro andante, cujos interesses vão da política à patifaria, que sabe dos dizeres do mundo, galante ou

---

[45] A situação mudou depois de 1500, quando o pastor Haus Fols, depois de acalorados debates, consegue tornar novas "harmonias" aceitáveis.

[46] Max Weber observou o proeminente papel da nobreza fundiária inglesa e das classes com títulos e rendas independentes que, juntas, constituíram a fidalguia na história do saber e da cultura na Inglaterra. Cf. seu *Política como Vocação*, já traduzido para o português.

não, mantendo-se sempre um impecável cavaleiro. Nem o campo, nem a cultura fragmentada das classes médias podem competir com a criatividade e o magnetismo dos centros principescos. O que não é de se estranhar, desde que são os focos vitais de uma nova organização social e de um novo sistema político equilibrado pelo príncipe. Alternativamente, este eleva plebeus à proeminência e à nobreza ou compensa nobres destituídos ou politicamente desgastados através de nomeações militares negadas aos plebeus. A corte de Luís XIV forneceu um exemplo bem observado pelos príncipes alemães.

Um tipo diferente de *intelligentsia*, com alguma importância, surgiu depois do Renascimento num crescente número de sociedades restritas e semiformais. Em Florença, a Academia della Crusca estabeleceu o padrão original seguido por numerosas "sociedades literárias" na Itália, Suíça, Holanda e Alemanha. Estas sociedades incluíam vários escalões da aristocracia, tanto quanto acadêmicos e plebeus educados, assim como um príncipe mecenas[47]. Os poetas eram benquistos, mas o grosso da poesia que circulava não passava de adulação rimada.

Ainda que os plebeus desempenhassem um papel subordinado nessas sociedades literárias, seria um erro não perceber neles o germe de uma orientação social ampla e inclusiva que transcende o horizonte feudal em direção a uma forma primitiva de consenso nacional. O Príncipe Luís, patrono da mais conhecida dessas sociedades literárias, a *fruchtbringende Gesellschaft* de Koethen, recusou a sugestão de convertê-la numa ordem exclusiva de cavalaria, alegando que "a sociedade só se preocupa com a língua alemã e as boas virtudes, e não com a conduta cavaleiresca..."[48]. Numa sociedade composta basicamente de nobres, é surpreendente a ênfase dada ao cultivo de virtudes da classe média como sinceridade, confiança mútua, igualdade, simplicidade, conduta "natural", continência, veracidade, objetividade e tolerância[49]. Quando se dirigindo aos demais, os sócios usavam nomes simulados em vez de seus títulos. As publicações apareciam anonimamente sob o nome da sociedade ou sob pseudônimo do autor para concentrar a atenção no assunto antes que na pessoa ou sua posição. Os diálogos alegóricos parecem pon-

---

[47] MANHEIM, Ernest. *Die Traeger der Oeffentlichen Meinung. Studien zur Soziologie der Oeffentlichkeit*, Leipzig, 1933, p. 81. A "Fruchtbringende Gesellschaft" (Sociedade de Cultivo de Frutas) alemã incluída até 1662 um rei, três príncipes eleitores, 49 duques, quatro *margraves*, 10 *landgraves*, 8 condes palatinos, 19 príncipes, 60 condes, 35 barões, e 600 nobres, acadêmicos e "notáveis" sem título". Entre os sócios havia funcionários, juristas e oficiais do exército, mas dos 800 sócios apenas dois eram clérigos.

[48] *Der fruchtbringenden Gesellschaft Namen, Vorhaben, Gemaehlde und Woerter*, Frankfurt, 1646, citado por ERNEST MANHEIM, *op. cit.*, p. 82.

[49] MANHEIM, E. *Op. cit.* pp. 81-84.

derosos e afetados, mas claramente revelam o molde em desenvolvimento no qual se forjava uma mentalidade impetuosa e destreinada. A obra *Conversações para Mulheres,* de Harsdoerffer, demonstra o esforço de convencionalizar o discurso civil para pessoas ainda profundamente imersas na rudeza da sociedade provinciana[50]. Hoje, os tratados publicados dessas sociedades e os documentos de seus colóquios socráticos nos surpreendem por sua afetação e pedantismo, mas não se deve subestimar a função social desses exercícios cerimoniais. Eles inculcavam uma etiqueta democrática numa sociedade paroquial e profundamente dividida. Cultivavam o vernáculo das classes médias e ensinavam a indiferença à pessoa e ao nascimento nos assuntos de interesse comum. Mais importante, estabeleceram canais de comunicação entre as classes e agruparam elites locais, que assim aprenderam a usá-los.

Por mais que tivessem essas sociedades sido o jardim de infância para os futuros porta-vozes literários das classes médias, elas se tornaram objeto de crítica e escárnio tão logo uma *intelligentsia* de classe média, emancipada e segura, começa a alçar sua voz em público. A rejeição da artificialidade e do maneirismo é basicamente um protesto do novato contra a contínua tutela paterna. As primeiras investidas de Boileau contra o Barroco ressoam através do centro e do norte da Europa, onde quer que as classes médias autoconscientes procurassem um meio não-político para proclamar suas aspirações. Suas expressões estabelecem o denominador comum literário para inclinações oposicionistas como: "Aimez la raison", "le faux est toujours fade, ennuyeux, languissant". "Rien n'est beau que le vrai; c'est elle seule qu'on admire et qu'on aime"[51]. A atual aversão à erudição excessiva a ao pedantismo continua motivada pelas mesmas inclinações sociais expressas por Boileau.

A oposição ao Barroco da corte, entretanto, não partiu apenas de fora. A própria corte tornou-se a sede de uma *intelligentsia* recentemente amalgamada que, sem uma oposição em princípio ao trono, afrouxou a ascendência da corte sobre o público culto. São os encontros nos *salões,* últimos subprodutos da vida de corte, que proporcionam a transição de um tipo cortesão de erudição para uma urbanidade de classe média.

Os salões enquanto tais não são uma criação do período moderno. Em certo sentido, pode-se falar dos salões da Antiguidade, se é que o Lyceum, o grupo que se reunia em torno de Aspásia, pode assim ser considerado, como o faz

---
50 Cf. JOSEPH NADLER, *Literaturgeschichte der deutschen Staemme und Landschaften,* 1929. V. II, p. 180 e ss.
51 Cf. W. STAMMLER, *Reallexicon der deutschen Literaturgeschichte,* Berlim, 1925-31. p. 123.

Feuillet de Conches[52]. Podemos acrescentar as reuniões feudais nas cortes da Provença, nas cortes renascentistas italianas (Beatrice d'Este, Isabella di Mantova e Lorenzo il Magnifico) e as sociedades de mulheres mundanas (Vittoria Collonna, Margueritte de Navarre), para não falar das várias sociedades literárias inglesas[53]. Mas o salão clássico origina-se na corte francesa.

A etiqueta da corte e a formalidade pública de salão de recepções criam, quase que naturalmente, um desejo pelas reuniões íntimas "atrás dos bastidores". Estas proporcionam um escape para os mexericos, intrigas, ressentimentos e os vários impulsos inibidos pela etiqueta da corte. A voga teve início, quando a Marquesa de Rambouillet subdividiu seu salão em pequenas câmaras e alcovas, de modo a limitar cada reunião a dezoito pessoas. A arquitetura grandiosa deu lugar à decoração sugestiva de diversas atmosferas das alcovas, entre as quais a famosa *Chambre bleu d'Artenice*[54].

O interessante estudo de Tinker sobre o papel literário dos salões enumera seis características principais. Acabamos de mencionar a primeira — *o ambiente íntimo*. A segunda é *a influência estimulante da anfitriã*, que encoraja o talento a despeito da origem e estabelece um padrão elevado para o encontro. O primado da distinção intelectual é bem ilustrado pelo reconhecimento que Voiture, filho de um mercador de vinho, recebeu no círculo da Marquesa de Rambouillet. Esta atitude aberta é particularmente característica dos salões do Terceiro Estado, como o da bastante mencionada Mme. de Geoffrins, filha de um *valet de chambre*. O papel secundário da riqueza nesses salões de classe média tornou-se bem compreendido; conta-se que uma certa Mme du Deffandud carecia de meios para oferecer um jantar a seus convidados. Segundo Tinker, a terceira característica do salão é a *conversação* literária, filosófica ou crítica, usualmente entretida como prosseguimento a peças, sermões, ou à leitura de poemas e ensaios. Foi nessas ocasiões que surgiu a crítica improvisada, a forma breve, o *bon mot* e o epigrama.

O *amor platônico* constitui um quarto traço. Seu foco, é claro, é a anfitriã, cujo papel catalítico é decisivo para a conversação. Seu tipo social nada tem a ver com a matrona da família patriarcal e as esposas reticentes dos estratos puritanos. A atmosfera eroticamente carregada é sintomática

---

[52] FEUILLET DE CONCHES, F. S. *Les Salons de Conversation au XIIIe Siècle*. 1883.

[53] Para os salões ingleses, ver CHAUNCEY B. TINKER, *The Salon and English Literature; Chapters on the Interrelations of Literature and Society in the Age of Johnson*, Nova York, 1915, pp. 22-29. Ver também "The Warwichshire Coterie", *Cambridge History of English Literature*. 1914. V. X, p. 507 e ss. c VALERIAN THORNIUS, *Salons*, Nova York, 1929.

[54] TINKER. *Op. cit.* p. 24.

não só do salão, como também da literatura e da arte da época. A quinta característica é *o papel proeminente das mulheres*, particularmente, como já foi dito, da anfitriã[55]. Com uma exceção, ela é uma mulher madura, considerada a estrela do salão, sem chegar a ser uma dama erudita.

A sexta e mais importante característica do salão mencionada por Tinker é seu oportuno papel de *mediador entre vida e literatura*. Isto é significativo num período em que a patronagem principesca está desaparecendo, ao passo que o público democrático ainda não se formou. O salão preenche a lacuna e torna-se herdeiro das antigas funções protetivas e promocionais da corte. Aos autores e artistas o salão oferece comissões, estímulo e acesso a um público seleto. Assim, o salão serve de campo de cultivo da demanda literária, de agência de intercâmbio e de mercado para os produtos dos escritores independentes. Por sua vez, aos escritores, que já não dispõem de patronagem estável, são oferecidas oportunidades de estabelecer contratos com editores — agentes do público anônimo emergente — e de familiarizar-se com as flutuações da demanda. Esta nova situação fornece ao autor um novo autoconceito: ele encara seu atual empregador, o público, como um igual em termos sociais e desdenha a dependência permanente para com um único empregador, a tal ponto que D'Alembert pode proclamar: "les seuls grands seigneurs dont un homme de lettres doive désirer le commerce sont ceux qu'il peut traiter et regarder en toute sûreté, comme ses égaux, comme ses amis"[56]. Uma anfitriã de recursos fornece fundos, pensões privadas e hospedagem, além de pagar a conta do editor sem humilhar o escritor ou infringir sua independência.

Essa era excepcional dos salões constitui um ponto crítico no desenvolvimento do público do tipo feudal para o democrático. Os salões conservaram suas funções sociais e literárias só enquanto o público continuou sendo uma entidade tangível, de proporções acessíveis. Numa democracia de massa o centro da seleção gradualmente se desloca da pequena reunião para o público anônimo. Além do mais os salões constituem o *habitat* dos poetas e artistas que se emanciparam das classes superiores e não se aliam com os estratos inferiores, mas procuram manter uma existência livre e independente. Por algum tempo, os salões conseguem impedir a desintegração social da *intelligentsia* criativa, mas na

---

[55] Valerian Thornius denominava o salão Rococó "um reino da mulher" (*op. cit.*, p. 122).

[56] D'ALEMBERT, *Essais sur la Société des Gens de Lettres*. Beljame caracteriza o círculo vicioso do poeta que depende da corte nos seguintes termos: "c'est un cercle vicieux: plus ils ont besoin de la cour, plus ils s'abaissent, moins la cour fait pour eux" (*Le Public et les Hommes de Lettres au XVIIIe Siècle*, 1881, p. 223).

medida em que uma incipiente sociedade de massas pouco a pouco absorve esses enclaves literários, os intelectuais começam a dispersar-se. Cada vez mais eles perdem seus contatos prévios com a sociedade, de modo que pelo século XIX a maioria se encontra num estado de isolamento social. É essa existência marginal numa sociedade de massa que faz surgir novos tipos de amálgama: as tertúlias boêmias e, mais importante, *os cafés*.

Os cafés se originaram no Oriente Médio, de onde atingiram o Ocidente via Constantinopla, Viena e os portos de Hamburgo e Marselha[57]. O café apareceu pela primeira vez em Londres em 1652; o primeiro café parisiense abriu perto da Bolsa de Valores em 1671. Sua rápida expansão na Inglaterra nos dá uma idéia de suas novas e oportunas funções: os cafés tornaram-se os primeiros centros de opinião numa sociedade parcialmente democratizada[58]. Os jornais ainda estavam na infância. Periódicos parecidos com jornais circulavam depois de 1662, mas eram censurados e não havia hábito de leitura estabelecido. Por outro lado, o café oferecia um lugar para a expressão livre, onde se liam panfletos e se pronunciavam discursos[59]. O potencial político do café ficou evidente na Revolução Francesa[60].

A influência dos cafés na formação de opinião política tornou-se tão marcada que em 1675 foi promulgada uma ordenança para terminar com eles. Entretanto, a instituição já se havia consolidado, e a ordenança foi suspensa. O desenvolvimento subseqüente dos cafés seguiu um rumo caracteristicamente inglês — transformaram-se em *clubes* políticos[61]. Ao invés de acompanhar seu desenvolvimento examinemos o café como um novo centro de amalgamação grupal.

57 Para o que segue, cf. H. WESTERFROELKE, *Englische Kaffeehaeuser. im Zeitalter Boydens und Addisons*, Jenaer Germanistische Forschungen, n. 5
58 Para o que segue, cf. BELJAME, *op. cit.*, p. 172 e ss.
59 ADDISON, no *Spectator* (n. 403) descreve humoristicamente o ambiente dos cafés londrinos: "Conheço a cara de todos os principais políticos que fazem denúncias de mortalidade; e cada Café possui um estadista, que é o porta-voz da rua em que vive. Procuro sempre colocar-me perto dele, para saber sua posição atual... Primeiro fui a St. James, onde encontrei a sala externa tomada por discussões políticas; as especulações eram indiferentes perto da porta, mas melhoravam conforme eu caminhava para o fundo, e ficaram tão acaloradas com a participação de alguns teóricos ... que aí ouvi a solução do problema monárquico espanhol e da dinastia dos Bourbons em menos de um quarto de hora". Citado por JOHN TIMBS, *Club Life of London*, Londres, 1866, v. II, p. 39 e ss.
60 Cf. H. CUNOW, *Politische Kaffeehaeuser*, 1925, e o artigo de Harold Houth sobre "Steele e Addison" em *Cambridge History of English Literature*, v. IX, Nova York e Cambridge, 1913. Ver também N. G. ALDIS, "Book Production and Distribution, 1625-1800", p. 368, *Cambridge History of English Literature*, Nova York e Cambridge, 1914, v. XI.
61 "Os clubes conservam muitas das características dos cafés. Em primeiro lugar, a maioria se formava em torno de um núcleo de opiniões comuns. Um clube se unia em torno da defesa de uma tradução de Homero; outro em defesa da sucessão dos Hanover; um terceiro em defesa dos antigos contra os modernos. Desde que cada homem tende a ... procurar seus iguais, a sociedade de cavalheiros assumiu um caráter de facção, fossem seus interesses literários, políticos, econômicos ou filosóficos" (ALLEN, Robert. *The Clubs of Augustan London*. Cambridge, Mas., 1933, p. 34). Em segundo lugar, os clubes políticos em particular "eram freqüentados por homens de todas as posições e profissões, tendo cada grupo caráter e finalidade próprios" (*ibid.*, p. 34 e ss.).

É claro que esses logradouros devem sua importância à democratização da sociedade e suas elites. Enquanto os próprios salões exerceram uma influência democratizadora numa sociedade semifeudal dentro dos limites de pequenos grupos, os cafés quase não tinham limites. E ao passo que o acesso ao salão dependia de apresentação e aceitação social, a sociedade dos cafés tornou-se em última análise acessível a quem concordasse com as opiniões correntes. A base do amálgama já não é mais o estilo de vida e as amizades comuns, mas opiniões semelhantes. A metrópole, que tende a desligar o indivíduo de seu meio original, torna possível este novo tipo anônimo de integração. A diferença entre a associação moderna e aberta e sua precursora, a irmandade greco-romana que agrupava pessoas a despeito do parentesco, esclarece a vasta distância histórica que as separa.

A associação moderna, que se consolida a partir dos cafés ingleses e franceses, despreza a posição e os laços de família; é o produto de uma sociedade de massa liberalizada na qual o indivíduo isolado e sua opinião constituem a base das afiliações políticas. Em certo sentido, as tertúlias dos cafés do fim do século XVIII e princípios do XIX foram as associações mais livres da história ocidental; nunca foi a opinião tão fluida e socialmente independente como nesse período. A esse respeito, o surgimento de uma sociedade de massa, com suas divisões e afiliações mais rígidas, constitui uma regressão. Voltaremos a isso depois.

É claro que o indivíduo não era inteiramente livre nem no apogeu da sociedade liberal; em retrospecto, pode-se sempre descobrir a origem social das opiniões. Nenhuma sociedade jamais concedeu completa liberdade a seus membros, nem nunca foram as idéias concebidas num vácuo social. Na verdade, o declínio do tipo arcaico e feudal de estratificação é seguido por novas divisões de classe.

Deixando agora essa digressão sobre os cafés, voltemos ao papel dos salões. Os salões se mantiveram como agentes de seleção enquanto puderam funcionar como "elevadores" sociais e execer uma influência controladora sobre as organizações-chave do saber e da formação de opiniões. O salão da Condessa de Louynes foi o último a influir nas eleições da Academia de Paris (influência esta que assegurou a eleição do jovem Dumas, Sardou, Flaubert, Gautier, Mistral e Anatole France)[62]. Além disso, os salões retardaram o crescimento das elites políticas e literárias e impediram uma superprodução de intelectuais. Inevitavelmente, o método puramente democrático de seleção produz um excesso em sociedades onde o escritor, o artista e o intelectual gozam de um *status*

---

62 MEYER. A. *Forty Years of Parisian Society.* 1912.

privilegiado, como na Alemanha e nos países latinos. Os salões não só funcionavam como órgãos de seleção, como sublimavam o processo de ascensão social e, através de seu caráter simbiótico, assimilavam os indivíduos socialmente não-integrados e adestravam jovens talentos para ilderança. Evidentemente, o salão demonstrou ser uma via com dois sentidos para a sociedade — para os literatos convidados assim como para a anfitriã. Os salões judeus de Berlim puderam existir graças tanto ao fato, mencionado por Mary Hargrave, de que os judeus compensavam sua impotência política no cultivo de seus lares[63], como também devido ao fato de que as reuniões de senhoras como Henriette Herz e Rachel Lewin funcionavam como aberturas. para um mundo mais amplo e variado.

As conversações de salão refletiam seu contexto de transição como pontos de encontro de uma aristocracia urbanizada e personalidades do mundo urbano em ascensão. Em contraste, as reuniões festivas das guildas congregavam apenas uma classe. As cantorias ou banquetes em tavernas eram ocasião de diversão com uma agenda prescrita; eram organizadas segundo a mentalidade e as convenções comuns de uma camada homogênea e coesa de burgueses. No salão, por outro lado, misturavam-se indivíduos de posições, lealdades e mentalidades variadas. A aristocracia ainda era um centro de gravidade, mas o clima intelectual e o caráter da conversação constituíam uma réplica em miniatura de uma sociedade competitiva e em mobilidade na qual o *status* já não era herdado, mas adquirido e precariamente mantido. O colóquio oferecia uma oportunidade de conquista; o espírito e os rasgos de originalidade abriam carreiras, e a capacidade de triunfar em poucos minutos era a chave do sucesso. Mas nenhum triunfo durava se não se convertesse imediatamente numa nomeação ou numa comissão editorial.

O salão exemplifica outro traço da associação moderna — suas limitadas exigências sobre o indivíduo. Otto von Gierke observou o caráter inclusivo das guildas e corporações medievais. Suas múltiplas funções absorviam a pessoa inteira e a gama inteira de seus interesses — religiosos, legais, econômicos e sociáveis. Em contraste, a associação moderna só afeta o indivíduo tangencialmente, envolve apenas preocupações limitadas, deixa-o relativamente livre e mantém indefinida sua situação. O mesmo indivíduo participa de vários grupos entrecruzados, e é essa afiliação múltipla que produz a personalidade diferenciada do início do século

[63] HARGRAVE, Mary. *Some German Women and their Salons*. Londres, 1912, p. 55.

XIX[64]. O indivíduo possui mecanismos de escape, pois pode passar de um grupo a outro, dado que sua participação em qualquer um deles é limitada. É o salão que primeiro estabelece um padrão de comportamento numa situação fluida e improvisada: na ausência de prescrições, valoriza-se a sensibilidade e a argúcia; e quando as questões são limitadas, pode-se discuti-las sem rancor.

Não é por acidente que os clubes conservadores do princípio do século XIX na Alemanha ainda retêm elementos da guilda medieval ou da etiqueta das reuniões de corte. Refiro-me a clubes como Christlich Deutsche Tischgesellschaft e o "Tunnel an der Spree"[65]. Neles não há nada da informalidade dos clubes políticos ingleses; o tom das reuniões parece pesado, há oradores inscritos e atas arquivadas das intervenções[66]. Apesar de encontrarmos nesses clubes alguns traços do salão, especialmente o amálgama de *Junkers*, funcionários do governo e liberais românticos, faltam-lhes a fluidez e informalidade de sua contrapartida inglesa e o clima dos clubes conservadores alemães da época ainda não reflete as formas sociais de uma sociedade competitiva.

Em suma: os moldes especiais do amálgama intelectual oferecem uma base significativa para a compreensão dos papéis desempenhados pelos estratos mais educados da sociedade e, de um caso para outro, esclarecem o estilo prevalecente de expressão e a mentalidade desenvolvida pelos elementos mais articulados da sociedade[67].

(c) A *intelligentsia* e as classes

A discussão precedente poderia criar uma impressão distorcida da *intelligentsia* como grupo engendrado e perpetuado por si mesmo, na medida em que não consideremos sua dependência em relação à sociedade inclusiva. Essa relação constitui agora nosso tema.

64 G. Simmel, *Soziologie*, Leipzig, 1908, cap. X, especialmente p. 710 e ss., e p. 763 e ss.
65 MANNHEIM, Karl. "Conservative Thought". In: *Essays on Sociology and Social Psychology*. Londres e Nova York, 1953. Ed. por Paul Kecskemeti.
66 Algumas, em particular as de Heinrich von Kleist, foram logo editadas pela *Berliner Abendblat*. Cf. R. STEIG, *Kleits's Berliner Kaempfe*, 1901.
67 A este respeito, aludimos às observações de Harold Routh sobre o escritor inglês na *Cambridge History of English Literature*. Routh atribui sua característica facilidade de escrever claramente sem tornar-se escolástico ou enigmático à influência dos cafés no início do século XVIII. Diz o autor que foram eles o jardim da infância da cultura de classe média. Anteriormente, até mesmo os panfletos eram apresentados num estilo acadêmico e escolástico, pois a interlocução só se dava ao nível da matéria impressa. Os cafés, por outro lado, se constituíam em torno da conversação. "O homem cuja mente foi treinada pelo intercâmbio de idéias é mais adaptável e hábil que o que aprendeu com os livros." Os cafés eram promotores inadvertidos de um novo humanismo e só neles é que um escritor podia entrar "em contato com os pensamentos e sentimentos de sua época".

Num certo sentido, os intelectuais são renegados que abandonaram seu estrato de origem. Esse fato nos impele a avaliar as circunstâncias desse desligamento e a subseqüente relação do apóstata com sua antiga classe. Novas oportunidades sociais se apresentam para uma *intelligentsia* sempre que um estrato dominante se revela incapaz de desempenhar as funções de liderança emergentes. São essas as ocasiões para o crescimento seletivo de classes intermediárias e foi em situações desse tipo que os *ministeriales* atingiram proeminência e elementos das classes médias chegaram às profissões acadêmicas[68].

(i) Tipos de uma *intelligentsia* em ascensão

Costumo estabelecer uma diferença entre ascensão individual em direção a um grupo aberto ou a um estrato fechado. Ambos os movimentos são acompanhados por experiências particulares que tendem a solidificar-se em atitudes sociais distintas.

Indivíduos que se elevam sozinhos a um estrato aberto e geralmente acessível tendem a desenvolver uma filosofia do sucesso individualista e heróica[69]. Sua atitude será provavelmente ativista e otimista. Os indivíduos da burguesia liberal, por exemplo, alcançaram posições criadas pelo capitalismo em expansão. Sua subida é o melhor exemplo de mobilidade ascensional em escala de massa. O sucesso adveio ao indivíduo empreendedor do mesmo modo como aos Condottieri, mercadores e banqueiros da Renascença italiana. O empreendedor podia de boa fé supor que quase qualquer um com energia e sagacidade acabaria por realizar-se. Cada pessoa deve seu sucesso a si própria, talvez à sua boa sorte, mas não à natureza particular das circunstâncias. Realmente, como pode alguém dividir a responsabilidade de seu sucesso com uma dada sociedade a não ser comparando-a com outra? O indivíduo, portanto, naturalmente se inclina a hipostatizar sua história de vida como resultante das condições cósmicas de sua existência. Ele generaliza a partir do fato de que as circunstâncias dadas se coadunaram com suas ambições. Assume uma atitude amistosa em relação à sua classe de origem e mantém, em relação à sociedade em geral, uma filosofia de tipo ajuda-te-a-ti-mesmo.

---

68 Para as ocupações acadêmicas, ver F. V. BEZOLD, *Staat und Gesellschaft des Reformationszeitalters*, em *Kultur der Gegenwert*, editado por von Hinneberg, Parte II, div. 15/1. "...a grande maioria de acadêmicos e artistas provém da classe média ou de famílias camponesas; a nova cultura era de origem urbana, mas só no século XVI é que seu caráter basicamente aristocrático encontrou expressão aberta ... num grupo que se afastou do povo" (p. 102).

69 Ver ROBERT MERTON, "Social Structure and Anomie", *Social Theory and Social Structure*, Glencoe, Illinois, 1949, p. 131.

A penetração numa camada fechada, com um *esprit de corps* estabelecido, estimula outro tipo de atitude. Os indivíduos que rapidamente ascendem a um grupo exclusivo tendem a adquirir uma nova identidade, a adotar as convenções daquele grupo e a aceitar a hierarquia social dentro da qual se mobilizaram[70]. A ascensão dos intelectuais no Estado burocrático, ocasionada pela crescente demanda de funcionários públicos, especialmente juristas, é um exemplo disso. A rápida ascensão dos intelectuais constituiu uma exceção numa sociedade rigidamente nivelada e estamental que oferecia pouca margem a carreiras notáveis, exceto os artesãos que se tornariam mestres de ofício ou alguns mascates que chegariam a mercadores[71]. Os intelectuais recém-promovidos revelaram-se hábeis porta-vozes da hierarquia feudal existente na qual reivindicavam uma nobreza especial, a *nobilitas literaria*, como equivalente da *nobilitas generis*. Tal pretensão foi sugerida por M. Stephani, jurista de Greifswald, no seu *Tractatus de Nobilitate*, de 1617. Os *doctores* deveriam ocupar a posição de nobres às mesas plebéias; na corte, sua voz deveria ter mais peso que a do gentio: se, por exemplo, um doutor e um plebeu fossem ambos suspeitos de assassínio, a felonia deveria ser atribuída ao último, e assim por diante. O efeito dessas reivindicações expressas na vasta literatura sobre a *nobilitas literaria*[72], consistia na realidade uma progressiva ascensão para os intelectuais.

Uma segunda conseqüência de movimentos ascensionais desse tipo é a radical dissociação do estrato de origem. Novamente os *ministeriales* oferecem um bom exemplo. Sua produtividade durante o período final da canção medieval é o desfecho de sua deliberada aceitação da cultura de corte. Outro sintoma desse desengajamento retrospectivo é a inclinação a convenções cada vez mais elaboradas. Tal tendência usualmente assinala o ponto de saturação social. Um grupo ascendente começa a ritualizar seu *status* adquirido depois de ter atingido o ápice e esgotado suas oportunidades. Em sua fase de ascensão, os *ministeriales* adquiriram *status* através da prestação de serviços, particularmente na cavalaria. Durante quase toda a Idade Média, a qualificação pelo serviço eqüestre estava acima do nascimento nobre. A espada eqüestre era uma insígnia de distinção, mesmo nas mãos de um rei[73]. Mas em seu período de estabilização, a nobreza ministerial convencionalizou sua posição e fez do nascimento, mais que do serviço, a marca de nobreza.

70 LEDERER, E. "Die Klassenschichtung, ihr soziologischer Ort und ihre Wandlungen". In: *Archiv für Sozialwissenschaft*, 1931. V. 65, p. 539 e ss.
71 Cf. TRUNTZ, "Der deutsche Spaethumanismus um 1600 als Standeskultur". In: *Zeitschrift für Geschichte der Erziehung und des Unterrichts*, 1931.
72 Para maiores detalhes, ver TRUNTZ, *op. cit.*, p. 48
73 WEINHOLD, Karl. *Die deutschen Frauen in Mittelalter*. 3. ed. 1897, v. I, p. 232.

(ii) Tipos de *intelligentsia* formada por pessoas deslocadas e contidas

Examinaremos agora as classes e intelectuais cujas expectativas sociais foram tolhidas. A seu respeito, E. Lederer fala de tendências ao isolamento e autoglorificação. Um estrato abruptamente lançado de volta à sua posição original não imita as classes dominantes mas assume uma atitude de desafio e desenvolve modelos contestatórios de pensamento e conduta[74]. A própria situação torna prováveis tais atitudes; em que medida elas se tornam agudas depende de fatores secundários, como por exemplo, a capacidade de articular e desenvolver uma contra-ideologia. Na ausência de condições para a cristalização de uma oposição articulada, o ressentimento torna-se dissimulado e sua expressão confinada ao indivíduo ou seu grupo primário imediato. Essa animosidade submersa resulta fútil e socialmente improdutiva. Entretanto, quando as circunstâncias permitem uma saída para a expressão coletiva do descontentamento, este torna-se um estímulo construtivo e cria um clima propício à crítica social de que necessita, a longo prazo, uma sociedade dinâmica.

Esta é a situação que faz progredir a autoconsciência e favorece o surgimento de uma *intelligentsia*. Em verdade, tais estratos podem também emergir de um estado de sociedade, como comumente ocorre com a segunda geração de um estrato recém-estabelecido. R. Hamann tentou correlacionar a cultura do início da Renascença ao papel de uma segunda geração[75]. Cósimo de Medici, por exemplo, era "o homem de negócios que encontrou seu verdadeiro ambiente no banco, conscienciosamente dedicou-se aos negócios de Estado e firmemente acreditou na inseparabilidade entre seus interesses e os de seu país. Viveu de modo simples e austero... ao passo que Lorenzo, o Magnífico, negligenciava os negócios, levou seu patrimônio privado às beiras da bancarrota, e fez do prazer físico e espiritual seu princípio-guia"[76]. A riqueza herdada, entretanto, não é a fonte mais comum de interesse pela cultura; muito mais freqüente é o estímulo de um avanço pessoal detido. Bastante típica é a situação dos estratos superados das classes superiores, como

---

[74] "O efeito da mobilidade refreada no mundo interior do indivíduo pode ser observado em várias situações e em vários indivíduos. Operários frustrados diante da ausência de oportunidades reduzem a produtividade do trabalho. ...Outros podem tomar atitudes mais positivas, entrar para um sindicato e tornar-se líderes que se servem da hierarquia sindical para satisfazer suas aspirações." (LLOYD WARNER, W. *American Life: Dream and Reality*. Chicago, 1953, p. 119.)

[75] R. Hamann, *Die Frührenaissance der italienischen Malerei. Die Kunst in Bildern*, Iena, 1909, p. 23 e ss. A. V. MARTIN, *Die Soziologie der Renaissance*, Stuttgart, 1932; e "Kultursoziologie de Renaissance" em *Handwaerterbuch der Soziologie*, ed. por A. Vierkandt, 1931.

[76] HAMANN. *Op. cit.*, p. 3.

Lederer observa e o exemplo dos cantores medievais (*minnesingers*) demonstra. Esses indivíduos tolhidos tendem a evitar a concepção complacente de seus pares e a tornar-se críticos articulados de sua sociedade.

As classes inferiores divergentes gravitam na mesma direção. Na primeira fase de sua auto-afirmação consciente, as classes inferiores reagem às convenções das classes dominantes adotando costumes próprios e criando uma utopia que apresenta tanto uma contra-imagem da ordem existente quanto uma crítica de suas ideologias. Somente depois de um período mais longo de consolidação é que o impulso para divergir amadurece até chegar a uma crítica racional da sociedade e uma oposição realista[77]. Tais utopias e contra-imagens são criações de indivíduos e não de massas irrequietas e desarticuladas, apesar de intelectuais reprimidos poderem tornar-se seus aliados e porta-vozes. É sua articulação do descontentamento e seus contra-símbolos deliberados que cristalizam o consenso e ação das massas. Os originadores de uma consciência de classe raramente pertencem ao estrato cuja autoconsciência despertam. É essa participação vicária numa situação de classe que fornece ao intelectual um ponto de apoio secundário na sociedade. Ele só pode precipitar as reações das massas penetrando na situação desta e assim transcendendo sua própria posição. Nesse processo, o indivíduo isolado adquire uma orientação coletiva através de prolongados contatos com uma classe à qual não pertence. Com efeito deve seguir para poder conduzir.

Os membros destituídos de uma classe superior apresentam um tipo diferente de carreira. Na sua maior parte, são produto de um deslocamento causado por intrusos vindos de baixo. Às vezes, o deslocamento parcial de uma classe superior resulta de uma inabilidade para suportar o encargo econômico de convenções de classe prescritas. A não-conformidade a padrões custosos costuma bloquear a' via a um tipo costumeiro de ascensão. Bastante típica, por exemplo, é a perplexidade dos filhos de uma classe superior incapazes de financiar um longo período de espera que normalmente conduz a posições privilegiadas. Essas situações produzem um tipo distinto de *intelligentsia*. (Desnecessário lembrar que estamos tratando, como faz a sociologia em geral, de probabilidades típicas e não de histórias de vida individuais fixas e predeterminadas.)

Procuraremos agora sugerir as vias típicas abertas a uma *intelligentsia* que se desenvolve no processo de desenraigamento.

---

[77] Para uma discussão desse assunto, ver o capítulo "A Mentalidade Utópica" em meu *Ideologia e Utopia*, op. cit.

Primeira fase. A inabilidade pecuniária, acima mencionada, para manter hábitos convencionais é uma fonte típica de frustração. Usualmente, consideramos nossos costumes e expectativas estabelecidos como dados, sem pensar em seus pré-requisitos econômicos particulares enquanto estes se encontram assegurados. Tomamos consciência de nossos hábitos e disposições quando uma mudança econômica nos força a modificá-los e adaptá-los a uma nova situação. Por exemplo, mulheres acostumadas a uma existência protegida em geral desenvolvem uma marcante sensibilidade e uma capacidade especial de empatia que são obrigadas a pôr de lado quando, repentinamente, uma situação econômica desfavorável as força a encarar os rigores de uma luta mais aguçada. A reação imediata a tal mudança é geralmente uma vaga sensação de incômodo. Mas quando permanece a discrepância entre uma situação nova e uma disposição adquirida desprovida de função, sobrevém a reflexão avaliativa. Sua direção variará conforme ocorra em pessoas desarraigadas ou aquelas cuja ascensão foi estancada a meio caminho. A reflexão de indivíduos que se intelectualizaram no processo de desenraizamento constitui a *segunda fase* e toma o caminho seguinte.

A experiência da mudança é seguida por uma identificação contínua com a situação prévia. Quando essa experiência se generaliza, chegamos à filosofia dos "bons velhos tempos": a ideologia do tradicionalismo. Os indivíduos que não adquiriram a capacidade de articulação passarão espontaneamente a idealizar o passado como foco de seus sonhos nostálgicos. Os intelectuais, na mesma situação, adotarão a imagética corrente de seu tempo e, de acordo com ela, elaborarão uma mitologia da idade arcaica, ou uma filosofia da história que glorifica a Idade Média, como uma teoria de mudança lenta e orgânica; são essas as ideologias que a *intelligentsia* romântica da Alemanha adotou como resposta parcial à ameaça da nobreza fundiária. A forma conceitual varia de uma época para outra, mas a tendência à interpretação tradicional ou romântica da mudança reaparece onde quer que uma *intelligentsia* se forme a partir dos elementos desarraigados de uma classe.

A *terceira fase* completa o processo e torna definitiva a rejeição de uma situação alterada. Freqüentemente, esse é o apogeu de uma mudança precipitada que não permite uma gradual readaptação e que tolhe irrefutavelmente o desejo de tempos melhores. Aí a atitude tradicional torna-se coletiva, reagindo contra a mudança na ordem social ou seus defensores. Como todo movimento possui um núcleo e uma periferia, o núcleo de uma reação consiste de pessoas incapazes de reconciliar-se com as circunstâncias existentes. Dentre eles, pode-se diagnosticar três tipos distintos:

1) membros de uma geração mais velha cuja posição não permite um reajuste;
2) membros de vocações decadentes; e
3) antigos receptores de rendas independentes cuja situação interior inibe uma compreensão da mudança.

A *incapacidade* de aceitar novos fatos cria sua própria ideologia, como ocorre com a maioria das situações sociais, a qual logo se torna uma *má-vontade* organizada. É nessas fontes que a reação recruta o grosso de suas tropas. A intransigência e a determinação desses estratos residuais, por vezes, pode arrastar massas oscilantes.

A *quarta fase* é atingida por pessoas com antecedentes similares, mas de gerações subseqüentes, capazes de reconciliar-se com a ordem modificada. Em geral, uma reação não sobrevive a uma geração, e sua desintegração começa com indivíduos que não perderam a liberdade de escolha. Seu desligamento do próprio estrato usualmente é seguido pelos sintomas típicos da dissociação: uma crítica introspectiva e um ceticismo em relação aos velhos expoentes de seu grupo. Tais indivíduos atravessam dois estágios de dúvida. Primeiro desprezam o credo e as promessas dos revolucionários, mas acabam também por perder a fé em seus próprios ideais pré-revolucionários. Esse é o estado cético de uma ideologia reacionária e assinala a gênese social do ceticismo.

Digressão sobre as raízes sociais do ceticismo

Pareto e seus seguidores fornecem um exemplo moderno de ceticismo que apresenta algumas das características da dupla desilusão acima descrita. Descendente do patriciado genovês, engenheiro, executivo industrial por algum tempo, e mais tarde professor, Pareto manteve, com relação às ideologias em geral, especialmente a democracia, o liberalismo e o socialismo, a atitude sóbria e não-sentimental típica dos membros politizados de sua classe. Mas ele não se comprometeu com o credo de seu próprio estrato. Pareto viu na história um processo mais ou menos estacionário pelo qual as elites se substituem continuamente e as massas são periodicamente postas em movimento conforme certas leis psicológicas. A essência da história é a luta das elites.

É impossível encontrar uma fórmula única para os vários tipos de ceticismo. Certamente nem todos têm raízes sociais. Algumas variedades baseiam-se na experiência puramente individual que não forma grupos, enquanto outras podem ser atribuídas a predisposições de temperamento. Qualquer que seja sua base, o ceticismo torna-se uma resposta genuína e consistente quando sustentado por constelações sociais típicas. Estudá-las é de grande importância, dado que invariavelmente são marcos de mudança social.

Em termos gerais, *o ceticismo emerge do eclipse de uma visão de mundo centrada no grupo*. Na medida em que a segurança de uma *Weltanschauung* depende da segurança de seus proponentes, o indivíduo começa a pôr em dúvida o credo estabelecido de seu grupo quando sua inserção nele torna-se insegura ou quando sua coesão está em declínio. Nesse sentido, as observações contemporâneas concidem com as lições da História. Heberle, ao estudar a mobilidade social nos Estados Unidos, observa: "Ainda que ocorram brechas no campo legal e os costumes sejam violados numa sociedade estável, não se questiona sua validade; só uma sociedade móvel engendra a dúvida e a crítica"[78].

Retomemos os cantores medievais para ilustrar um tipo simples de ceticismo numa sociedade em declínio. Era com a alarmante *Zwivel*, a dúvida dos séculos XII e XIII, que Wolfram von Eschenbach lutava. Enquanto Wolfram, mais fortemente vinculado, procurava conquistar e subjugar suas dúvidas, o urbanizado Gottfried von Strassburg ridicularizava abertamente os assuntos eclesiásticos. Saber se a perplexidade de uma fé minguante se resolve através de uma fuga à tradição ou pode ser desprezada através de uma ironia cínica — esse é o problema recorrente de uma *intelligentsia* numa situação de declínio social. Quando se contrasta a primeira fase da canção medieval, adotada pela camada superior da nobreza agrária, com o período posterior que floresceu sob os auspícios de andarilhos e marginais, percebe-se que o processo de desenraizamento, que deixa os intelectuais à deriva, atravessou as mesmas fases de hoje.

O leitor poderá perguntar-se se não estamos desnecessariamente confundindo dúvidas de tipo religioso com a lealdade abalada a um sistema social. O nível mental em que a dúvida é sentida, assim como seu objeto concreto, dependem do esquema conceitual que uma sociedade monta ao redor dos seus costumes. O ceticismo não pode converter-se em crítica sociológica numa cultura que não seja socialmente reflexiva. A dúvida do indivíduo desenraizado assume a forma segundo a qual um sistema abalado é ordinariamente interpretado: o poeta religioso torna-se agnóstico; o patriota po-

---

[78] HEBERLE, R. *Über die Mobilitaet der Bevoelkerung in den Vereinigten Staaten.* Iena, 1929.

litizado vira um cosmopolita, e o metafísico acaba ficando um relativista. O que desperta um especial interesse sociológico, entretanto, é a progressão da simples descrença, que duvida de um ou de outro princípio, até um radical ceticismo ou, como eu o denominaria, um *ceticismo duplo*. Este surge quando horizontes diferentes colidem sobre a mesma pessoa, e quando credos opostos mas com igual veemência a solicitam. Essa visão dupla das coisas costuma resultar de uma coincidência espacial de crenças consecutivas. Com isso quero me referir a uma situação na qual um grupo mais antigo continua a advogar um velho princípio ao mesmo tempo que um grupo ascendente apresenta um novo. O indivíduo que perdeu sua segurança num ou noutro grupo se encontra no fogo cruzado de contenções opostas. Descobre então o fato inquietante de que as mesmas coisas têm diferentes aparências. Essa perplexidade assinala a origem de uma *genuína epistemologia*, que é mais do que mera elaboração e justificação de uma visão preconcebida. Pois a epistemologia é uma expressão de uma fé abalada não só numa verdade particular, mas na verdade como tal e na capacidade humana para conhecer.

Não é, portanto, por acidente que uma epistemologia genuína apareceu por duas vezes na história ocidental. Na primeira, originou-se com os sofistas e Sócrates, na segunda com Descartes. Que eram os sofistas senão intelectuais urbanos que sentiam o impacto de dois estilos concomitantes de vida: o velho, feudal-mitológico, e o dos artesãos urbanos, com sua curiosidade sobre a natureza das coisas? Alguns moralistas tendem a não ver no jogo loquaz dos sofistas com soluções alternativas nada além de cínicas tolices. Para um mundo em que tudo tinha apenas um significado, descobrir os múltiplos critérios da verdade constituía realmente uma experiência chocante. O próprio Sócrates foi um sofista que jogou com ambiguidades e contradições antes de chegar a soluções conclusivas. Assim como os sofistas conceitualizaram o conflito de dois mundos, Descartes derivou sua teoria do conhecimento do embate entre a ciência moderna e uma escolástica decadente de cuja metodologia não se afastou por completo. No entanto, o ceticismo que Descartes elevou à categoria de epistemologia tornou-se um ímpeto para a investigação moderna.

Assim como a epistemologia nasceu de uma situação crepuscular de ceticismo radical, a psicologia emergiu de um pluralismo ético. A psicologia se torna possível quando o foco de atenção se desloca das normas éticas de comportamento para o indivíduo real. Só quando descoberto numa situação que permite escolhas e fugas é que o indivíduo deixa de ser uma simples construção mental de universalistas. Uma vez que as alternativas do homem extravasam a polaridade de pecado e salvação, sua conduta pode tornar-se objeto de uma tipologia para a qual os universalistas nem nomenclatura tinham. A desorientação ética e o agnosticismo de Montaigne é que permitiram o surgimento de uma curiosidade sem paralelo sobre a variabilidade empírica das reações humanas. O tratamento irônico dado por Montaigne a incidentes triviais e eventos históricos importantes, colocados no mesmo plano, revela um desprezo iconoclasta para com as diferenças de hierarquia na problemática humana e a futura curiosidade do cientista sobre a *ommia ubique*. Montaigne, como os sofistas, gostava de brincar com as aparências, assim como agradava a Rabelais rir o riso do rufião. O que instigava Montaigne era a mutabilidade do homem e suas circunstâncias. "O sentimento do bem e do mal dependem da opinião que formamos sobre eles. Mas as diferenças de opinião claramente mostram que eles só nos chegam condicionalmente"[79]. O agente condicionante em que pensava Montaigne era apenas a variável psique humana.

O ceticismo entra em sua *quinta fase* quando ultrapassa o estágio de desorientação, atingindo o que proponho denominar de uma segunda fé. É claro que nem todos os indivíduos de uma *intelligentsia* reacionária atingem esta fase. Alguns são favorecidos por circunstâncias sociais que permitem o ceticismo como um estilo de vida permanente, como era possível a Montaigne. Porém, mais cedo ou mais tarde, o grosso dos intelectuais deslocados procura uma saída para o estado de indecisão e uma volta a uma fé afirmativa e categórica. Entretanto, um credo adotado dessa forma carece da simplicidade original e sem artifício das crenças com que se afirmam as classes em ascensão. A segunda fé assinala o reagrupamento de indivíduos desenraizados que não podem suportar o isolamento e são forçados a encontrar uma nova afiliação num estrato inabalado.

Um dos discípulos de Pareto, o agnóstico radical em Lausanne, foi Mussolini, emigrante e intelectual cético, que penetrara na mecânica da história para não encontrar nela nada em que acreditar. Esse tipo de intelectual não deposita confiança nas esperanças apocalípticas das velhas camadas em vias de extinção. Por mais fúteis que sejam, tais esperanças se originam irreprimivelmente de um impulso comum de desalento, ao passo que a segunda fé dos intelectuais lembra uma mitologia bem tramada. Isso se dá especialmente quando mitos históricos são idealizados numa época de historiografia positivista e crítica. Costuma-se freqüentemente es-

---

[79] MONTAIGNE'S *Gesammelte Schriften*. Ed. por Joachim Bode, Munique-Berlim, 1915, v. II, p. 144.

quecer que uma fé fortalecedora nasce de um grupo autoconfiante ou de uma ordem social emergente e não de um pacto deliberado de indivíduos oscilantes[80].

Assim como tentamos localizar a gênese social do ceticismo, devemos agora nos perguntar qual é a base das crenças afirmativas. Novamente, deve ser lembrado que apesar da predisposição em relação às crenças categóricas poder ser adquirida individualmente, são constelações particulares que atraem esse tipo de indivíduo e apresentam impulsos contínuos para a formação de convicções apodíticas.

(a) A situação primária que estimula atitudes apodíticas é de porta-voz de um grupo homogêneo. Com mais freqüência do que supomos, não falamos em nosso próprio nome, mas no de alguns grupos, quase sempre sem um mandato explícito e sem saber por quem falamos. Pela mesma razão, um conflito que afete uniformemente todo um grupo ocasiona pontos de vista mais claros e firmes do que temas que o dividam.

(b) O *segundo* componente de uma posição afirmativa reside na bipolaridade de uma situação social. Um grupo que procure afirmar-se contra um único oponente desenvolve uma autoconcepção mais clara do que um grupo intermediário que enfrenta oposição dos dois lados. A posição intermediária é tipicamente mais tentativa e menos articulada do que qualquer dos extremos num conflito a dois. Como o demonstra o familiar dilema dos liberais entre tradicionalistas e radicais.

A terceira oportunidade para um ponto de vista categórico é a do elemento alheio à questão, intransigente e crítico, que não participa de uma preocupação corrente e portanto não se compromete ou faz qualificações.

As características de uma *intelligentsia* originada no processo de desenraizamento tornam-se mais claras quando comparadas com as dos intelectuais cuja ascensão é impedida. Estes últimos em geral adotam a utopia prospectiva de uma classe ascendente antes que os ideais românticos de um estrato em declínio. Quando chegam a um impasse e entram na fase cética, sua desilusão não se torna radical nem completa, e não atingem o ponto de duplo ceticismo. Não renunciam completamente à sua fé inicial no "progresso" — os genuínos descrentes do progresso costumam provir de classes que se apegam a suas conquistas passadas e tomam o progresso com um dado. Os intelectuais ascendentes de épocas recentes inclinam-se mais por uma orientação sociológica, principalmente porque seu sucesso depende *cada vez*

---

80 Ver ERNEST BERTRAM, *Nietzsche, Versuch einer Mythologie*, 1918, e E. H. KANTOROWICZ, *Friedrich der Zweite*, 1927.

mais de familiaridades com situações complexas. Os "elevadores" da sociedade contemporânea, para usar a expressão de Sorokin, já não são mais os simples canais através dos quais o Estado burocrático do século XVIII ou a Igreja Medieval selecionaram e prepararam seus funcionários. Ao contrário, os eruditos das classes superiores tendem a considerar garantida sua posição; desde que não experimentam em detalhe o processo de construir uma carreira e não se familiarizaram com o intricado mecanismo que produz um sucesso médio, entregam-se a concepções sumárias e impetuosas. É assim que ocasionalmente chegamos a atribuir uma fase não-analisada do processo social aos monarquistas ou republicanos, à fé ou ao agnosticismo e a heróis ou fracassos humanos. Outra manifestação desse alheamento é a retirada às torres de marfim — escape ocasional de quem não espera poder controlar suas circunstâncias. Essa tendência lembra a mágica aplicada "internamente" a coisas situadas além do controle externo.

Entretanto, uma apreciação sóbria das forças sociais é natural aos indivíduos das classes superiores cujas funções gerenciais os mantêm em contato diário com o funcionamento de uma sociedade complexa. O executivo de organizações industriais, políticas ou militares acha-se em posição de adquirir o hábito de perceber desenvolvimentos em suas múltiplas relações. Sua abordagem tende a ser pragmática e, ainda que talvez só se preocupe com o impacto imediato dos eventos, sua situação o sensibiliza para relações complexas.

Vimos que o desempenho de uma *intelligentsia* e seu tipo de ideação dependem das circunstâncias sob as quais se torna reflexiva e articulada. Quer se trate de um grupo deslocado, ascendente ou reprimido em seu movimento ascensional, ela tende a cristalizar as convenções dominantes de sua sociedade. Sua natureza varia de uma cultura para outra, dependendo das vias pelas quais chega a assumir funções-chave na sociedade. As variações incluem desde os virtuosos poéticos e ginastas da Grécia, os literatos da Índia, da Judéia e do Islão, até as elites cavaleirescas, burocráticas e técnicas do Ocidente. Quando a *intelligentsia* assume sua posição, ela estabelece o padrão de erudição para a elite dominante e, através dela, para a sociedade inteira. Nesse sentido, aceitamos a formulação sumária de Lederer: "Quando esse estrato lidera uma classe ascendente, suas convenções permearão essa classe e estabelecerão os padrões para o grau socialmente desejável de erudição. Quando o processo dinâmico e a pesquisa se convencionalizam, alguns de seus produtos transformam-se em tradição estática". E acrescenta: "A convenção da erudição não fixa permanentemente as normas de uma classe. A convenção pode desaparecer com o surgimento de outro estrato cujos interesses e estilo de vida não lhe oferecem possibilidades"[81].

(d) O *habitat* social dos intelectuais

A última observação nos remete ao presente tema: o papel do intelectual na sociedade inclusiva. Apesar de grande parte de nossa *intelligentsia* contemporânea constituir um agregado aberto e flexível, ela estabelece, de tempos em tempos, relações simbióticas com alguma classe social, chegando freqüentemente a formar agrupamentos especiais próprios. Já nos ocupamos acima de alguns exemplos desses amálgamas. Examinaremos agora o que proponho chamar de *habitat* social dos intelectuais. Distinguimos os três tipos seguintes: o *habitat local,* o *institucional* (ou organizacional) e o *desvinculado.*

O cenário do *habitat* local é formado pelas comunidades pequenas e médias. Sua cultura deve seu caráter persuasivo e sua durabilidade e suas firmes raízes nas preocupações e entendimentos contínuos dos grupos de vizinhança. As gerações mais velhas desempenham seu papel para a sobrevivência dessas tradições locais. Os grupos de sustentação usualmente estão ligados aos organismos locais de autogestão e se mantêm coesos através dos laços de amizade, patronagem e sociabilidade. Em certas ocasiões, a elite local pode tornar-se um centro de cultura regional de proporções respeitáveis, como o leitor pode verificar na obra de Nadler[82]. Produto inconsciente de contatos locais, a cultura primária desenvolveu-se na pintura medieval e moderna e nos vários estilos regionais, tais como os das escolas flamenga, de Colônia e da Borgonha. Naturalmente, o clima intelectual de uma cidade ou região depende da relação entre as elites local e estrangeira[83]. Já foi várias vezes notado que o saber e a literatura de Nuremberg dos patrícios diferiam sensivelmente dos de Augsburgo das guildas. O humanismo de Nuremberg refletia a cultura de imigrantes e talvez da geração mais nova

---

81 LEDERER, E. "Die Klassenschichtung, ihr soziologischer Ort und ihre Wandlungen". In: *Archiv für Sozialwissenschaft und Sozialpolitik,* 1931, v. 65, p. 579 e ss.

82 NADLER, J. *Op. cit.* Observações pertinentes sobre a *intelligentsia* local podem ser encontradas em J. BURKHARDT, *The Civilization of the Renaissance in Italy,* Londres, 1944.

83 Holzknecht observa sobre a relação entre a *intelligentsia* local e aquela em mobilidade, na Grécia: "...a partir de Íbico, Simônides e Báquides, os poetas deixaram de ser poetas locais, a serviço de um Estado ou divindade, passando a oferecer seus serviços a quem quer que os procurasse. Assim, Simônides (início do século V a.C.) introduziu a prática de vender cantos elegíacos por dinheiro, prática aparentemente chocante para o gosto grego, ao mesmo tempo que poetas se tornaram amigos e conselheiros de príncipes. Petrarca não ocupou posição mais importante entre os príncipes da Itália medieval que Simônides na Grécia ..." HOLZKNECHT, K. J. *Literary Patronage in the Middle Ages.* p. 7.)

de patrícios — a geração mais velha manteve-se alheia aos humanistas. Homens da estatura de Hans Sachs, Dürer e Vischer eram imigrantes. Na democrática Augsburgo por outro lado, onde as guildas eram representadas no conselho da cidade desde 1368, o prefeito, os médicos, os sacerdotes e os monges eram devotos do humanismo. É interessante notar que em Augsburgo os médicos cultos substituíram os poetas frustrados, e foi aí que a transição direta dos mestres-cantores para os humanistas foi levada a cabo com facilidade. O contexto local da cultura de Augsburgo torna possível interpretar sua vida literária, inclusive os detalhes estilísticos mais sutis, à luz da composição social da cidade.

Os literatos de *instituições* são de outro tipo. A cultura medieval cristã não derivou seu caráter internacional da sociedade medieval, mas da organização onipresente da Igreja e da identidade de sua doutrina. As catedrais eram similares, mas não no sentido em que as construções das cidades industriais se assemelham. Nos centros industriais, necessidades e condições similares exigem soluções similares e mesmo as massas urbanas estão perceptivelmente perdendo, cada vez mais, suas peculiaridades locais e nacionais, ao passo que o estilo internacional das catedrais se deve à migração de pedreiros e arquitetos e à extensa rede da Igreja. Essa rede e a doutrina idêntica é que constituem o *habitat* social dos clérigos, e não suas residências ou antecedentes sociais. Em termos mais gerais, é o *habitat* social do intelectual, antes que sua classe ou residência, que oferece a chave para seu processo de ideação, apesar de os últimos componentes terem-se afirmado na Igreja numa escala crescente, acabando por solapar a imagem unitária do clero.

Partidos políticos estáveis e consolidados criam sua própria *intelligentsia*. Mas hoje existe um número substancial de escritores e profissionais politicamente engajados que não pertencem às organizações centrais dos partidos. Sua história remonta aos clubes políticos londrinos do século XVIII[84]. Deveríamos diferenciar estes dos funcionários políticos propriamente ditos — indivíduos assalariados e disciplinados pelas organizações políticas. Assemelham-se aos tipos institucionais de *intelligentsia* de períodos anteriores. Os humanistas de épocas pregressas constituem outro exemplo de um corpo de literatos engajados, ou seja, trabalhavam em íntima conexão com um estrato feudal. Apesar de nunca terem de-

---

[84] "Durante o reinado da Rainha Ana, o escritor desprovido de meios independentes se aliava, quase que necessariamente, a um partido político. Sua dimensão não-partidária não era recompensada. Na maioria das vezes, sua subsistência provinha de posições cedidas por líderes liberais ou conservadores. Antes de ser considerado digno de patronagem, tinha que fazer-se uma reputação, produzindo alguma obra com genuíno valor literário, pela qual, em geral, recebia pouco. Uma vez bem sucedido, tinha freqüentemente que defender seu partido com a pena, para assim assegurar a assistência que lhe permitiria o lazer necessário para criar ulteriores obras-primas" (ALLEN, Robert. *Op. cit.* p. 230).

senvolvido uma organização bem articulada própria, comparável à da Igreja, sua dependência social colocava-os numa posição semelhante à de uma *intelligentsia* organizacional. A padronização do saber é que tornou possível uma certa homogeneidade interna entre os humanistas.

O intelectual *desvinculado* constitui a terceira categoria. Bom número de pessoa de hoje, intelectualmente preparadas, tem ao menos um contato rápido com essa posição. Ainda há muitas cujos pontos de vista são caracteristicamente independentes. Podem ter suas preferências políticas, mas não se comprometem com nenhum partido ou equivalentes. Esse desligamento, entretanto, não é absoluto. Basta pensar na maioria de jornalistas, limitados pelos compromissos tanto óbvios como intangíveis da imprensa. E no entanto, suas opções políticas e afiliações sociais não são facilmente previsíveis, pois flutuam a um grau só característico desse estrato. A dependência do escritor em relação a seu empregador não o impede de ser afetado por correntes sociais, políticas ou religiosas que se configuram fora do escritório do empregador, sua comunidade ou seu país. O jornalista, o escritor, o comentarista radiofônico e o acadêmico não dependem apenas de contatos diretos para formar sua opinião. As barreiras espaciais para eles têm pouco significado, precisamente devido ao meio de comunicação de que se servem em suas ocupações.

Não se pode, portanto, compreender adequadamente o comportamento desse estrato levando em conta apenas sua situação social, seus interesses de classe ou seus *habitats*. Considerar os movimentos sociais ou as correntes intelectuais de que participam os indivíduos também não basta. Mesmo suas formulações profissionais não ajudam materialmente a predizer suas reações. O próprio fato de continuarem em face de alternativas abertas e de estarem em posição de formar suas convicções de vários modos diferentes inutiliza uma abordagem simplificada do papel desse estrato. Na Alemanha, a mesma *intelligentsia* que ecoou as idéias da Revolução Francesa logo tornou-se o porta-estandarte do Romantismo e da Restauração. Os intelectuais italianos que apoiaram a esquerda depois da Primeira Guerra Mundial ajudaram, pouco depois, na formação do Fascismo.

Em contraste com a análise de uma classe claramente definida, a compreensão desse estrato exige que se considere um grande complexo de fatores que afetam a situação dos intelectuais. Dentre esses, os mais importantes são: os antecedentes sociais do indivíduo; a fase específica da curva de sua carreira — se ele está em ascensão, no auge ou em descenso; se ele ascende individualmente ou enquanto membro de um grupo; se ele se encontra bloqueado em seu avanço ou decaído à sua situação inicial; a fase de um movimento social do qual participa — inicial, média ou final; a posição de sua geração em relação a outras; seu *habitat* social; e finalmente, o tipo de agrupamento no qual desenvolve suas atividades. Se o determinismo completo é impraticável em qualquer área da sociologia, é ainda mais na abordagem de um grupo de indivíduos cujo traço fundamental é estar à margem, sendo portanto capaz de participação vicária numa grande variedade de movimentos sociais. No entanto, apesar de não se poder efetivamente predizer o comportamento dos intelectuais, temos condições de compreender por que uma certa corrente de pensamento emerge numa certa situação, que direção seguirá sob a influência de circunstâncias já prenunciadas, e como se pode esperar que certos indivíduos com características sociais conhecidas optem diante de alternativas dadas. Em suma, a tentativa de estabelecer um prognóstico para uma situação bem delimitada não é totalmente infrutífera.

7. *A História Natural do Intelectual*

As análises precedentes não levaram muito em conta as características do intelectual enquanto tal. Referimo-nos particularmente a seu alheamento e à sua propensão a evitar as preocupações práticas da sociedade. Deve-se correlacionar essa psicologia, com seus aspectos positivos e negativos, com a posição ocupada pelo intelectual na divisão do trabalho.

O intelectual tem sido freqüentemente acusado de afastar-se da vida. Ainda que isso proceda, devemos ter em mente que uma complexa divisão do trabalho cria um estado geral de indiferença do qual dificilmente se pode escapar. Numa sociedade altamente diferenciada, o esquema geral das coisas torna-se cada vez mais obscuro para a maioria dos indivíduos. Isto se aplica igualmente para o mecânico, o funcionário ou o agricultor. O horizonte do executivo e do diplomata pode incluir uma parcela maior do complexo social, mas eles também perdem contato com as massas e só percebem fragmentos do todo. A questão, portanto, não é saber que ocupações permitem uma visão completa da realidade, mas quais segmentos da sociedade estão incluídos no âmbito de uma dada posição. A esse respeito, o intelectual tem certas vantagens. Não apenas porque o alcance de sua visão potencial é mais amplo, mas porque seu próprio alheamento lhe permite evitar as limitações ópticas que afetam certas ocupações e interesses. O intelectual não corre o risco do profissional que tende a conceber o mundo à imagem de sua vocação ou de seus contatos sociais particulares. As preocupações do intelectual sensibilizam-no aos estereótipos que dissimulam ao invés de revelar os problemas existentes, podendo ele assim esquivar-se de compromissos que lhe tolhem a visão.

Mesmo assim, os aspectos mórbidos de um estado de permanente descompromisso são evidentes. Quem se defronta com as conseqüências diárias de suas ações acaba por adquirir hábitos pragmáticos e uma visão crítica dentro dos limites de sua prática profissional. O intelectual escapa dessas restrições. Nada se opõe a que ele examine as crises de uma perspectiva ampla ou se coloque num nível de abstração sem conseqüências. Idéias promissoras tornam-se fins em si e fonte de intoxicação solitária. O pensador imune à refutação pelos fatos tende a esquecer-se da principal finalidade do pensamento: saber e prever para agir. A ideação livre e desenfreada às vezes leva a ilusões de grandeza, pois a mera habilidade de comunicar idéias sobre questões aborrecidas assemelha-se sedutoramente à capacidade de dominá-las. Em geral, as confabulações pessoais de indivíduos reclusos não causam comoções, mas em tempos de crise o êxtase intelectual pode cair em solo fértil. Massas sequiosas de segurança às vezes seguem um *xamã* cujo discurso sugere onipotência. É nesse ponto que as expectativas de uma massa insegura e o êxtase de intelectuais solitários podem se encontrar.

A propensão do intelectual a perder contato com a realidade tem algo a ver com sua tendência a fechar-se em seu gabinete e só receber seus iguais [85]. Por outro lado, também é importante o tipo de existência segura e financeiramente independente levado por grande parte dos intelectuais. As óbvias vantagens do lazer são contrabalançadas por suas tentações, dilema este com que se defrontam quase todos os intelectuais nessas condições. Obviamente, um certo tempo livre é necessário para o cultivo do intelecto e para o exame de problemas que não dizem respeito integralmente à satisfação das necessidades diárias. Mas uma existência de lazer é, em si mesma, uma fonte de alienação da realidade, pois esconde as fricções e tensões da vida e convida a uma percepção sublimada e internalizada das coisas. Nossa cultura ainda se defronta com o problema de como proporcionar à sua *intelligentsia* o lazer indispensável de tal forma a minimizar o afastamento da realidade e a tentação de perder-se no reino das ilusões.

Outra característica do intelectual resulta de seu aprendizado livresco, em si mesmo fonte de distanciamento e de ilusões específicas aos quais já se fez referência. Procuramos

---

85 O pai de Benjamim Disraeli é um bom exemplo da variante inglesa de semelhante existência desvinculada. Cf. ANDRÉ MAUROIS, *Disraeli; a Picture of the Victorian Age*, Londres, 1937.

demonstrar como a impressão de uma evolução imanente de
idéias resulta do fato de que o acadêmico as encontra na biblioteca e não em seu contexto real. Ao mesmo tempo que
expõem o pensador a situações às quais não tem acesso direto, os livros criam uma falsa sensação de participação — a
ilusão de ter participado da vida de outrem sem conhecer
seus esforços e suas tensões.

Uma terceira tentação do intelectual é a de refugiar-se
em sua vida privada. A tentação não é exclusivamente sua,
podendo no entanto prejudicar seu trabalho mais radicalmente que qualquer outra. Essa propensão tipicamente moderna
pode ser descrita como uma tendência a excluir certos problemas da apreciação pública. Park e Burgess referem-se ao
fenômeno como sendo um retraimento ou exclusão da comunicação [85]. A aldeia permite pouca intimidade. Geiger parece estar certo ao sustentar que a aldeia contemporânea ainda
não reconhece uma área claramente demarcada de intimidade,
ou pelo menos não admite a polaridade entre assuntos públicos e privados na mesma medida que a cidade [87]. Os assuntos domésticos permanecem abertos ao juízo público e
a função dos falatórios é realizar a pretensão comunal sobre
o indivíduo. O desaparecimento desse domínio público integral na cidade pode ser correlacionado a três fatores. A moradia urbana cria isolamento em proporção a seu tamanho.
O desaparecimento da organização de vizinhança também não
é sem importância. Finalmente, a cidade ocasiona menos
problemas comuns que requeiram a cooperação voluntária de
cada indivíduo. A complexa divisão do trabalho, incluindo
a expansão dos serviços públicos, desencarrega a pessoa de
muitas das funções cívicas que se desempenham na aldeia,
de modo que a interdependência dos moradores da cidade
perde seu caráter direto e manifesto. Estes podem, portanto,
refugiar-se na intimidade de seus apartamentos e resguardar
certos assuntos do julgamento público. Pode-se bem apreciar
o efeito diferenciador do isolamento urbano ao considerar o
grau de assimilação entre as pessoas no meio rural, o que
torna os contatos contínuos e irrestritos inescapáveis.

A vida privada moderna cria um aspecto do ego segundo
o qual o indivíduo é e pretende ser diferente de todos os outros. Originalmente privilégio de certas elites, essa privacidade e individualização tornaram-se não apenas meros subprodutos da existência urbana, mas ambição e orgulho do
homem contemporâneo. Foi a separação entre a casa urbana
e a oficina que primeiramente intensificou a divisão entre os

---

[86] PARK, R. E. & BURGESS, E. W. *Introduction to the Science of Sociology*. Chicago, 1928. p. 222 e ss.

[87] GEIGER, T. "Formen der Vereinsamung". In: *Koelner Vierteljahrshelfte*, v. X, n. 3, 1919.

domínios público e privado. O padrão de trabalho do funcionário público assinala outro estágio na intensificação dessa distinção. Sua conduta oficial durante as horas de trabalho é totalmente exposta ao público, ao passo que depois do trabalho ele pode retirar-se para sua intimidade. O intelectual, por outro lado, tende a reivindicar privacidade para quase tudo o que faz, e quando o consegue o processo urbano de individualização atinge o apogeu.

A isenção de contatos sociais involuntários produz uma tendência à introversão. Esta abre uma segunda nova dimensão de experiência, em contraste com a social e aberta. Esse produto do isolamento intelectual, por arriscado que seja no extremo, proporcionou o modelo para um uso comparativamente moderno do tempo livre. O fato de os interesses relacionados ao lazer terem-se desenvolvido em direção a um "aprofundamento" da experiência deve-se ao paradigma estabelecido pelos intelectuais urbanos. Se não fosse por seu exemplo, todos os interesses atuais ligados ao lazer poderiam ter tomado um rumo "externo", tendo em vista que uma sociedade de massas tende a favorecer atividades de lazer tais como esportes, concurso, debates e exibições públicas.

A introversão do intelectual é um campo fértil para o crescimento de um quarto traço: a *esquizotimia*. Sua característica principal consiste numa tensão crítica entre o mundo interior e o exterior de uma pessoa, que em casos extremos pode prejudicar sua capacidade de manter contatos sociais normais. Como assinalou Max Weber, o estrato de intelectuais, onde quer que tenha surgido, demonstrou uma propensão a êxtases intelectuais privados, em contraste com o êxtase comunal dos camponeses. Isso ainda é verdade hoje. A filosofia do "existencialismo" contemporâneo é basicamente um produto desse processo de retirada e alheamento do nível público de realidade. Alguns intelectuais se apegam a esse papel de afastamento; outros ultrapassam esse estágio. Mas há alguns que não superam a atração pelo isolamento e no entanto não conseguem suportá-lo. São estes os que mergulham nas atividades políticas com uma solicitude só compreensível à luz dessa tensão irresolvida.

Acabamos de tocar na história de vida do intelectual. Parece evidente que sua carreira em parte depende de sua reação temperamental à distância social que esse estilo específico de vida tende a impor-lhe. Seguindo essa linha de idéias, podemos distinguir três tipos de histórias de vida. O primeiro é o de uma *intelligentsia vocacional*: as pessoas pertencem a esse estrato em virtude de uma longa carreira. Não se pode pensar na França e na Revolução Francesa sem elas. O segundo é o intelectual dos *momentos de lazer,* cuja ocupação principal para manter-se não se relaciona aos interesses que desenvolve no tempo livre, apesar de os últimos poderem ter um caráter compensatório. Esse tipo de *intelligentsia* adquire importância com o declínio das classes ociosas independentes nas quais eram recrutados os intelectuais do primeiro tipo. Culturas burocráticas, como a chinesa e a prussiana, são usualmente moldadas por intelectuais do lazer. A atual burocratização dos empregos contribui para esta tendência ao proporcionar seguros de emprego e aposentadorias a um crescente número de trabalhadores. O acréscimo total do tempo de lazer dá origem a um interesse cada vez mais forte por atividades tanto do tipo criativo quanto receptivo. (Uma base para as diferenças entre as culturas francesa e alemã é a predominância dos literatos da primeira e dos funcionários da última.)

O terceiro tipo de preocupação intelectual é acidental a uma *fase transitória* da vida. Os adolescentes e jovens adultos, particularmente os estudantes, freqüentemente se envolvem em questões que ultrapassam seus interesses de carreira, afastando tais inclinações uma vez passado o período de inquietação e tensão e estabelecendo-se uma profissão. O próprio movimento da juventude alemã constitui um episódio desse tipo. Os movimentos de jovens têm freqüentemente funcionado como fermento cultural, particularmente na Alemanha (os movimentos "Sturm und Drang" e "Jovem Alemanha"); mas estão longe de ser manifestações universais. O repentino recesso de preocupação dos jovens pelas questões cruciais da época é talvez típico de sociedades que bloqueiam os contatos do jovem adulto tão logo inicie sua carreira. Mas quer o impulso passe ou não, a adolescência enquanto tal apresenta o mais poderoso impulso para uma agitação intelectual. É uma idade de incertezas e dúvidas, durante a qual as perguntas extravasam o âmbito das respostas herdadas [88]. Proponho chamar de *impulso de transcendência* a essa ânsia de atingir além do raio de ação e da situação imediata de uma pessoa, fundamental para todo processo intelectual.

O impulso se manifesta pela primeira vez quando o adolescente descobre a herança cultural de sua sociedade e suas polaridades ideológicas. A descoberta de que seu contexto imediato não é "o" mundo inteiro e de que existem vários modos de vida ocasiona a primeira experiência de distanciamento e o primeiro estímulo para transcender as limitações do próprio meio. Na medida em que o adolescente se distancia do grupo primário, o mundo já não lhe parece o mesmo. Quando não refreado, esse impulso de transcender assi-

---

[88] Ver as excelentes observações de KURT LEWIN sobre o assunto em Field Theory and Experiment in Social Psychology: Concepts and Methods, *American Journal of Sociology*, maio de 1939, pp. 874-884.

nala o início de um processo genuíno de educação. Mas quando situações adversas o paralisam, o adolescente abandona o distanciamento adquirido em relação ao grupo primário e deixa de questionar o horizonte dentro do qual se desenvolveu. O estudo de Lisbeth Franzen-Hellersberg sobre a história de vida de uma jovem operária fornece elementos para a compreensão do processo de amadurecimento nas camadas não-favorecidas. O estudo demonstra bem como a falta de lazer destrói os canais usuais de sublimação do adolescente e, poderíamos acrescentar, bloqueia o impulso de transcender a situação primária [89]. A experiência conhecida com estudantes alojados em centros de educação para adultos (*Volkshochschulheim*) demonstra que o contato tardio de adultos com um tipo de educação mais amplo precipita uma adolescência retardada, com seus característicos sintomas de crise. De repente, adultos se comportam como jovens na puberdade; atravessam a experiência de dúvida e de um distanciamento recém-conquistado, com um tumulto e uma veemência só característicos de adolescentes das classes abastadas.

Os sintomas de maturação assumem particular significação, pois esse processo assinala a gênese mais universal da sensibilidade intelectual. As várias fases do processo permitem-nos penetrar no esquivo tema da sensibilidade intelectual de modo mais adequado que qualquer análise histórica. Como vimos, os principais impulsos são a dissociação de uma realidade prévia e a busca de distanciamento do contexto primário. É com uma sensação de libertação que o adolescente descobre interpretações alternativas e novos valores. A auto-afirmação e o desafio acompanham essa experiência. A segunda fase segue uma direção oposta: revela incerteza e a tendência a passar de um ponto de vista a outro. Apesar das manifestações dessa segunda fase serem bastante uniformes, a resolução do problema da incerteza varia. Há os que não conseguem viver um estado de possibilidades múltiplas e em vão buscam um apoio firme, o qual pode assumir várias formas, correspondendo aos vários tipos de intelectuais modernos. Um desses tipos procura estabelecer uma identidade adotando uma solução radical, em geral política. Um desejo muito forte de alcançar distanciamento do lar e do contexto primário freqüentemente leva ao caminho oposto: os que foram criados em lares rigorosamente tradicionais podem desenvolver tendências revolucionárias, ao passo que os que provêm de um meio liberal escolhem um caminho conservador. Entretanto, o desenvolvimento pode tornar-se mais com-

---

[89] FRANZEN-HELLERSBERG, Lisbeth. *Die Jugendliche Arbeiterin*, Tübingen, 1932. Material adicional pode ser encontrado em AICHHORN, *Wayward Youth*, Londres, 1936.

plexo e, depois de atravessar uma fase de posição radical, voltar ao ponto de partida original, à família ou à Igreja. Estas são metamorfoses tipicamente intelectuais, pois são movidas pela dúvida e pelo impulso de transcendência. O fanatismo intelectual não é produto de uma herança tacitamente aceita, mas expressão de uma ansiedade de acabar com o desgaste do estado de incerteza através da adoção de um credo categórico.

Existe, porém, outro tipo de solução. Há quem julgue possível suportar e até mesmo apreciar um horizonte aberto, um estado de suspense sem certezas finais, e um contato contínuo com as alternativas inerentes à cultura. Esse suspense é também um caminho viável. Para alguns ele é um episódio da juventude; mas outros o adotam como estilo de vida.

Sem pretender fazer uma análise detalhada, indiquemos sumariamente os vários caminhos que intelectuais desse tipo, principalmente os céticos, costumam seguir. Certas pessoas desenvolvem uma visão estética da vida e tornam-se mestres da empatia, a capacidade de viver os papéis e pensamentos alheios. São os *connoisseurs,* os especialistas em prazeres refinados, os humanistas. Outros estabilizam o impulso de transcender e duvidar numa rotina de evitar últimas análises. Estes tornam-se perenes irônicos e sarcásticos, acrobatas do espírito e críticos profissionais da presunção e do filistinismo (Heine, Boerne e os intelectuais oposicionistas da década de 1830). Finalmente, há os que preservam o cerne produtivo de seu ceticismo. Na busca constante da verdade, denunciam a hipocrisia e a auto-ilusão. Seu desencanto radical é como fermento no pão, ainda que não forneça a massa.

8. A Situação Contemporânea da "Intelligentsia"

O estudo aqui desenvolvido pretendeu explicitar as raízes sociais dessa camada ambivalente e compreender não só sua psicologia como também suas funções sociais. Essa tarefa culminou numa abordagem sociológica da história da mente. Exemplos concretos ilustraram o procedimento aqui proposto.

Ao concluir, é difícil escapar da questão de explicar qual poderia ser o papel dos intelectuais em nossa sociedade, e como se apresentaria o processo intelectual no futuro. As duas questões são praticamente idênticas. Apesar do declínio de uma *intelligentsia* relativamente livre não significar necessariamente o fim do pensamento e da investigação, a abordagem comparativa e crítica que uma atmosfera de pontos de vista multipolares estimula pode exaurir-se. Devemos, portanto, examinar as chances de sobrevivência dos grupos que arcaram com o processo intelectual livre. É possível que esse processo, assim como o compreendemos, seja efêmero e confinado a uns poucos breves interlúdios históricos. Um desses seria o período da cidade-Estado livre da Grécia; talvez uma curta fase da história romana apresente outro, e a época posterior ao Renascimento — mas não em sua totalidade — constitua o terceiro desses episódios.

Costuma-se traçar um paralelo entre esse tipo particular de processo intelectual e a mente enquanto tal. No entanto, quando consideramos os vastos períodos e espaços nos quais prevaleceu um tipo institucional de pensamento — a Europa Medieval é apenas um caso — dificilmente se evita a conclusão de que o processo intelectual aqui descrito não passa de um aspecto do liberalismo entendido de modo amplo. A abdicação do liberalismo quase pôs fim à era da avaliação crítica, e é preciso ser cego para não perceber a decrescente vitalidade de seus protagonistas. Não caiamos na ilusão de crer que o pensamento e a investigação livres tenham uma história longa e impressionante, ou que a produção intelectual da era liberal tenha sido irresistivelmente liberal. Num sentido mais amplo, o processo intelectual foi um subproduto da decomposição histórica. O liberalismo e a livre ideação não passam de episódios entre períodos de cultura institucional. Serão mais que uma transição? Uma certa medida de pensamento crítico podia coexistir com a Igreja depois de seu apogeu. As estruturas básicas subseqüentes — o Estado absoluto, a democracia de massa e, é claro, a Revolução Soviética — não só tendem a dogmas ou ao coletivismo de um tipo ou outro, mas também acham-se melhor equipadas que a Igreja para controlar o pensamento.

Nós, que possivelmente vivemos o desfecho de um período, não podemos ignorar tais fatos se pretendemos manter nossos propósitos e posições.

A educação é uma das principais áreas em que o espírito de investigação está em declínio. A burocratização da educação é inevitável e opor-se a ela revelaria pouca visão. O assunto da especialização requer um contingente cada vez maior de especialistas, assim como a organização em larga escala do governo, da empresa privada, dos sindicatos e dos partidos tornam necessários certos padrões uniformes de treinamento. Já fizemos referência ao sistema prussiano de certificados e seu propósito original de preparar funcionários de carreira capazes de substituir os dignitários de uma administração semifeudal. Tudo isso se resume ao princípio muito simples de que o recrutamento racional de pessoal qualificado para operações em larga escala requer preparo e seleção coerentes. Mas há um elemento não necessário: a excessiva ênfase sobre os aspectos manipulativos do conhecimento e o zelo com que as instituições vêm preparando candidatos para o domínio de assuntos prescritos de acordo com interpretações prescritas. A comercialização miúda do conhecimento em pacotes padronizados paralisa o impulso para questionar e inquirir. O conhecimento adquirido sem o esforço de investigação logo se torna obsoleto, assim como o funcionalismo público ou uma profissão que dependam de um pessoal cujo impulso crítico esteja amortecido logo se tornam inertes e incapazes de permanecer afinados com circunstâncias cambiantes. Deveria ser possível preparar e selecionar funcionários sem privá-los de iniciativa e de capacidade inventiva uma vez investidos da segurança de seu cargo. O funcionalismo público que não prepara sua própria *intelligentsia* se derrota a si mesmo a longo prazo [90].

A proliferação do sistema de treinamento que visa preencher os requisitos de um certificado pode ser constatada nos institutos tecnológicos, escolas de administração de empresas e escolas normais. Os graduados nesses centros são absorvidos pelo Estado, pelas profissões em expansão e pelas burocracias privadas em rápido desenvolvimento [91]. Por outro lado, não há mal algum no incremento da indústria, comércio, serviços médicos e públicos. É devido a seu crescimento que bens e serviços de primeira necessidade como alimento, habitação, serviços de saúde e transporte têm-se tornado disponíveis de modo mais amplo e adequado. Não se pode igualmente negar como um todo o processo de educação de massa que tudo isso requer. O influxo de novos estratos nas profissões e nas hierarquias administrativas pode ser uma fonte de novos impulsos e de críticas férteis, muito necessários em qualquer organização de longa escala que cedo adquire interesses a defender dentro de suas próprias convenções inertes. As camadas tradicionalmente estabelecidas tendem a tomar como um dado a forma costumeira das coisas; é o indivíduo em ascensão que se encontra numa posição favorável para ver com novos olhos o campo recém-conquistado. Mas essas vantagens do processo de mobilidade são potenciais e não automáticas. As organizações grandes e consolidadas são em geral capazes de assimilar e doutrinar o recém-chegado e paralisar seu desejo de dissentir e inovar. É nesse sentido que a organização em larga escala é um fator de esterilização intelectual [92].

[90] Ver KARL MANNHEIM, *Die Gegenwartsaufgaben der Soziologie*, Tübingen, 1932.

[91] Ver os comentários críticos de ABRAHAM FLEXNER sobre o estreito conceito de vocação em várias Universidades americanas, em *Universities*, Nova York, 1930, p. 208.

[92] Ver R. MERTON, "Social Structure and Anomie", *op. cit.*, p. 170 e ss.

A burocracia reduz o campo de livre investigação também em outro sentido. Os partidos políticos, as organizações industriais e os sindicatos adotaram a prática de manter um quadro profissional de intérpretes públicos — técnicos em relações públicas, como são chamados nos Estados Unidos. Estes se empenham nas lutas de seus empregadores por uma opinião pública favorável e ganham a vida como fornecedores de ideologias sob medida através dos meios de comunicação de massa — imprensa, rádio, televisão e cinema. Esses promotores são em geral intelectuais treinados e equipados com os instrumentos da livre investigação que se desincumbem de suas tarefas como técnicos do pensamento dirigido, como especialistas capazes de chegar a conclusões fixas a partir de premissas variáveis. Aí temos uma vigorosa tendência a um novo tipo de escolasticismo. A ala marxista do movimento operário atingiu o estágio dogmático algum tempo atrás e foi a primeira a estabelecer um novo padrão de pensamento num sistema fechado. É verdade que as várias ideologias não formam um corpo doutrinário consolidado e que seu contexto competitivo tende a limitar seu alcance sobre a opinião pública. Mas o crescimento da burocracia e sua centralização progressiva colocam a livre investigação fora do âmbito das várias áreas técnicas.

Entretanto, não é só devido ao avanço do pensamento dirigido que se restringe o campo da investigação independente. Sua própria base social está desaparecendo, devido ao declínio das classes médias independentes, particularmente na Alemanha, nas quais era recrutado um velho tipo de *intelligentsia* relativamente desvinculada. Não surgiu outro estrato ou plano alternativo para assegurar a existência contínua de críticos independentes e descomprometidos. No fim da Idade Média, os elementos marginais que mantiveram vivo o estímulo da livre investigação podiam refugiar-se nos vários nichos e fissuras deixados abertos por uma sociedade organizada de modo flexível. A existência de elementos exógenos numa sociedade altamente institucionalizada, como a nossa, é mais precária e penosa.

Boa parte dessa problemática é inevitável e mesmo desejável. Mas devemos tomar consciência da tendência geral se pretendemos fazer frente a ela. Os deterministas sociais poderão perguntar-se se intelectuais que refletem a corrente podem também influenciá-la. Afinal de contas, o intelectual é ou não meramente uma crista de onda? Pode-se esperar que o cata-vento controle o próprio vento? O determinista extremo, que interpreta o ponto de vista sociológico como interesse sistematizado pelo comportamento coletivo ignora o fato de que toda grande fase de mudança social constitui uma escolha entre alternativas. A sociedade delineia as alternativas, mas as minorias podem desempenhar um papel nessa escolha. Depende em parte dos próprios intelectuais definir se eles fazem ou não parte dessa minoria. É verdade que, enquanto grupo, eles não controlam nem o poder nem os recursos materiais. Eles nem mesmo se filiam aos mesmos partidos, tanto que os encontramos em grupos de pressão opostos e em classes em conflito; mas eles deixam suas marcas sobre a interpretação pública dos problemas, e já houve ocasiões em que desempenharam um papel no momento da escolha, quando havia escolhas.

O que pode então fazer o intelectual? Em primeiro lugar, que avalie suas limitações e potencialidades. Seu estrato não se localiza acima dos partidos e dos interesses sociais, assim como não há nenhum programa político ou promessa econômica capaz de consolidá-lo num grupo de ação. A única preocupação comum desse estrato é o processo intelectual: o esforço contínuo de avaliar, diagnosticar e prognosticar, descobrir alternativas quando aparecem, compreender e localizar os diferentes pontos de vista antes de rejeitá-los ou assimilá-los. Os intelectuais têm por vezes tentado defender ideologias especiais com o abandono de quem busca atingir uma identidade que não possui. Já tentaram submergir no movimento operário ou tornar-se mosqueteiros da livre empresa, acabando por descobrir que assim procedendo perderam mais do que esperavam ganhar. Sua aparente falta de identidade social é uma oportunidade única para o intelectual. Que ele se filie a partidos, mas a partir de seu ponto de vista individual, sem renunciar à mobilidade e independência que são seus melhores trunfos.

Seus engajamentos não devem tornar-se uma fonte de abnegação, mas servir para aumentar as ocasiões de análise crítica. As máquinas burocráticas são perfeitamente capazes de engendrar o mesmismo e a conformidade de que necessitam, mas para sobreviver a longo prazo elas também precisam servir-se do juízo crítico que a mente controlada já não é capaz de produzir. As democracias às vezes vacilam por falta de conformismo, ao passo que as ditaduras acabam por fracassar por falta de pensamento independente. Uma sociedade livre não pode negligenciar esses dois pólos impunemente.

Não é preciso que um estrato social se torne um partido ou um grupo de pressão para ser consciente e atingir seus objetivos. As mulheres e a juventude conquistaram uma posição na sociedade reivindicando individualmente no lar, em pequenos grupos, e em qualquer situação em que se encontrassem. Um grupo como a *intelligentsia* só abdica quando renuncia à sua autoconsciência e sua capacidade de atuar de modo próprio. A *intelligentsia* não pode construir uma ideologia de grupo própria: deve permanecer crítica de si própria, tanto quanto dos outros grupos. Afinal de contas, ainda que o processo intelectual seja em todas as suas fases produto de situações concretas, é preciso lembrar que o produto é mais que a situação.

3. A Democratização da Cultura[1]

I. ALGUNS PROBLEMAS DA DEMOCRACIA POLÍTICA EM SUA ETAPA DE PLENO DESENVOLVIMENTO

1. Estamos predestinados a uma tendência democratizadora não só em política, mas também na vida intelectual e cultural como um todo. A tendência é irreversível quer nos agrade ou não: explorar suas potencialidades e implicações é a tarefa suprema do pensador político. Somente assim seria possível influenciar a tendência de democratização num sentido desejável.

A afirmação de que a tendência dominante de nossa época é a de um desenvolvimento crescente dos padrões democráticos de pensamento e conduta pode parecer paradoxal em vista da freqüência com que as ditaduras vêm atualmente suplantando a democracia[2]. Essas ditaduras, entretanto, não são prova de que a realidade política esteja se tornando menos democrática na sua essência. As ditaduras só podem surgir nas democracias: tornam-se possíveis devido à maior

---

[1] O título original deste ensaio, *Demokratisierung des Geistes*, não pode ser traduzido literalmente. Enquanto "cultura" tem uma conotação mais ampla que *Geist*, o termo "espírito" (ou "mente"), que poderia ser usado em lugar de "cultura", seria muito restrito. O ensaio analisa o processo histórico da "democratização" através de mudanças características em várias áreas culturais, especialmente na filosofia, arte e religião. O próprio processo é concebido como um processo social e não como um processo auto-suficiente que se desenvolve ao nível do pensamento ou da mente. Portanto, a expressão "democratização da cultura" parece mais apropriada para designá-lo do que a expressão alternativa "democratização do espírito".

O texto alemão foi traduzido livremente, procurando esclarecer pontos obscuros e omitir redundância, sem no entanto afastar-se do significado pretendido pelo autor. A missão de passagens redundantes ou incompletamente desenvolvidas é assinalada por reticências. (N. do T. inglês.)

[2] Este trabalho foi escrito em 1933. (N. do T. inglês.)

fluidez introduzida pela democracia na vida política. A ditadura não é a antítese da democracia: é um dos modos possíveis encontrados por uma sociedade democrática para tentar resolver seus problemas.

Uma ditadura plebiscitária pode ser caracterizada como a autoneutralização de uma democracia política. À medida em que a democracia política se amplia e novos grupos entram na arena política, o ímpeto de sua atividade pode gerar crises e impasses ante os quais os mecanismos de decisão política de uma sociedade ficam paralisados. O curto-circuito do processo político pode então entrar numa fase ditatorial. Esse é um perigo que ameaça exatamente as sociedades nas quais a democracia política repentinamente atinge seu desenvolvimento pleno.

Nas etapas iniciais da democratização, o processo de decisão política era controlado por elites econômicas e intelectuais mais ou menos homogêneas. Dado que o sufrágio não era ainda universal, as massas não podiam influenciar a política governamental. Os que de fato manejavam o poder político sabiam, através de longa familiaridade com problemas governamentais, o que era realmente factível, evitando assim esquemas utópicos. Mas quando o sufrágio se torna universal, grupos ainda não familiarizados com a realidade política assumem de repente certas funções políticas. Isto leva a uma discrepância característica: camadas e grupos cujo pensamento político se orienta para a realidade têm que cooperar ou lutar com pessoas que estão vivendo sua primeira experiência política — pessoas cujo pensamento ainda se encontra num estágio utópico. A elite burguesa também passou por essa fase, mas isso foi há um século; atualmente, quando a democratização plena se implanta, a junção de grupos com perspectivas não "contemporâneas" na arena política leva a uma série de distúrbios.

Assim sendo, democratização significa uma perda de homogeneidade na elite governante. Freqüentemente, a democracia moderna se desintegra por estar sobrecarregada de problemas decisórios mais complexos do que os enfrentados anteriormente pelas sociedades democráticas (ou pré-democráticas) com seus grupos dirigentes mais homogêneos. Hoje percebemos todo o alcance desses problemas; precisamente porque a democracia se realizou em nossa época, ela não é para nós um meio ideal, mas uma realidade com aspectos positivos e negativos. Já não se pode encarar a democracia como somatória de aspirações ideais em contraste com uma realidade imperfeita. Equipará-la com a idéia de perfeição da livre fantasia já não é mais uma atitude adequada. Pelo contrário, o que se faz necessário é uma atitude de sóbria avaliação, envolvendo a consciência dos possíveis defeitos da democracia como pré-requisito para sua correção.

2. Uma das características de nossa época é a de que os que acreditam no ideal democrático tendem a ser repelidos e desapontados pela sua própria realidade. Descobrem com desânimo que numa democracia política a maioria não é necessariamente "progressista" em suas atitudes e aspirações. Ainda que inicialmente a democratização da vida política de fato favoreça tendências "de esquerda", pode ocorrer que correntes "conservadoras" ou "reacionárias" predominem devido ao livre jogo das forças políticas.

Antes de alcançada e testada em seu funcionamento real, costumava-se esperar que a democracia necessariamente levasse ao império da Razão, ou que pelo menos tendesse a conferir poder político a pessoas consideradas "racionais". Tais profecias não deixavam de ser realistas quando inicialmente elaboradas. Nessa ocasião, a distribuição das forças sociais e políticas era tal que o irracionalismo e o conservantismo se coadunavam com a rejeição da democracia política, ao passo que atitudes pró-democráticas se associavam à crença no império da Razão. Essa distribuição de papéis persistiu por várias gerações. Finalmente, entretanto, tornou-se evidente que além da "democracia da Razão" também havia uma "democracia do Impulso", para usar a terminologia de Scheler (em alemão: *Vernunftdemokratie versus Stimmungsdemokratie*). Como agora se pode ver claramente, a democracia não é necessariamente um veículo de tendências racionalizadoras na sociedade — pelo contrário, ela bem pode funcionar como órgão da expressão desinibida de impulsos emocionais momentâneos.

Do mesmo modo, num certo momento a democracia foi encarada como instrumento para a garantia da harmonia internacional. Agora percebemos a tendência oposta também como inerente: é precisamente em solo democrático que podem prosperar a afirmação nacional e a agressividade. Similar ambivalência pode ser percebida na relação entre democracia e individualismo. De um lado, a democracia alimenta a liberdade e o desenvolvimento da personalidade individual; estimula a autonomia individual concedendo a cada pessoa uma parcela de responsabilidade política. De outro lado, entretanto, a democracia também desenvolve poderosos mecanismos sociais para induzir o indivíduo a renunciar à sua autonomia. Quando certas camadas ainda imaturas para a responsabilidade política são admitidas de repente na participação do poder, é mais provável que façam uso de mecanismos desse tipo ao invés de estimular a liberdade individual. Oficialmente, a democracia emancipa o indivíduo; na prática, entretanto, este tende a abdicar do direito de orientar-se por sua própria consciência e buscar refúgio no anonimato da massa.

3. Em suma, pode-se dizer que a democracia, via de regra, não é destruída por inimigos não-democráticos; seu colapso é produto da atuação dos inumeráveis fatores de autoneutralização que se desenvolvem no interior de um sistema democrático[3]. Além desses perigos orgânicos e estruturais, podemos também mencionar um fator mais periférico, ou seja, disfunções em certas instituições democráticas. Assim, C. Schmitt corretamente enfatiza uma fraqueza da democracia parlamentar no fato de que os parlamentos demonstram-se por vezes incapazes de tomar decisões para controlar situações de emergência.

II. O PROBLEMA DA DEMOCRATIZAÇÃO COMO UM FENÔMENO CULTURAL GERAL

A. *Os três Princípios Fundamentais da Democracia*

1. O que foi dito até aqui sobre certos problemas fatais que surgem no curso da democratização da vida política servirá para nos preparar para uma investigação de maior âmbito tratando não da democracia política em sentido estrito, mas da democratização da cultura ocidental como um todo. Discutimos o problema da política democrática para demonstrar, num contexto familiar, como certas tendências poderosas e inescapáveis associadas à democracia podem ser explicadas em termos sociológicos. Mas não seria possível propor semelhante análise a outros campos que não o da política? Nossa cultura atravessa um processo radical de transformação também em seus aspectos não-políticos. Para compreender esse processo, podemos seguir a pista fornecida pela análise sociológica da democratização política e formular nossa questão da seguinte maneira: *de que modo se alteram a forma e a fisionomia de uma cultura quando os estratos que dela participam ativamente, como criadores ou receptores, se tornam mais amplos e inclusivos?*

2. Antes de tentar responder a essa questão, temos que fazer frente a uma possível objeção. Pode-se falar de uma tendência "democratizante" além da esfera própria da política? Numa sociedade de tradição essencialmente idealista no sentido alemão, tal objeção terá grande peso, pois tais sociedades costumam encarar sua cultura como separada em compartimentos estanques, cuja autonomia não deve ser

---

[3] Não negamos que forças antidemocráticas possam contribuir para a derrota da democracia. Certos grupos que participam do processo político de uma democracia podem ser totalmente antidemocráticos em sua orientação.

questionada. Para um idealista alemão, seria uma blasfêmia admitir que algo tão mundano como a democracia política pudesse representar uma tendência atuante nos domínios sacrossantos da arte e do pensamento filosófico. E se pudesse ser demonstrado que a democracia política não passa de uma manifestação de um princípio cultural difuso? Essa é de fato a tese que nos propomos defender.

Nietzsche notou que existem certas diferenças essenciais entre os produtos artísticos e intelectuais de culturas aristocráticas e democráticas. Suas observações a esse respeito são penetrantes, a despeito de pronunciada distorção elitista e forte ressentimento com relação à democracia. Em regra, os discípulos românticos de Nietzsche não vão além do trivial — a democracia tudo nivela, leva à preponderância da mediocridade e da massa, e assim por diante. Tais juízos podem ter uma justificativa parcial, mas não penetram além da superfície. A real tarefa, de fato, é perscrutar as diferenças fundamentais, estruturais entre as culturas autocrática e democrática. Esse é o problema que se coloca para uma sociologia comparada[4].

3. Nossa próxima tarefa, assim, consiste em indicar a natureza da democracia como um fenômeno estrutural e sociológico, capaz de ser estudado tanto na esfera mais restrita da política quanto no contexto amplo do processo cultural como um todo.

Começando com a democracia política: obviamente, seu princípio formativo básico é o de que todo poder governamental emana do povo. Todo indivíduo é convocado para contribuir na formação da política governamental. Isso implica uma atitude básica que transcende a política propriamente dita e configura todas as manifestações culturais de sociedades do tipo democrático. De fato, a democracia política postula a participação coletiva do poder político com base na convicção da igualdade essencial de todos os homens, e rejeita qualquer divisão vertical da sociedade em ordens superiores e inferiores. Essa crença na *igualdade essencial de todos os seres humanos* é o primeiro princípio fundamental da democracia.

Este princípio, assim como os padrões reais de comportamento que o refletem na sociedade, tem duas raízes: uma ideológica e outra sociológica. Ideologicamente, essa crença deriva da concepção cristã de fraternidade de todos os homens enquanto filhos de Deus. Sem essa concepção,

---

[4] Lembramos a distinção feita no primeiro ensaio entre sociologia geral e histórica. Trataremos do problema da democracia como fenômeno formal e estrutural antes que histórico. Ou seja: não investigaremos as condições da gênese de certas democracias historicamente dadas como a *polis* grega ou a comuna da Baixa Idade Média; procuraremos identificar os traços essenciais que distinguem qualquer democracia de uma ordem social não-democrática.

nossa sociedade não poderia jamais ter desenvolvido uma ordem política que garantisse um *status* igual para todos. Por outro lado, no entanto, essa doutrina não teria podido moldar a realidade social se não houvessem ocorrido certas mudanças favoráveis na estrutura social e política das sociedades ocidentais. A pressão de amplos estratos médios e inferiores cada vez mais influentes social e politicamente foi necessária para transformar o princípio cristão de igualdade numa realidade institucional e política. A idéia enquanto tal existia antes, mas sua relevância política era pouca na medida em que só era compreendida com referência à experiência religiosa, sem encontrar aplicação nas coisas deste mundo. O igual tratamento de todos os indivíduos como traço básico da sociedade moderna foi imposto pelo crescente poder adquirido pelas camadas sociais inferiores.

Em si, o princípio da igualdade essencial de todos os seres humanos não implica um nivelamento mecânico, como tendem a supor os críticos afoitos da democracia. A questão não é que todos os homens sejam iguais quanto a suas qualidades, méritos e dons, mas que todos personificam o *mesmo princípio ontológico de humanidade*. O princípio democrático não nega que sob condições de justa competição alguns indivíduos poderão revelar-se superiores a outros; apenas exige que a competição seja justa, isto é, que não se conceda a alguns um *status* inicial mais favorável que a outros (por exemplo, sob a forma de privilégios hereditários).

4. Isto nos leva ao segundo princípio fundamental da democracia: o reconhecimento da *autonomia do indivíduo,* do ego vital *(Eigenlebenligkeit)* investido em todas e cada uma das pessoas, como átomo da sociedade. Em sociedades pré-democráticas, a coordenação social baseava-se no fato de que se negava vida autônoma à maioria dos indivíduos. A vontade social não era configurada pelos impulsos coletivos, mas determinada a partir de cima, seja por um monarca absoluto e seu quadro de burocratas ou por poderosos grupos feudais. A democracia, entretanto, se afirma essencialmente a partir da mobilização de todos os indivíduos enquanto centros vitais, não como mero princípio abstrato e ideológico, mas como uma realidade viva. Percebe-se aí a função criativa e revitalizadora da democracia e, ao mesmo tempo, o perigo potencial a ela inerente; pois a vida de uma sociedade democrática está sempre à beira do caos devido ao vasto campo que concede às energias vitais de todos os indivíduos.

O processo de liberação de energias vitais centradas no indivíduo tem uma interessante contrapartida no campo das idéias. O conceito moderno de "organismo" só pôde ser desenvolvido quando a própria sociedade transformou-se num sistema no qual partículas individuais, ainda que interdependentes, também possuem vida própria, centrada em si mesmas. Como demonstrou o filósofo Erich Kaufmann, o termo "organismo" veio a ser usado antes num contexto social e político que biológico[5]. Nesse caso como em outros, a experiência social concreta forneceu categorias aplicáveis à análise de fenômenos naturais.

Kaufmann atribui a Kant o conceito especificamente moderno de "organismo". O próprio termo já havia sido usado antes por juristas, mas num sentido mais próximo de nosso próprio conceito de "mecanismo": denotava um sistema montado por um artesão para algum fim específico, antes que um ser vivo desenvolvendo-se espontaneamente e procurando manter seu equilíbrio interno. Permitimo-nos aqui sugerir que a sociedade absolutista correspondia de fato ao paradigma do "mecanismo", só passando para o estágio de vida autopropulsora e "orgânica" na era da democracia. (Acrescente-se que o Deísmo do século XVIII também concebia Deus como artesão que movia o universo "a partir de fora".)

Em nossos tempos, o processo social extrai energia de células vivas antes que de partículas passivas e inertes. Isso permanece válido até mesmo para a degeneração ditatorial da democracia. As ditaduras modernas pós-democráticas diferem essencialmente de regimes autoritários anteriores. Para os últimos, obter obediência das massas não era problema, dado que podiam sempre contar com a docilidade do homem comum. As ditaduras modernas, entretanto, precisam primeiro mobilizar as massas para conquistar poder, e então tomar medidas drásticas para contrabalançar os efeitos potencialmente adversos da ampla difusão de energia vital por toda a sociedade[6].

5. Tudo isso indica uma contradição interna, inerente à organização democrática da sociedade. A democracia deve mobilizar as energias vitais de todos os indivíduos; mas ao fazê-lo, deve também encontrar um modo de contê-las e em parte neutralizá-las. A vida social ordenada seria impossível se cada indivíduo constantemente fizesse uso de seu direito

---

5 Cf. ERICH KAUFMANN, Über den Begriff des Organismus in der Staatslehre des 19. Jahrhunderts, Heidelberg, 1918.

6 "Docilidade" em regimes aristocrático-autoritários e "autoneutralização" nas democracias correspondem a dois tipos de estupidez socialmente induzida. O primeiro se consegue impedindo a massa de aprender. As sociedades aristocráticas têm modos de pensar consolidados; não avançam para novos conhecimentos, assim como os velhos. De acordo com Lichtenberg, os velhos são imóveis no pensar, não por serem biologicamente incapazes de aprender coisas novas, mas porque sua pretensão de autoridade se enfraqueceria se eles reconhecessem que não são oniscientes. Por razões análogas, as elites aristocráticas com autoridade tradicional recusam-se a admitir novos conhecimentos.

Por outro lado, nas democracias é comum notar-se a incapacidade de pensar e aprender devido ao fato de que as pessoas permitem que alguma organização ou máquinas pensem por elas.

de influenciar as decisões públicas. Isso significaria o fim de toda coesão social. Portanto, todas as sociedades democráticas necessitam certos recursos neutralizadores potencialmente não-democráticos ou antidemocráticos. Tais recursos, entretanto, não são impostos de fora; consistem essencialmente de uma renúncia *voluntária,* por parte da massa, do uso pleno de suas energias.

Esse abandono voluntário das aspirações autônomas do indivíduo pode assumir várias formas. Um exemplo é a suscetibilidade à manipulação da propaganda que se observa exatamente em democracias de massa plenamente desenvolvidas. Pode-se perceber, nesse como em fenômenos correlatos, sinais de degeneração da democracia; quando essa tendência chega ao limite, como no culto de um "líder", a sociedade deixa de ser democrática no conjunto, desde que são abolidas as instituições que permitem aos indivíduos influir nas decisões políticas "de baixo para cima". Entretanto, mesmo uma democracia saudável requer uma certa autolimitação por parte de seus membros individuais. Percebemos assim que a democracia *direta* não pode existir em sociedades de grandes proporções. O sistema governamental dos modernos Estados territoriais de caráter democrático é a democracia *representativa.* Quer dizer, a direção real da política está nas mãos das *elites;* mas isso não quer dizer que a sociedade não seja democrática. Pois é suficiente que os cidadãos individuais, ainda que impedidos de tomar parte diretamente no governo de modo permanente, tenham pelo menos a *possibilidade* de expressar suas aspirações em certos momentos.

Ocorre na política o mesmo que na cultura em geral: a democracia não implica que não existam elites — implica antes um certo princípio específico de formação de elites. Pareto tem razão ao afirmar que o poder político é sempre exercido por minorias (elites), e podemos também aceitar a lei de Robert Michels sobre a tendência ao controle oligárquico nas organizações partidárias. Não obstante, seria errôneo superestimar a estabilidade dessas elites nas sociedades democráticas, ou sua habilidade para usar o poder de forma arbitrária. Numa democracia, os governados podem sempre atuar para remover seus líderes ou forçá-los a tomar decisões no interesse da maioria.

A democracia, assim, possui formas próprias para selecionar e controlar suas elites, o que pode ser tomado como a *terceira* característica fundamental da democracia tanto num sentido estritamente político como num sentido cultural amplo.

6. Nas partes subseqüentes deste ensaio, discutiremos o modo pelo qual o processo cultural como um todo é con-

figurado e influenciado pelos três princípios democráticos fundamentais que apontamos, ou seja, (1) a *igualdade ontológica* potencial de todos os membros individuais da sociedade, (2) o reconhecimento do *ego vital* dos componentes da sociedade, e (3) a *existência de elites* na sociedade democrática, ao lado de *métodos originais de seleção das elites*. Esses três pontos serão tratados não como aspirações ideais, mas como traços detectáveis na realidade social concreta. Em outras palavras: não tentaremos provar que em todas as democracias todos os indivíduos são realmente tratados igualitariamente, ou que sua vitalidade autônoma é sempre respeitada. Antes, o que mantemos é que o processo social real de sociedades que tendem à democracia não pode ser compreendido sem que se suponha a existência de tendências formativas que colocam a igualdade "horizontal" em lugar da desigualdade "vertical" e hierárquica, e assim por diante. O problema científico e sociológico consiste em perceber esse processo como um todo, uma *Gestalt*, e também em validar essa visão sinóptica através de uma análise detalhada da infinidade de pequenas mudanças que o afetam. A "morfologia", que distingue gestalticamente grandes entidades como conjuntos, e a "análise", que as segmenta em seus mínimos componentes, devem caminhar juntas.

B. *O Princípio da Igualdade Ontológica de todos os Homens*

1. Nas sociedades pré-democráticas, toda autoridade social acha-se inextricavelmente ligada à idéia da superioridade ontológica do detentor da autoridade. Nenhuma pessoa, família ou instituição pode exercer a autoridade sem ser encarada como constituída de material "superior" ao da humanidade comum. A esse respeito, podemos lembrar a origem mágica da instituição da monarquia[7].

Como se poderá perceber, nossa posição metodológica, por assim dizer, tem dois gumes. Aqui, como em outros casos, recusamos a negação total da legitimidade da abordagem gestáltica e morfológica das disciplinas culturais (ver "On the Interpretation of Weltanshauung", *in: Essay on the Sociology of Knowledge*, Londres e Nova York, 1952, p. 33

---

[7] THOMAS e ZNANIECKI (*op. cit. The Polish Peasant*, vol. I) postularam uma certa correlação entre a magia de um lado, e o controle autoritário de outro: as práticas mágicas consistem essencialmente em exercer controle sobre a natureza. (Nota posterior.) Essa analogia, entretanto, é problemática: com toda a probabilidade, a magia não tem origem autoritária. Em geral, o feiticeiro busca restaurar uma condição normal perturbada por influências extraordinárias, por exemplo, procurar precipitar a chuva depois de um período de seca. Em outras palavras, ele entra em cena em emergências frente às quais as instituições normais da sociedade mostram-se insuficientes. Os feiticeiros têm também competência para lidar com as regiões incontroláveis além dos limites do grupo, no comércio ou na guerra com outros grupos.

e ss.). Mas, por outro lado, também sustentamos que uma abordagem puramente morfológica não basta para o tratamento científico de nenhum assunto. Para suplementar as compreensões "morfológicas" e globais, é necessário dispor de uma abordagem mais "microscópica", causal, funcional e analítica. O lugar-comum segundo o qual as teorias "mecanicistas" são apropriadas para as ciências naturais e não para as culturais é um equívoco. A aplicação radical da análise causal "mecanicista" teve êxito nas ciências naturais não só porque a natureza inorgânica se presta a tal abordagem, mas porque esse tipo de análise é essencial em qualquer trabalho científico. Sustentamos simplesmente que nas ciências culturais é preciso ir além da análise causal e funcional e combiná-la com uma abordagem morfológica.

Examinemos agora as implicações culturais dos três "princípios fundamentais" da democracia, um por um, começando pelo princípio da "igualdade".

2. No processo de democratização da política, a autoridade não desaparece, mas deixa de implicar um salto qualitativo dos níveis inferiores de humanidade para uma elite considerada superior em essência. Quando muito, existe entre líderes e liderados uma diferença quantitativa e não-essencial. Entretanto, a mesma transição de distinções qualitativas e essenciais para outras quantitativas e não-essenciais pode ser observada em outros campos além da política. Ora, essa mudança na avaliação de modelos humanos é uma das principais características do processo aqui tratado, ou seja, a democratização da cultura. Nas culturas pré-democráticas, por exemplo, o talento ou gênio são considerados dados irredutíveis — algo como um carisma mágico que confere proeminência a certos indivíduos em relação aos homens comuns. Em grande medida, a educação pré-democrática opera com esse tipo de conceito de excelência humana. Encara o homem de gênio na plena posse de seus poderes: sua genialidade é um dado não relacionado aos fatos e circunstâncias a partir dos quais se pode compreender o desenvolvimento e amadurecimento de indivíduos comuns. A mentalidade autoritária e pré-democrática evita a idéia de processo e de gênese, preferindo os modelos de excelência estáticos e hierarquicamente ordenados. A mentalidade democrática, por outro lado, enfatiza a plasticidade humana.

Ao dizer: "Isso é o que és — não podes escapar de ti mesmo", Goethe exprime um sentimento pré-democrático. Entretanto, o estado de espírito tipicamente democrático afirma que "tudo podia ser diferente". A mentalidade de tipo democrático, portanto, inclina-se a explicar fenômenos em termos de contingência antes que de essência. Mas não há nada nesse estilo de pensamento (o que prefere a explicação contingente à essencial) que se relacione manifesta e explicitamente à atitude democrática em relação à igualdade e autoridade. No entanto, para o sociólogo da cultura, as duas coisas estão intimamente inter-relacionadas. Não que o pensador democrático necessariamente negue a "grandeza" humana; ele apenas a reinterpreta, vendo nela uma manifestação da perfectibilidade humana que é uma herança universal do homem. O "grande homem" é grande não por ser diferente dos outros na sua substância primordial, mas porque teve maiores e melhores oportunidades de desenvolver-se[8].

3. É interessante notar como a atitude democrática está penetrando num campo tradicionalmente dominado pela perspectiva autoritária, o da educação musical. A diferença essencial entre os musicalmente dotados e os não-dotados sempre foi tida como um dado fundamental no ensino da música. Recentemente, entretanto, educadores como Jacobi têm negado uma distinção fundamental desse tipo. De acordo com essa nova doutrina, toda criança é potencialmente "musical"; as diferenças manifestas quanto a dotes musicais são devidas apenas a experiências precoces[9].

Não nos interessa aqui discutir o acerto ou não dessas teorias; foram mencionadas apenas como exemplos de uma abordagem "democrática" da educação. Segundo essa abordagem, o domínio da música ou de outra arte não é apanágio de indivíduos excepcionais; a capacidade de adquiri-lo não é menos universal do que a capacidade de aprender a falar. As crianças tonam-se "não-musicais" porque são desencorajadas de fazer música. Assim, não ultrapassam um nível primitivo e infantil de musicalidade. Similarmente, se alguém desenha de modo infantil e primitivo, é porque foi desencorajado de cultivar sua habilidade artística.

O que importa nessas teorias é que elas acabam com a idéia de diferenças essenciais entre os homens ao correlacionar diferenças manifestas com fatores ambientais. A crença subjacente na plasticidade humana (otimismo pedagógico) é um traço tipicamente democrático. Por outro lado,

---

8 Landsberg faz uma boa distinção entre duas versões da doutrina democrática de igualdade. A primeira é a de Rousseau; postula a perfeição igual *inata* em todo ser humano. A segunda se encontra em Locke e Helvetius; nesse caso, a igualdade de todos os homens baseia-se no fato de que não possuem nenhum tipo de propriedade *inata*.

9 Posição similar vem sendo adotada em círculos psicanalíticos em relação ao problema dos dotes intelectuais em geral; a esse respeito, um periódico de psicologia analítica devotou um número especial ao problema das "inibições intelectuais". (Cf. "Intellektuelle Hemmungen", em *Sonderheft der Zeitschrift für Psychoanalytische Paedagogik*, 1930, v. 4, n. 11-12.)

o pessimismo pedagógico liga-se a uma perspectiva aristocrática e pré-democrática[10].

4. A diferença entre os padrões pré-democrático e democrático pode ser observada na relação entre professores e alunos em geral. Em sistemas escolares pré-democráticos, o professor coloca-se acima dos alunos em todos os sentidos. Entretanto, num sistema escolar democrático a excelência do professor consiste em relacionar-se com os alunos ao nível destes. O princípio pedagógico moderno é o da adequação do relacionamento. Esse princípio pode ser incompreendido e erroneamente aplicado ao conteúdo do que deve ser ensinado. Quando isso acontece, o resultado é a vulgarização; tudo o que não seja facilmente assimilado pelo aluno desorientado será posto de lado. A correta aplicação desse princípio, entretanto, consiste numa paciente articulação do material de estudo até que um intelecto mediano possa apreendê-lo. Além disso, o educador moderno sempre dedicará atenção à psique e aos antecedentes sociais do aluno. Antigamente, "aprender na escola" implicava antes de mais nada uma aceitação obediente de coisas inatingíveis pelos alunos. Talvez a compreensão plena viria mais tarde, quando estes estivessem completamente educados e se mostrassem à altura do que lhes é transmitido. A educação moderna, entretanto, evita essa abordagem baseada no temor respeitoso. Em lugar disso, parte do postulado de que tudo o que é transmitido no processo de ensino pode ser reduzido a uma simplicidade cristalina, sem deixar obscuridades "superiores" para serem admiradas sem compreensão. Como se nota, a mentalidade democrática confia *a priori* no que é transparente e claro, ao passo que as culturas aristocráticas apreciam o recôndito e o obscuro, por exemplo o super-refinamento e a superespecialização do escolasticismo. Para a mentalidade aristocrática, o que é culturalmente valioso deve existir num plano superior, inacessível aos homens comuns. Neste caso como em outros, percebe-se que as atitudes em relação aos objetos culturais seguem o paradigma das relações sociais subjacentes. Onde quer que a ordem política e social se assente sobre a distinção entre tipos humanos "superiores" e "inferiores", surge uma distinção análoga entre objetos "superiores" e "inferiores" de conhecimento ou apreciação estética...

---

10 Ao considerar os méritos do otimismo pedagógico *versus* seu oponente, pode-se partir de duas questões diferentes. De um lado, pode-se perguntar se os novos postulados pedagógicos são válidos, isto é, se algumas, ou muitas, ou todas as diferenças manifestas de domínio intelectual ou artístico podem ser correlacionadas a fatores ambientais. Por outro lado, pode-se também tratar esses postulados como princípios heurísticos no sentido de que é melhor procurar encarar o maior número possível de áreas de atividade como abertas a influências de desenvolvimento do que reconhecer limites insuperáveis ditados pela hereditariedade. Não seria o pessimismo um pretexto para fugir ao desafio dos problemas educacionais?

5. As epistemologias dominantes de diferentes épocas demonstram a mesma diferença. Quando Descartes proclama que as idéias "claras e distintas" são necessárias para o verdadeiro conhecimento, ou quando Kant especifica a "necessidade" e a "validade univesal" como características essenciais dos juízos científicos, critérios "democráticos" estão sendo aplicados à epistemologia. Tais critérios implicam que nada pode ser aceito como verdadeiro a menos que seja acessível a qualquer intelecto. Entretanto, a mentalidade autoritária e aristocrática parte do axioma de que só intelectos refinados e indivíduos superiores podem atingir a verdade, ou então de que Deus só se revela aos escolhidos. Obviamente, *este* conceito de "verdade revelada" é incompatível com a democracia[11]. A mentalidade democrática rejeita todo suposto conhecimento que só pode ser atingido através de canais especiais por uns poucos escolhidos. Só aceita como verdade aquilo que pode ser verificado por todos na experiência comum, ou o que pode ser convincentemente provado por procedimentos que todos podem repetir.

É claro que essa definição de verdade está intimamente relacionada ao princípio democrático fundamental da igualdade essencial de todos os homens. Além disso, entretanto, o moderno conceito de conhecimento também reflete outro aspecto da democracia: sua exigência de publicidade irrestrita. Segundo a epistemologia dominante da era moderna, o conhecimento válido refere-se ao mundo público. Assim como na política todo indivíduo pode reivindicar uma participação no controle, no campo do conhecimento cada item deve ser objeto de escrutínio por parte de todos os indivíduos. Conseqüentemente, as culturas democráticas encaram com profunda suspeita todos os tipos de conhecimento "oculto" cultivado em seitas e sociedades secretas.

6. Desse modo, o ideal democrático de conhecimento é caracterizado pela acessibilidade ilimitada e pela comunicabilidade. Entretanto, ambas são limitadas, mesmo em culturas democráticas. Grande parte do conhecimento só é acessível a especialistas e conhecedores e só entre eles circula. O caso do *connoisseur* no campo da arte é ainda mais extremo do que o do especialista ou *expert* no campo científico. Para ser um conhecedor de arte, é preciso mergulhar numa tradição histórica e cultivar um gosto especializado. Tudo isso tinha certa afinidade com tipos pré-democráticos de co-

---

11 O autor parece referir-se aos profetas hebreus enquanto porta-vozes escolhidos da verdade "revelada" — tipo sociológico estudado por Max Weber. Na doutrina teológica de quase todas as igrejas e seitas cristãs, a verdade revelada apresentada pela Igreja refere-se a todos os homens e pode ser aceita por todos. Nesse contexto teológico, o fato de essa verdade "universal" ser revelada primeiro aos escolhidos é menos importante que a esperada universalidade de sua aceitação. No Tomismo, o homem é destinado "por sua natureza" à aceitação da verdade revelada. (N. do T. inglês.)

nhecimento. Os devotos da arte formam uma comunidade fechada dentro da sociedade inclusiva; suas experiências não são em geral comunicáveis.

Os especialistas científicos também desenvolvem uma linguagem própria incompreensível aos que não fazem parte desse grupo. Mas a comunidade científica não se acha tão radicalmente separada da sociedade inclusiva como ocorre com a comunidade de *connoisseurs estéticos*. De fato, o pensamento científico é formalizado e objetivo, não dando lugar a experiências puramente privadas e subjetivas. Em princípio, qualquer descoberta ou teoria científica poderiam ser apreendidas e reproduzidas por qualquer indivíduo normal. Se o não-especialista não pode acompanhar o cientista, não é porque as experiências deste estão além do alcance do primeiro, mas porque o leigo logo se perde nas complexidades resultantes da repetição e combinação de operações mentais básicas simples em si. Em contraste, os críticos e historiadores da arte derivam suas intuições de um tipo de experiência que não pode ser compartilhada por todos. As teorias desenvolvidas nesse campo não podem ser formalizadas e objetivadas de modo que qualquer indivíduo possa reproduzi-las em sua própria mente. O conhecimento especializado (indispensável ao historiador da arte) não pode ser ensinado do mesmo modo que a ciência natural. O aprendizado de procedimentos formalizados de pesquisa não basta para transformar alguém num *connoisseur*. Para sê-lo, é preciso entrar em contato com as próprias obras de arte e ser estimulado por elas nos níveis mais profundos da personalidade, emocional, intelectual e espiritualmente. Tais experiências não são comunicáveis de modo integral e rápido. Podem até mesmo restringir-se aos limites de um período artístico; *connoisseurs* de arte moderna podem revelar-se insensíveis aos valores específicos da arte renascentista e vice-versa.

7. Nesse sentido, pode-se dizer que certos tipos de conhecimento são de caráter não-democrático, dado que só são acessíveis à elite dos conhecedores. É interessante observar o que ocorre com esses tipos de conhecimento numa cultura democratizada. A primeira reação será a de desvalorizá-los. Apesar dos julgamentos do *connoisseur* serem inegavelmente "empíricos" em certo sentido, eles não representam um conhecimento "exato", desde que nada será "exato" se não for plenamente comunicável e demonstrável. (A propósito, pode-se questionar se a definição corrente de exatidão em termos de comunicabilidade e demonstrabilidade é a única possível.)

A segunda reação de uma cultura democrática a esse tipo de conhecimento ocorre no interior das próprias disciplinas em questão: elas tentarão satisfazer aos critérios dominantes e geralmente reconhecidos de exatidão através da adoção de métodos mais "objetivos". Por exemplo, a tentativa de *articular* cada vez mais a reação do *connoisseur* à obra de arte, com o fito de obter observações demonstráveis e controláveis ao invés de intuições globais e não-analisadas.

Esta "articulação" de uma intuição global se distingue da "análise", ainda que essas operações sejam freqüentemente confundidas. Quando "analisamos" um objeto complexo, procuramos descobrir as partes simples e elementares de que é composto. O objeto como um todo desaparece nesse processo: não será mais reconhecível a partir dos elementos trazidos à luz pela análise. Por outro lado, ainda que também procure descobrir componentes simples de um todo complexo, a "articulação" nunca perde de vista o modo pelo qual as partes se combinam para produzir um todo. O objeto complexo permanece sempre visível durante o processo. Por exemplo, posso ressaltar um por um os detalhes de uma fachada, chamando atenção para diferentes elementos das janelas, balcões, portas etc. Isso é "articulação", pois a observação detalhada das partes só serve para propiciar uma compreensão mais completa do todo.

A experiência rotineira e pré-científica sempre se serviu do procedimento de "articulação", ao passo que as ciências naturais, temendo ficar num nível "pré-científico", abandonaram a "articulação" e passaram a cultivar a "análise" exclusivamente. A articulação, porém, deve ser reconhecida como um método legítimo. Há certos objetos culturais que não se podem estudar satisfatoriamente sem aprender a ver como o todo emerge das partes.

Refinando e desenvolvendo seus métodos de articulação, as ciências culturais que lidam com objetos estéticos e similares ganham mais comunicabilidade. Desse modo é possível que se sintonizem cada vez mais com a tendência democratizante de nossa cultura, ainda que sua comunicabilidade permaneça limitada.

8. Na discussão precedente, acentuamos o contraste entre análise e articulação. Entretanto, de um ponto de vista sociológico, o paralelismo entre elas é mais importante. O impulso dominante em ambas é o de aumentar a comunicabilidade do conhecimento — e ambas o atingem através de uma abstração crescente, ainda que por vias distintas.

Existe uma correlação intrínseca entre a crescente abstração dos símbolos usados na comunicação e o caráter democrático da cultura. As elites não compelidas a tornar seu conhecimento geralmente acessível não se preocuparão com sua formalização, análise e articulação. Contentar-se-ão seja com a intuição não analisada, seja com um conhecimento sacralizado exclusivo de uma elite e transmitido em bloco a seus membros.

A necessidade de abstração e análise não é imposta pelas coisas; sua origem é social. Surge a partir das proporções e da estrutura do grupo no interior do qual o conhecimento deve ser compartilhado. Quando o conhecimento deve ser comunicado a várias pessoas com diferentes posições e antecedentes, ele deve ser expresso em termos "abstratos", pois as comunicações "concretas" só são inteligíveis aos que têm experiências e associações similares[12].

9. Podemos concluir que é mais provável que relações abstratas sejam descobertas em sociedades democráticas do que em aristocráticas. Ao mesmo tempo, as sociedades democráticas tenderão a excluir de sua experiência os elementos qualitativos e a minimizar o valor do conhecimento qualitativo[13]. Isso, repita-se, é conseqüência da tendência à maior comunicabilidade, que por sua vez é uma manifestação do princípio democrático ontológico da igualdade humana.

C. *A Autonomia das Unidades Sociais*

1. Procuraremos agora demonstrar como o segundo princípio formativo da democracia, o da autonomia vital dos indivíduos enquanto unidades sociais, manifesta-se em domínios culturais usualmente tidos como afastados da arena social e política. Começaremos pela epistemologia moderna; de fato, parece que a tendência democratizante na cultura encontra sua primeira realização plenamente consciente na reflexão epistemológica.

Já vimos como a "igualdade ontológica" enquanto um princípio democrático fundamental se refletia, por exemplo, no critério kantiano de "necessidade" e "validade universal" que define o conhecimento genuíno. Além disso, entretanto, há uma doutrina que aparece pela primeira vez na filosofia Ocidental com Kant e separa o pensamento pós-kantiano de

---

[12] Seria um exagero dizer que o tamanho do grupo dentro do qual se realiza a comunicação, assim como sua composição heterogênea, seriam em si suficientes para explicar o grau de abstração das comunicações. O processo de crescente abstração tem também outros aspectos; a necessidade de comunicar-se com vários elementos heterogêneos refere-se apenas à sua origem dentro do grupo.
Sobre a mobilidade social enquanto fonte geral de abstração no pensamento e na comunicação, ver W. I. THOMAS, *Source Book for Social Origins*, Boston, 1920, p 169.

[13] Existe um problema complexo que não pode ser tratado aqui: como tendências em descompasso com o processo social dominante sobrevivem no plano subterrâneo. Pode-se mencionar, no entanto, que certas formas de experiências condenadas pela tendência cultural dominante, como as experiências estéticas qualitativas mencionadas no texto, podem salvar-se tornando-se objeto de reflexão. Se de um lado a criatividade e a receptividade estéticas são atualmente mais fracas que anteriormente, nosso senso histórico e nossa capacidade de articulação são maiores. Ainda que se fale muito de *Gestalt*, qualidade e concreção, essas coisas são mais debatidas que sentidas, o que é muito diferente.

todo pensamento anterior; trata-se da versão dada por Kant ao idealismo epistemológico. Sua essência é a afirmação da *espontaneidade* e da *criatividade* originais do sujeito epistemológico e do ato de cognição. Essa é a formulação filosófica do segundo princípio fundamental da democracia.

Em filosofias anteriores, "idealistas" ou "realistas", o sujeito cogniscente aparece como essencialmente dependente do objeto de conhecimento. O primeiro apenas reflete o último; ele não cria o objeto. Nessas filosofias, experiências sociais de dependência e hierarquia são lembradas para caracterizar e explicar o ato de cognição. Afinal, a epistemologia só pode derivar seus conceitos básicos da experiência social pré-teórica[14]. Nas culturas pré-democráticas, o indivíduo médio vê-se impedido de conceber a idéia de que poderia obter conhecimento e criticar crenças tradicionais através do uso espontâneo de suas próprias energias mentais. Até mesmo líderes carismáticos como os profetas não proclamam, nessas culturas, novas verdades em seu próprio nome; eles transmitem mensagens diretamente inspiradas por Deus, ou exigem a volta à pureza de uma tradição sagrada anterior negligenciada ou violada por uma geração corrupta.

Quando a sociedade muda e novos grupos se tornam politicamente ativos, um número cada vez maior de indivíduos é induzido a interpretar a realidade a partir de seu próprio ponto de vista pessoal. Durante a Renascença, por exemplo, certos indivíduos sem qualquer autoridade tradicional conseguiam elevar-se a posições de poder político como líderes militares profissionais (*condottieri*) ou como empresários capitalistas bem sucedidos. Suas experiências despertaram sentimentos de independência e auto-afirmação; o tipo de indivíduo "heróico" havia nascido, o que acabou por abrir caminho para formas de pensamento independentes e não limitadas pela tradição. Partindo desse ponto, foi necessário percorrer um caminho longo, árduo e cheio de retrocessos, até atingir um reconhecimento geral da pretensão individual ao pensamento autônomo e a uma reinterpretação do conhecimento como atividade criativa e não apenas passiva e receptiva. Finalmente, entretanto, o processo culminou no novo idealismo epistemológico associado a Kant. Na cognição — uma de suas atividades essenciais — o homem desenvolveu uma imagem radicalmente nova de si mesmo.

O que queremos enfatizar é que não foi a nova filosofia que regenerou a realidade social. Pelo contrário: a sociedade mudou, capacitando um número crescente de indivíduos

---

14 Cf. o estudo "Structural Analysis of Epistemology", em KARL MANNHEIM, *Essays in Sociology and Social Psychology*, Londres e Nova York, 1953, p. 15 e ss.

a exercer autonomia, e nesse processo tornou-se possível a nova concepção do conhecimento, como um ato espontâneo e criativo.

2. O conceito kantiano de direito natural, derivado de seu princípio idealista do papel criador da consciência, apresenta marcado paralelismo com a idéia democrática da lei social. No sistema de Kant, o caráter "legal" e regular do processo natural é garantido pelo fato de que as leis fundamentais do processo são as próprias leis da Razão. Quando o sujeito cogniscente descobre regularidades na natureza, ele apenas se confronta com leis que se originam dentro de sua própria razão. Analogamente, o cidadão democrático só encontra na sociedade as leis que ele mesmo promulgou enquanto legislador. Em ambos os casos, reconhece-se a lei e seu poder coercitivo porque, ao invés de ter sido imposta por uma autoridade exterior, ela foi formulada pela mesma consciência que deve respeitá-la. Deve-se acrescentar, entretanto, que na filosofia de Kant a consciência enquanto fonte da lei não é a consciência empírica de um indivíduo qualquer. Trata-se de uma consciência-em-geral *(Bewusstsein überhaupt)* mais abstrata, presente em cada indivíduo como uma faculdade de conhecimento criativa.

É óbvio que essa "consciência-em-geral" implica a igualdade ontológica de todos os homens, sendo um símbolo da idêntica "humanidade" que faz o homem ser o que é. Entretanto, na versão kantiana-idealista desse princípio igualitário, a "consciência-em-geral" simbolizando a essência ontológica do homem não é concebida em termos empíricos, psicológicos ou antropológicos. Ao contrário, ela é vista como uma Mente com maiúscula, como uma força impessoal responsável pelo conhecimento enquanto tal, da qual as mentes individuais são meros veículos. Tudo isso se liga aos antecedentes espiritualistas desse tipo de idealismo e não se relaciona ao caráter especificamente democrático do pensamento kantiano que nos interessa aqui. No entanto, dentro dessa tradição espiritualista, o conceito de "consciência-em-geral" representa um desenvolvimento democratizante. Na tradição espiritualista anterior, o Espírito era essencialmente super-humano e sobrenatural. Em Kant, ele aparece completamente humanizado. Além disso, outra característica "democrática" da consciência-em-geral kantiana é a de que sua autoridade e dignidade se apóiam exatamente sobre o fato de que as formas de experiência, as categorias e as idéias dessa consciência engendram um tipo de conhecimento universalmente compartilhável e comunicável. O pensamento de Kant tem por foco o "transcendental" (definido por ele como o nível sobre o qual se assenta a possibilidade de experiência) antes que o "transcendente" (que fica além da experiência).

3. Só há um passo separando a consciência-em-geral de Kant de um traço da sociedade democrática moderna: sua fé na virtude redentora da livre discussão. Carl Schmitt não se enganava ao considerar tal fé fundamental para a democracia parlamentar moderna[15]. Estava certo também ao notar que se esperava tanto da discussão porque se acreditava que os itens de uma "Razão" universal estariam presentes na mente de todos os indivíduos e que portanto uma conclusão completamente razoável necessariamente surgiria quando as mentes individuais fossem postas em confronto.

Nas épocas pré-democráticas não se fez uso da discussão. Os caminhos reconhecidos para atingir a verdade eram só a conversão ou a iluminação. Os que rejeitam a fé verdadeira estão perdidos; não se pode discutir com eles. Do mesmo modo, a primitiva prática forense desconhece a "prova" baseada da dedução sistemática a partir de princípios gerais. Os julgamentos são "encontrados", seja através de algum tipo de ritual formalista e mágico, seja através da intuição e do apelo a um senso de justiça[16].

A "discussão" genuína como um modo de descobrir a verdade aparece pela primeira vez num ambiente tipicamente urbano, entre os sofistas da Grécia e em Sócrates. Seus estágios preparatórios essenciais foram o ceticismo e a dúvida sistemática. Quando nada era tido como dado, só se podia tentar encontrar a verdade definindo cuidadosamente os termos e concordando quanto a métodos racionais de dedução. Nesse tipo de discussão, os participantes podiam ser escolhidos ao acaso (uma boa argumentação teria que ser convincente para qualquer um); assim, Sócrates falava com quem quer que encontrasse no mercado, apelando para sua capacidade espontânea de raciocínio. Foi assim que se originaram as primeiras discussões genuínas de que se tem notícia; seu esquema inicial permanece o mesmo até hoje.

O traço essencial da discussão genuína consiste na recusa dos argumentos baseados na autoridade e das asserções dogmáticas. A verdade só pode emergir da dúvida radical, como resíduo deixado quando se elimina tudo o que pode ser duvidado. A conclusão final não deve ser tomada

---

15 Cf. CARL SCHMITT, *Die geistesgeschichtliche Lage des heutigen Parlamentarismus*, Munique, 1923. (Nota do tradutor inglês: Deve-se entretanto notar que Schmitt, seguindo Donoso Cortés, referiu-se a essa fé na discussão com vistas a desacreditar a democracia. Para esses pensadores antidemocráticos, a "discussão" era o epítome da futilidade.)

16 Sobre essa prática forense primitiva, ver o trabalho de JUSTUS MOESER (1770) "How Our Ancestors Shortened Trials" (MOESER, *Collected Works*, Berlim, 1842-43, v. I) retomado pelo líder da "escola histórica" da jurisprudência alemã, C. VON SAVIGNY, no manifesto da escola, Von Beruf unserer Zeit für Gesetzgebung und Rechtswissenschaft" (1814). Cf. E. ROTHACKER, "Savigny, Grimm, Ranke", *Historische Zeitschrift*, 1923, v. 128, pp. 415-445.

como uma crença dogmática de antemão: deve-se admitir a *possibilidade* de sua falsidade, até se dispor de provas genuínas.

4. O tipo de argumentação encontrado nos escritos dos escolásticos não constituem, portanto, discussão genuína no presente sentido. A conclusão é dada de antemão, firmemente sustentada por uma atitude de fé. Se além da certeza da fé se procuram também provas racionais, isso não passa de uma concessão a uma mentalidade inteiramente diferente da do crente. Dado que a abordagem "democrática" da Antiguidade sobreviveu no mundo medieval, exigindo provas racionais, os escolásticos se propuseram a fornecê-las provando tudo o que não é provável. Mas a "discussão" empreendida sob tais auspícios era uma impostura. Para a mente democrática, todas as posições iniciais têm o mesmo direito a ser consideradas, estando todas no mesmo nível. Na discussão escolástica, entretanto, a admissão inicial da possibilidade de posições adversas não passava de simulação. Uma abertura (latitude) real só existia em relação a questões não decididas pelo dogma; mas no caso de temas importantes sobre os quais a posição da Igreja estava claramente definida, a argumentação só servia para justificar crenças existentes, antes que para estabelecer uma verdade original.

Encontramos esse tipo "escolástico" de discussão, que usa procedimentos de argumentação racionais para justificar posições dogmáticas, em situações históricas nas quais o fermento da incerteza intelectual e da busca genuína de uma verdade elusiva sobrevive desde épocas anteriores e deve ser eliminado em nome da conformidade. Isso pode ser designado como um tipo "neutralizado" de discussão.

Os sofistas ainda viviam numa atmosfera de dúvidas genuínas e investigação radical[17]. Basicamente, Sócrates pertencia a esse tipo, ainda que seu objetivo fosse o de superar a incerteza e atingir a verdade final. Em Platão, já encontramos a reação "romântica" ao fermento racionalista da era dos sofistas — nos diálogos, o método livre e desimpedido de discussão é às vezes usado para demonstrar teses precisas, tomadas de início como certas.

5. A dialética hegeliana é um notável exemplo da maneira como se silencia uma discussão genuína usando um esquema formal para justificar uma conclusão dada de antemão. Todas as posições antitéticas desenvolvidas na época da Revolução e do Racionalismo de um lado, assim como as da Restauração e do Romantismo de outro — seja quanto à lógica, política ou experiências particulares — todas essas posições estão representadas nas teses e antíteses dialetica-

[17] Cf. o capítulo anterior deste volume.

mente ordenadas por Hegel. A discussão, entretanto, é conduzida em direção a uma solução predeterminada. No tempo de Hegel, parecia de fato que uma nova estabilidade, uma nova síntese emergia do conflito de dois mundos — o do feudalismo e o da burguesia. A nova estabilidade deveria assentar-se sobre a posição consolidada da burguesia vitoriosa (naquele momento, não se podia saber que essa estabilidade logo seria posta em xeque pelo novo radicalismo dos movimentos revolucionarios proletários). Essa expectativa de um mundo onde conflitos passados são resolvidos numa harmonia superior fornece o conteúdo das conclusões hegelianas; na dialética, a discussão se "neutraliza" a si própria[18].

6. Na discussão genuína, todos os participantes são igual e conjuntamente responsáveis pelas conclusões alcançadas. Essa distribuição igual da *responsabilidade* é uma das características da sociedade democrática, em marcante contraste com a ordem pré-democrática onde a responsabilidade é concentrada. Na velha monarquia chinesa, por exemplo, o Imperador deveria ser deposto se uma grave calamidade atingisse o povo durante seu reinado: isso era sinal de que a vida do Imperador estava em desacordo com a Senda (o "Tao"). Na sociedade primitiva, a responsabilidade recai sobre personalidades carismáticas, profetas ou santos. Posteriormente, grupos de poder tradicionalmente consolidados podem desempenhar o papel de garantidores do "acerto" do processo social. No sistema tradicional, o acerto e a verdade da ordem dada parecem ser garantidos por sua longa duração. O Romantismo também encara o mero "crescimento" como critério de valor e justeza. O denominador comum de todos esses tipos de ordem pré-democrática é que a fonte da autoridade social não é a vida autônoma das unidades da sociedade mas algo fora e acima dela: a revelação divina direta ou — quando a divindade já não pode mais ser consultada diretamente — a tradição, o tempo, o "crescimento" imperceptível das instituições.

As épocas autoritárias não reconhecem a autoridade conjunta da coletividade. Entretanto, algo parecido existe na democracia primitiva (isto é, em comunidades primitivas homogêneas). É claro que a democracia primitiva e pré-individualista difere da democracia moderna e amadurecida, na qual todos os cidadãos têm uma parcela de responsabilidade enquanto agentes autônomos. É verdade que na democracia primitiva a autoridade não é escalonada hierarquicamente; todos estão no mesmo nível. Mas ao mesmo tempo,

[18] Isso se aplica tanto à dialética hegeliana quanto ao Marxismo. (N. do T. inglês.)

o indivíduo é totalmente controlado pelo grupo: não pode agir nem pensar em desacordo com as diretivas do grupo. É nesse sentido que Durkheim fala de uma "solidariedade mecânica" característica das sociedades primitivas[19].

Na democracia moderna e amadurecida, a solidariedade não é automática, devendo ser constantemente retomada através de conflitos e tensões. Desde que todas as unidades sociais são agentes plenamente autônomos, elas prefeririam seguir seu próprio rumo. Entretanto, enquanto a massificação extrema não se instaura, é sempre possível encontrar uma solução média com a qual todos podem concordar. Os impulsos vindos de baixo se ajustam através de um compromisso que expressa a vontade representativa do momento. Nesse ponto, só são válidas as normas endossadas por todos; elas devem ser constantemente criticadas, revistas e reafirmadas a partir de baixo. Desse modo, a responsabilidade se individualiza; via de regra, ela não é apenas assumida implicitamente, mas conscientemente experimentada enquanto tal.

7. No momento, não se pode dizer se essa responsabilidade individualizada representa o estágio final do desenvolvimento democrático. Atualmente, parece que atingimos um ponto crítico. Quando a democracia incompleta, na qual as elites econômicas e intelectuais ocupam posições de controle, subitamente se transforma em democracia plena, a tendência à autonomia plena de todas as unidades sociais chega ao limite, ao mesmo tempo que a massificação leva à autoneutralização da democracia.

Na democracia incompleta, o auto-interesse esclarecido dos grupos dirigentes é temperado pela voz da consciência. Ainda que isso não resulte em perfeita justiça social, o indivíduo adquire direitos bem definidos geralmente respeitados. Este equilíbrio entre moralidade e auto-interesse, entretanto, é rompido com o surgimento de movimentos ditatoriais proselitistas. O indivíduo então já não conta mais. Grupos numerosos tornam-se homogêneos e chocam-se com outros grupos que também se movem sob um comando centralizado. Perdem-se todas as conquistas morais, como o refinamento da consciência e a moderação dos interesses por uma ética racional e imparcial. Somente terão vez os interesses coletivos de bem-estar, estatisticamente determinados e promovidos pelo *élan* agressivo da competição entre cliques dominantes.

8. Na esfera legal, a elaboração, o cumprimento e a administração da justiça sofrem mudanças decisivas sob o

---

19. Cf. EMILE DURKHEIM, *De la Division du Travail Social*, Paris, 1922, especialmente Caps. II e III do Livro I; também P. FAUCONNET, *La Responsabilité, Étude de Sociologie*, Paris, 1920, e R. HUBERT, *Manuel Élémentaire de Sociologie*, Paris, 1925, p. 301 e ss.

impacto da autoneutralização da democracia. No estado de democracia incompleta, observava-se uma tendência para um crescente refinamento da ética das intenções *(Gesinnungsethik)*, segundo a qual o indivíduo deve ser julgado de acordo com a *intenção* que está por trás de suas ações antes que pelo *efeito* por elas produzido. Isso fazia com que quase todas as ações, quando adequadamente analisadas e compreendidas, tivessem uma escusa; ao cabo, dificilmente se castigaria um violador da lei, dado que a psicologia combinada com a sociologia demonstravam que ele não podia ter agido de outro modo. No estágio ditatorial, entretanto, as intenções subjetivas tornam-se quase irrelevantes. Nada é levado em conta, exceto o resultado objetivo da ação a ser julgada. Quais teriam sido as influências dessa mudança sobre o bom funcionamento do corpo social?

Nesse estágio, o direito tem pouco a ver com a justiça enquanto categoria moral. O legislador se confronta com a questão de como elaborar imperativos que minimizem a probabilidade de comportamentos anti-sociais, dada uma distribuição provável de reações previsíveis por parte dos indivíduos. O direito, combinado com a propaganda, torna-se assim um instrumento de manipulação social. Por outro lado, os juízes terão que determinar o grau de responsabilidade da punição não em termos da intenção subjetiva, mas em termos do efeito concreto exercido por uma ação sobre a integridade de uma ordem social existente. Desse modo, retrocedemos à fase da "solidariedade mecânica" da democracia primitiva — o indivíduo não é mais que um espécime de seu grupo.

9. Será essa a consumação do desenvolvimento de democracia? Não se pode prever. Os fenômenos acima descritos talvez sejam expressão de um estágio transitório. Talvez esse estágio seja de longa duração, durando tanto quanto a massificação. Entretanto, deve ser enfatizado que a "massificação" não pode ser superada através da redução do número de indivíduos que participam ativamente do processo político. Em outras palavras, a solução não se encontra numa volta ao padrão elitista das sociedades pré-democráticas ou da democracia incompleta. Nossa cultura só pode superar a massificação renunciando à compulsão de integrar as pessoas em enormes massas homogêneas que afogam sua individualidade autônoma.

O primeiro passo para superar a massificação pode ser a criação de várias pequenas comunidades que proporcionem a seus membros oportunidades de atingir conclusões responsáveis e individuais. Desse modo, muitas pessoas que participam da vida política de democracias plenamente desenvolvidas tornar-se-iam pessoas completas, como foram os membros da elite atuante na fase de democracia incompleta. Se essas comunidades de indivíduos autônomos atingissem um equilíbrio entre si, a autoneutralização entraria gradualmente em recesso e desapareceria. Pode-se encarar a emergência desse tipo superior de sociedade plenamente democratizada mas não mais massificada como um ideal. Na prática, entretanto, não se pode esperar que tal processo se desenvolva sem atritos. É provável que o aprendizado social se realize através de dolorosas convulsões, precisamente num estágio da democracia em que as energias sociais se encontram plenamente mobilizadas.

10. Como foi dito no início deste estudo, a sociedade democrática vive sob a perene sombra da possível desordem e do caos, desde que em princípio todas as unidades sociais têm pretensões de afirmar-se, não havendo garantias de que farão compromissos com seus interesses e aspirações divergentes antes que o conflito se torne agudo e violento. O indivíduo democratizado, por sua vez, tem sempre consciência do caos que furtivamente se oculta nas profundezas de sua própria personalidade. Não existe nenhum padrão dado de ordem garantido para sempre num mundo democrático; a ordem e a integração devem sempre ser recriadas. Isso é essencial à democracia como um modo de vida; condenar a democracia em nome de um ideal de ordem é portanto fútil e impensado. Ordem e fluidez, disciplina e abertura, são ideais humanos antitéticos que se concretizam em diferentes sistemas sociais de caráter autoritário e democrático respectivamente. Um tipo de sociedade não pode ser adequadamente julgado a partir dos pontos de vista firmemente estabelecidos nos ideais de outra. Assim, um pensador autoritário se irrita com a falta de ordem e disciplina de um sistema democrático e com os vários abusos daí resultantes. Ao mesmo tempo, porém, tal crítico ignorará os elementos positivos inerentes à própria abertura e fluidez da democracia.

A existência humana não conseguirá realizar integralmente suas potencialidades presa a uma disciplina sistemática excessiva. Se tabus e inibições socialmente impostos impedirem por completo o acesso ao inconsciente, a vida mental e emocional se congelará num molde rígido. A ordem alcançada por esse meio, entretanto, será mais superficial que real. Pois as forças do caos e os impulsos do inconsciente não deixam de existir quando afastados da consciência ou privados de expressão. A autoridade rígida, particularmente em sua forma ditatorial, pode escondê-los; sob a superfície, entretanto, eles continuarão ativos e poderão irromper em súbita explosão. Numa democracia, as crises potenciais logo se anunciam; desse modo, a sociedade é prevenida e as várias camadas sociais podem reagir imediatamente para alterar as pressões que a afetam. Nesse sentido, pode-se dizer que a democracia é o mais elástico (e portanto adaptável) dos sistemas sociais. A impressão de "caos" e desordem pode mesmo ser totalmente enganadora: o que parece caos pode na realidade ser um ajuste rápido e instantâneo a uma série de mudanças.

11. A auto-expressão completa, com suas potencialidades positivas e negativas, adaptativas e caóticas, não é atingida simultaneamente por todos os estratos sociais. Pode-se observar, nas etapas iniciais da democratização, que grupos garantidos pelo privilégio da segurança tornam-se plenamente "mobilizados" e autônomos em seu pensamento ao passo que o grosso da população ainda persiste em atitudes e comportamentos tradicionais. Pode-se dar que tais diferenças quanto ao grau de autonomia sejam transitórias; seria um erro supor que são traços necessários de qualquer ordem social (ou, como diz Michels, que todos os grupos são necessariamente e sempre governados por oligarquias). O quadro geral amplo pode ser muito diferente do traçado em pequena escala. A curto prazo, entretanto, as diferenças podem ser bastante reais.

Sabemos que os pensadores do Iluminismo achavam que o homem comum ainda não estava maduro para pensar racionalmente por sua conta. A religião, pensavam eles, era necessária para mantê-lo dentro de limites. Num período posterior, quando a democracia degenera em ditadura, observa-se algo similar. As elites da cúpula só se preocupam com o poder, desencantadas e cínicas sobre todas as ideologias, inclusive sua própria ideologia oficial; ao mesmo tempo, fazem com que a fé das massas no mito oficial se mantenha inalterada. O pensamento da liderança é totalmente racional e voltado para a realidade, exceto quanto à irracionalidade singular de sua ambição de poder; o das massas é entorpecido e controlado pela demagogia.

12. A sociedade pode ser governada durante longos períodos com base numa distribuição desigual de autonomia e responsabilidade. Um regime assim até parece ter descoberto o segredo da estabilidade, dada sua capacidade de tão bem manipular as massas. E as massas permanecerão juntas e satisfeitas na medida em que se mantém um certo grau de prosperidade; o preço que pagam por essa ordem e prosperidade não lhes é imediatamente evidente mas o ajuste de contas chegará. Poderá ocorrer de modo caótico e irracional; a sociedade poderá precipitar-se cegamente de um extremo a outro, posto que as massas, incapazes de atribuir responsabilidades adequadamente, atuam a partir de meros

impulsos emocionais. Scheler, como já foi notado, supunha que esse domínio dos impulsos cegos seria o estágio final do desenvolvimento democrático. Mas isso pode representar algo diferente — um estágio contendo um doloroso processo de aprendizado. Porque, finalmente, as massas mantidas fora de contato com a realidade acabarão por encontrar-se em face dela. Elas aprenderão a criticar políticas em termos de seus efeitos sobre seus interesses. Certamente, um enorme preço de sofrimento deverá ser pago antes que as massas se desprendam de suas ilusões e se tornem tão iluminadas e sintonizadas com a realidade quanto o foram as elites.

13. Uma distribuição mais igualitária da capacidade de percepção pode também ocorrer de outra forma. Os grupos dirigentes podem descobrir que acelerar o processo de esclarecimento e aprendizagem não é contrário a seus interesses, tendo em vista os perigos inerentes à existência de grandes massas movidas pela emoção cega. Educar as massas em modos de pensar orientados para a realidade, quer dizer, uma real democratização da mente, essa é a tarefa suprema na fase de democracia plenamente desenvolvida. Um certo avanço nessa direção poderia ocorrer mesmo se, de início, as escolas fossem estabelecidas pelos diferentes partidos para estudar a realidade social a partir de seu próprio ponto de vista partidário. De início, o ensino em tais escolas seria unilateral, mas finalmente uma abordagem menos facciosa acabaria por se impor. Há várias razões para tanto: a necessidade de compreender o oponente; a necessidade de fazer convergir grupos oponentes e desengajados; a necessidade de formar coalizões, e a necessidade de encontrar um denominador comum para os principais rivais que, numa democracia, devem alternar-se no poder e portanto abandonar a idéia de que a situação de poder lhes permite transformar a sociedade segundo sua própria imagem. Finalmente, como já afirmei em outra ocasião[20], a coexistência de escolas rivais de pensamento tende por si mesma a descartar em cada uma tudo o que é extremo, unilateral e irracional.

É claro que a educação no realismo, dessa forma, só pode ser empreendida em democracias cujo funcionamento não esteja ainda dominado por forças ditatoriais e autoneutralizadoras.

D. *As Elites Democráticas e seu Modo de Seleção*

1. Não seria uma contradição em termos falar de "elites" numa sociedade democrática? A distinção entre "elite" e "massa" não é anulada pelo processo de democra-

---

[20] Cf. KARL MANNHEIM, "Competition as a Cultural Phenomenon", em *Essays on the Sociology of Knowledge*, Londres e Nova York, 1952, p. 191 e ss.

tização? Não é preciso negar que há uma tendência inerente à democracia ao nivelamento e à abolição das camadas elitistas. Uma coisa porém é dizer que uma tendência existe, e outra supor que ela deva chegar ao limite. Em todas as democracias que conhecemos, é sempre possível distinguir entre líderes e liderados. Será que isso apenas significa que as democracias existentes até o presente têm sido imperfeitamente democráticas? Não seria mais adequado dizer que há um ponto ideal na relação elite-massa que impede o completo desaparecimento da elite? Um ponto ideal não é necessariamente um ponto máximo; se a democracia implica uma tendência antielitista, esta não precisa chegar ao nivelamento utópico de todas as distinções entre governantes e governados.

Partimos da suposição de que a democracia se caracteriza não pela ausência dos estratos elitistas, mas antes por um novo modo de seleção de elites e por uma nova auto-interpretação da elite.

Em épocas de rápida mudança, deve haver pequenos grupos que exploram novas possibilidades culturais e experimentam novas formas de existir tendo em vista os outros. Dessa forma é que são criados novos tipos de experiências que podem posteriormente tornar-se um padrão geral. O que fundamentalmente muda no processo de democratização é a distância entre a elite e a massa. A elite democrática tem antecedentes de massa; desse modo, ela pode significar algo para a massa. Ora, pode ocorrer que, após algum tempo, esta elite novamente abdique de seu papel. A massa mobilizada procurará então trazer de volta essa elite experimentadora, e ao invés de lançar-se em direção a uma existência mais plena, regressará a um nível primitivo. Se, por outro lado, a vanguarda conseguir transmitir novas descobertas, primeiro para grupos intermediários e finalmente para a própria massa, a democratização da cultura será um processo de nivelamento antes que uma tendência à mediocridade igualitária.

2. Pode-se estudar a gênese e o papel das elites nas sociedades democráticas a partir de vários pontos de vista; mencionaremos cinco importantes áreas de pesquisa nesse campo. É de se esperar que pesquisas futuras se devotem a esses problemas. No presente ensaio contentar-nos-emos com considerações gerais de caráter introdutório, sem pretender tratar qualquer desses problemas de modo integral.

Os problemas que nos propomos discutir são os seguintes:

(a) O modo de seleção pelo qual as elites são recrutadas das massas.

(b) A estrutura interna de vários grupos de elite, suas inter-relações e sua relação com a sociedade inclusiva.

(c) Sua auto-interpretação e auto-avaliação, e como são vistas pelos outros.

(d) A distância social entre elite e massa, entendida primariamente como função da consciência da elite.

(e) Os ideais culturais produzidos pelos vários grupos de elite.

Discutiremos brevemente os três primeiros pontos, reservando os dois últimos para um tratamento mais amplo.

(a) Seleção das elites e democracia

1. A seleção das elites assume várias formas nas diferentes sociedades. Existem gradações que vão da competição ilimitada ao monopólio rígido, como no caso da estratificação· feudal ou por castas.

Há sociedades cujas condições são tão fluidas que qualquer indivíduo pode atingir qualquer posição. A base de seleção é bastante ampla em sociedades pioneiras nos estágios iniciais de seu desenvolvimento. As sociedades de pequenos proprietários rurais, com autogestão, geralmente impõem poucas restrições à escolha de líderes[21]. São exemplos disso colônias americanas, a Nova Zelândia, a Austrália, a África do Sul e, em certa medida, o Brasil. Os Impérios burocráticos em expansão freqüentemente preferem os serviços de plebeus habilitados em lugar das classes privilegiadas hereditárias (Rússia, China no século VII, Egito, o Império Romano de Justiniano). As aristocracias comerciais (Inglaterra, as cidades italianas da Renascença) ao mesmo tempo mantinham as divisões sociais e integravam na elite plebeus selecionados. Em outras sociedades, certas condições (como pressão econômica ou militar) levaram a rígidas estratificações de casta, praticamente impedindo qualquer mobilidade vertical, como é o caso da Indonésia, da Índia, da Etiópia e do Império Sudanês.

2. Na sociedade moderna, a seleção da elite assume três formas principais: (I) desenvolvimento burocrático, (II) competição não regulada a (III) pressões de classe. Os membros da elite apresentam marcantes diferenças conforme o mecanismo atuante em sua ascensão.

O tipo burocrático de seleção da elite favorece indivíduos metódicos, capazes de enfrentar qualquer situação em termos de prescrições estabelecidas. Sua perspectiva limita-se a regras e regulamentos; os indivíduos que demonstrem interesses diversificados e propensão para a improvisação são deixados atrás pelo mecanismo da promoção.

[21] J. LEYBURN, James. *Frontier Folkway*, New Haven, 1935.

Em contraste com o padrão sistemático e preordenado do desenvolvimento burocrático, a competição pela liderança na arena política, como os parlamentos do século XIX, não é regulada. O essencial para a projeção política nesse caso não é a capacidade específica em algum campo determinado, mas uma certa dose de projeção popular e magnetismo, compostos de habilidade oratória, energia, identificação com causas coletivas, bagagem intelectual etc., até detalhes esquivos mas importantes como o *glamour* erótico.

Com o surgimento dos partidos de classe no século XX, o sucesso político deixou de depender tanto do magnetismo pessoal, passando a apoiar-se na regularidade partidária. O elemento básico para a conquista de posições políticas de elite não são as peculiaridades do indivíduo, mas a força do grupo que representa.

3. No que se refere à diferença entre a seleção democrática de elites e a não-democrática, o fator mais importante é obviamente a *amplitude da base* de seleção. Um sistema só é democrático se o recrutamento da elite não se limita aos membros de um grupo fechado. Mas mesmo nos casos em que o recrutamento é democrático nesse sentido, pode ocorrer a formação de elites com diferentes estruturas e auto-interpretação, dependendo de certos aspectos de seu *modo* de recrutamento.

A esse respeito, há uma diferença característica entre o modo de recrutamento de líderes liberais e trabalhistas. Os primeiros surgem individualmente do interior do próprio meio político, quer dizer, o grau de influência ou de poder político conquistado não depende de um aumento de poder de nenhum estrato social. Um político trabalhista, entretanto, só ascende se e porque os trabalhadores enquanto classe também ascendem. Essa diferença na origem da posição de elite dos dois leva a diferenças características em sua mentalidade.

Antes que os partidos trabalhistas aparecessem no cenário político europeu, a ascensão de políticos à posição de proeminência e poder era em grande medida um problema individual. Quando um político conseguia fama e influência, não considerava que isso era devido à sua associação com algum estrato ou grupo de interesse. Ele teria se destacado se tivesse escolhido representar outro grupo de interesse (p. ex., protecionistas em lugar de livre-cambistas); tudo dependia de suas próprias aptidões superiores. Essas histórias pessoais produziam uma postura "heróica" e uma perspectiva geral segundo a qual uma carreira dependia de dotes pessoais antes que das configurações sociais impessoais às quais pertencia o aspirante. De acordo com essa filosofia, a "vida" dá a todos as mesmas oportunidades; em todas as partes há chances para serem aproveitadas.

Com esse quadro por pano de fundo, a ascensão a uma posição de elite (não apenas política, mas também em termos de uma economia competitiva) parece ser fruto de uma conquista pessoal. Os arrivistas que por esse meio chegam à elite tendem a acreditar no papel decisivo desempenhado pelo indivíduo excepcional em assuntos dessa natureza. Nos dramas, procuram heróis de vontade enérgica; na História, grandes personalidades. Não se pode dizer que o individualismo professado por esse tipo de pessoa seja mera ideologia, sem relação com sua experiência real. Esse individualismo é uma destilação bastante direta de um tipo peculiar de experiência, ainda que totalmente inadequado enquanto teoria geral. Para o sociólogo, é bastante fácil perceber a intervenção de configurações sociais onde o individualista ingênuo só vê méritos e conquistas pessoais.

Esse tipo "heróico" de individualismo é capaz de grande sublimação individual. No idealismo alemão, a perspectiva individualista da burguesia liberal alcançava profundidade e dignidade moral. No entanto, o idealismo e seu sucessor, o existencialismo, tendem igualmente a isolar o indivíduo dos outros, e a torná-lo insensível à dependência do homem com respeito à comunidade e à comunicação. Em sua metafísica, tais tipos concebem o homem como uma mônada desprovida de intercomunicação. O que um homem pode significar para outro não é levado em conta nessa filosofia do *self-made man*.

A perspectiva típica dos políticos trabalhistas que atingem posições de elite é inteiramente diferente. Não é verdade, naturalmente, que o grupo que representam se eleve junto com eles; pelo contrário, os políticos trabalhistas passam a fazer parte de um estrato mais elevado quando se tornam influentes. Entretanto, não podem nunca esquecer-se que sua própria ascensão na sociedade esteve indissoluvelmente ligada à sua identificação com um grupo particular de interesse e com o aumento relativo da influência desse grupo. Mesmo quando abandonam seus companheiros originais e ascendem a uma posição solitária de eminência, é pouco provável que generalizem essa experiência em termos de uma teoria da história baseada no "grande homem". É muito mais provável que reconheçam que forças de grupo e fatores coletivos estão por trás das conquistas individuais. Como vemos, elites com diferentes modos de recrutamento tendem, por essa mesma razão, a adotar diferentes perspectivas com relação a "vida" e "destino".

Diferença análoga pode ser percebida nas atitudes desses dois tipos de membros da elite com respeito a cultura e civilização. Conforme sua perspectiva "heróica" e individualista, os membros da elite que se projetaram individualmente tendem a achar que o conteúdo essencial da cultura é dado pelas grandes obras. Os trabalhos de gênios supremos determinam o valor de uma cultura como um todo. A cultura é vista não como um fluir contínuo de realizações cooperativas, mas como série descontínua de momentos sublimes de criação. O esforço médio e cotidiano da coletividade é depreciado. Entretanto é exatamente isso que as elites recrutadas por mecanismos coletivos consideram a essência do processo cultural. Sua auto-estima se enraíza na modéstia, agradando-lhes contemplar o gradual acúmulo de pequenas conquistas, a confluência de pequenas correntes num rio poderoso. Valorizam a continuidade no espaço e no tempo, enfatizando transições e diferenças de grau onde o outro tipo de elite percebe diferenças essenciais e qualitativas. No campo da educação, consideram a boa média mais importante que as grandes realizações; em matéria de história, sustentam que o destino dos grupos, e da humanidade inteira, depende mais dos esforços constantes da massa anônima que dos vôos admiráveis de gênios raros[22]. Nem é necessário dizer que a perspectiva da elite coletivamente recrutada é que corresponde ao processo de democratização que aqui nos interessa.

(b) Estrutura de grupo e relação a outros grupos

A estrutura da organização interna dos grupos de elite e sua posição relativa face a outros grupos também acarretam importantes conseqüências para sua interpretação do homem e do mundo. Por exemplo, na Idade Média, a elite intelectual de professores universitários estava organizada em corporações e portanto ocupava a mesma posição na sociedade que qualquer outro grupo ocupacional autônomo e oficialmente reconhecido. No século XIX, por outro lado, a posição social de um vasto setor de elite intelectual era a do boêmio, sem laços cooperativos e sem um lugar bem definido na sociedade; os membros desse grupo moram num curioso meio no qual pretensos ou autênticos homens de gênio imiscuíam-se como ovelhas negras de famílias aristocráticas ou burguesas, marginais *déclassés,* prostitutas, artistas de variedades e outros fugitivos da sociedade organizada. Até mesmo os jovens que viriam a contentar-se com carrei-

---

22 Enquanto tais diferenças típicas de perspectiva provavelmente existiram na Alemanha dos séculos XIX e XX, um fenômeno correspondente não ocorreu na sociedade americana moderna. De um lado, nos Estados Unidos não há uma elite política com antecedentes trabalhistas, desde que não existe um partido trabalhista disputando posições governamentais em escala nacional. De outro, a filosofia do *self-made man* americano não envolve nenhuma admiração excessiva pelo gênio político, artístico, científico ou filosófico. (N. do T. inglês.)

ras burocráticas ou profissionais costumavam levar uma vida anárquica e desregulada enquanto estudantes. Tudo isso exercia considerável influência sobre seu pensamento. Quando a elite intelectual existe fora da sociedade normal, suas idéias tendem a revelar um matiz "romântico". Tais intelectuais cu'tivarão um conjunto de valores muito afastados das preocupações das pessoas comuns. Como artistas, tornar-se-ão estetas dedicados ao culto de *arte pela arte;* enquanto pensadores, procurarão o obstruso e o esotérico. Isso é inevitável numa sociedade que dispensa os serviços do intelectual que se dedica a tarefas "sérias". Mas o panorama pode mudar. Em períodos de conflito social acirrado, os líderes de movimentos políticos podem tomar consciência do potencial propagandístico da arte, passando a encarar o artista seriamente e a atribuir-lhe uma função "responsável"; por parte do artista, poderia ocorrer sua politização e a adoção da crença de que somente a arte "socialmente significativa" é boa.

Admitimos, portanto, que a "democratização" envolve uma diminuição da distância entre a elite intelectual e outros setores da sociedade. Na medida em que o processo se desenvolve, os laços entre a elite intelectual e a sociedade tendem a tornar-se mais estreitos e mais orgânicos. Isso não significa que a arte se tornará abertamente propagandística, mas apenas que ela terá função mais orgânica na vida social do que tem tido a *arte pela arte.*

(c) A auto-avaliação das elites aristocráticas e democráticas

O problema da auto-avaliação da elite intelectual já foi tratado em detalhe em outra ocasião[23]. Do ponto de vista da "democratização" da cultura, o importante é notar como a auto-avaliação das elites culturais se altera à medida em que a cultura se torna mais democrática.

Os grupos intelectuais de meios aristocráticos inclinam-se a ver-se tal como aparecem para seus superiores sociais. A auto-estima do artista depende de seu sucesso em conseguir patronos aristocráticos; a do professor, do número relativo de alunos aristocráticos. Gradualmente, no entanto, esses grupos desenvolvem padrões independentes do veredito dos grupos socialmente dominantes. O modo pelo qual os intelectuais se julgam entre si passará a contar mais do que seu julgamento pelos demais grupos. Finalmente, os padrões pelos quais a elite cultural se julga a si própria tornar-se-ão menos estreitos e exclusivos. A destreza intelectual, que distingue a elite dos iniciados em qualquer nível social deixará de ser considerada como o valor humano supremo. O intelectual deixará de des-

[23] Ver o segundo ensaio deste volume.

prezar o aristocrata. Considerará sua especialidade como equivalente a outras — possivelmente superior a outras em termos quantitativos, na medida em que envolve mais conhecimento e preparo, e não em seu aspecto essencial e qualitativo, como realização de um tipo humano superior.

(d) Distância social e democratização da cultura

1. Usualmente, a palavra "distância" designa uma distância especial entre as coisas[24]. No presente contexto, porém, aplicaremos a palavra (metaforicamente) a relações sociais antes que espaciais, preocupando-nos não com distâncias estáticas mas com atos *criadores* de distância (como ocorre quando uma coisa é afastada de outra). A distância enquanto fenômeno social é *produzida* por agentes interessados em manter distância social entre si e os outros, precisamente quando vivem unidos no sentido espacial.

Nesse sentido, "distanciamento" social lembra "alienação", mas são fenômenos distintos. A alienação implica um esfriamento das relações emocionais. Quando nos "alienamos" de alguém, desfazemos laços de identificação que antes nos uniam. De modo semelhante podemos tornar-nos "alienados" de lugares ou grupos em que alguma vez nos sentimos "em casa". Mas não é isso o que constitui a essência do distanciamento.

O elemento de atividade espontânea "gerador" de distância fica claro num exemplo visual de Bullough[25]. Um navio aproxima-se do porto; pode-se ver claramente a cidade. Ao cair da névoa, a cidade novamente "se perde na distância". Trata-se agora de "distanciamento", pois a cidade permanece espacialmente próxima, só se tornando mais distante num sentido psicológico. É claro, porém, que não é o ato social do sujeito que cria a distância; o sujeito apenas registra maior distância porque sua visão ficou embaçada pela névoa.

No campo social, o "distanciamento" se expressa, bastante literalmente, num movimento de afastamento em relação ao outro, como ocorre quando nos mantemos à distância de um indivíduo ameaçador. Esse tipo de comportamento

---

24 Sobre o problema da distância social, cf. G. SIMMEL, *Soziologie*, Leipzig, 1908, p. 321 e ss. e p. 687 e ss. R. E. PARK, The Concept of Social Distance, *Journal of Applied Sociology*, v. VIII, n. 6; E. S. BOGARDUS, Social Distance and its Origins, *Journal of Applied Sociology*, 1925; W. C. POOLE, JR., Distance in Sociology, *American Journal of Sociology*, 1927, v. XXXIII; R. E. PARK e E. W. BURGESS, *Introduction to the Science of Sociology*, Londres e Chicago, 1924, p. 440; L. VON WIESE, *System der allgemeinen Soziologie*, 2. ed., p. 160 e ss.; A. WALTHER, "Soziale Distanz", em *Koelner Vierteljahrshefte für Soziologie*, 1931, p. 263 e ss.

25 Cf. E. BULLOUGH, Psychical Distance as a Factor in Art and an Aesthetic Principle, *British Journal of Psychology*, 1912-13, v. V, p. 87 e ss.

é freqüente entre os animais[26]. Nas observações de Révéz sobre macacos, quando os animais são alimentados pela primeira vez cada um procura derrotar os demais; mas a partir do momento em que um deles estabelece sua superioridade sobre os demais, todos — exceto os filhotes mais fracos e portanto privilegiados — mantêm-se a uma distância segura do vencedor, especialmente na hora de alimentar-se. A dominação e o medo impõe a distância tanto física quanto social [27].

Partimos do pressuposto de que o "distanciamento" social aparece primeiro sob a forma de evasão, da qual de fato resulta a distância física. Posteriormente, o distanciamento social torna-se mais sublimado, dispensando a evasão *espacial*. No entanto, certos tipos de comportamento geradores de distância ainda são caracterizados no discurso cotidiano por meio de metáforas espaciais, como no caso de se dizer que alguém fica "ao alcance da mão". A conotação dessas expressões sugere que foi criada uma distância maior que a normal, ou que a esperada pela pessoa mantida "ao a'cance da mão". No interior de cada meio social existe uma distância "normal" que deve ser respeitada pelos indivíduos em interação. Os desvios da norma são tachados de "afastamento" indevido ou "intromissão" indesejada. Essas infrações das normas do comportamento social são caracterizadas por metáforas que implicam distância física. O ritual do relacionamento social muda quando se passa de um grau de intimidade para outro; se numa situação que exige a observância de um ritual uma pessoa incongruentemente aplica outro, sente-se por parte dela "muita proximidade" ou "muita distância". Também no caso de objetos cotidianos ou obras de arte, pode-se falar na distância "normal" em que devem ser situados.

Outro exemplo importante de distância social é a distância vertical entre indivíduos hierarquicamente desiguais: a distância criada pelo poder. Tal fato se reflete num grande número de padrões de comportamento desenvolvidos pelas sociedades hierarquicamente estratificadas. Pode-se mencionar a diferença de vestuário de uma casta para outra, diferentes modos de tratamento, cerimoniais de deferência, gestos de submissão, e assim por diante. Na sociologia da cultura, e particularmente em estudos como o presente, o problema da distância vertical e do distanciamento é por certo fundamental. É importante perceber que o distanciamento vertical pode implicar não só as relações mútuas de dois grupos,

---

26 Cf. GÉZA RÉVÉSZ, "Sozialpsychologische Beobachtungen an Affen", Zeitschrift für Psychologie, 1930, v. 118. O autor nota que existem "relações sociais fundamentais de poder que se manifestam independentemente do nível intelectual da espécie em questão" (p. 148).

27 Para observações similares, ver S. ZUCKERMAN, *The Social Life of Monkeys and Apes*, Londres e Nova York, 1932; C. R. CARPENTER, "Field Study in Siam of the Behavior and Social Relations of the Gibbon", em *Comparative Psychology Monographs*, v. 16, n. 5, dez. 1940.

mas também a relação entre uma pessoa ou grupo e objetos inanimados com significação cultural. Em outras palavras, existe uma diferença entre produtos culturais "superiores" e "inferiores". Essa metáfora espacial pode ser claramente ilustrada pelo fato de que coisas de significação "superior", como os objetos de culto, são colocadas tão alto que para vê-las é preciso olhar para cima. No falar também há diferença entre "alto" e "baixo". Certos temas "elevados" requerem vocabulário solene e fala cadenciada, ao passo que assuntos "inferiores" podem ser tratados de modo menos austero. Na esfera erótica, a diferença entre "superior" e "inferior" é particularmente conspícua: a idealização do "amor" se manifesta através de um "distanciamento" da sexualidade que coloca num "pedestal" o objeto desse amor, assim como à própria experiência se atribui uma natureza "superior"...

Além do distanciamento "social", seja no sentido vertical ou de graus de intimidade, pode-se discernir um tipo mais fundamental de distância entre os homens, que podemos denominar distância "existencial". Trata-se da distância entre o eu e o outro, puramente enquanto pessoas e a despeito de relações sociais convencionais. Por vezes o outro, enquanto pessoa, aparece vívido para mim num rasgo de empatia; de outras, perde-se na distância existencial, torna-se irreal e ausente para mim enquanto pessoa. O autodistanciamento é uma variante particular do distanciamento existencial; a experiência de que sou um estranho para mim mesmo, ou de que posso estar mais ou menos próximo de mim mesmo. Assim como outras formas de distanciamento existencial, o autodistanciamento não pode ser bem observado isolado de seu contexto social e histórico concreto. Certas constelações sociais e culturais virtualmente impõem o autodistanciamento; outras tornam possível superá-lo e recobrar-se a si próprio. Nessas épocas, muitos indivíduos procuram restaurar a integridade de sua existência e aproximar-se do centro real de seu ser.

Os vários tipos de distanciamento acima mencionados são passíveis de mudança no decorrer da história, sendo a tarefa da sociologia cultural demonstrar as regularidades existentes no processo. Nossa hipótese básica é de que o tipo mais fundamental e casualmente decisivo de distanciamento é o social. O modo segundo o qual se altera o padrão de distanciamento dos objetos culturais (ver a parte final do item "b", supra) será determinado pelo que ocorre na esfera do poder, quer dizer, do distanciamento vertical. De fato, o caráter fundamental de uma cultura — democrático ou aristocrático — depende basicamente de seus padrões de distância vertical. Democratização significa essencialmente uma redução da distância vertical, um desdistanciamento.

2. Examinemos, por exemplo, uma cultura pré-democrática (aristocrática ou monocrática). Seu traço essencial é a "distância" vertical entre governantes e governados — no sentido de que inúmeros atos opsíquicos que reafirmam e reconhecem essa distância constituem o principal mecanismo através do qual os governantes exercem o poder. É claro que os governantes controlam uma série de instrumentos materiais que os ajudam a manter o poder (por exemplo, os armamentos e os meios de comunicação), mas não é dessas coisas materiais que provém seu poder. Seu poder nasce da propensão de seus governados a considerá-los como seres superiores.

Certos grupos hierarquicamente organizados no interior da sociedade inclusiva, tais como o exército e a burocracia, podem nesse sentido ser também considerados como produtos de atos de distanciamento. É a ocorrência regular e certa desses atos que fazem com que essas organizações sejam o que são. A distância vertical é o princípio construtivo sobre o qual se apóia a própria existência desses grupos.

Na sociedade aristocrática, os estratos dirigentes "criam" uma distância entre si e os grupos inferiores encarando os membros destes a partir de um plano superior. Todo contato entre "superior" e "inferior" sujeita-se a um ritual altamente formalizado. Dominar grupos inferiores não se resume a dar ordens e obrigar à obediência. Em grande medida, consiste na manutenção de uma distância vertical que se torna parte integrante do pensamento de dominadores e dominados. Esse distanciamento psíquico faz parte da ordem hierárquica aristocrática tanto quanto a distribuição desigual de vantagens e riscos.

Os padrões rígidos de conduta, que prescrevem uma etiqueta formal para cada ocasião, são um poderoso instrumento para a manutenção da distância. As culturas aristocráticas reprovam o comportamento espontâneo e impulsivo, tido como vulgar. Adotam ideais de comportamento como a *kalokagathia* grega ou a *mâze* (mesura) medieval alemã, também cabe mencionar nesse contexto o código de conduta cavalheiresca elaborado pela nobreza provençal e que se tornou norma universal. Esses exemplos demonstram que as culturas aristocráticas tendem a maximizar a distância não só em sua dimensão vertical, isto é, entre grupos "superiores" e "inferiores", mas também entre iguais. A atitude tipicamente aristocrática é a "distância" e a formalidade mesmo dentro do círculo íntimo.

O distanciamento na sociedade hierarquicamente organizada afeta não só as relações interpessoais mas também as atitudes com respeito aos objetos culturais. Certas normas e instituições sociais revestem-se de absoluta autoridade: os pensamentos críticos a ela relacionados são tabus. As sociedades aristocráticas possuem sua filosofia oficial que de modo algum pode ser questionada.

As elites aristocráticas procuram criar uma "elite cultural" própria. Com isso pretendem que certos traços essenciais de sua cultura, como as formas de relação social, os passatempos, padrões de discurso, assim como várias técnicas e sistemas de conhecimento não sejam compartilhados pelos demais. (Elites intelectuais de tipo aristocrático, como as castas sacerdotais, adotam desse modo linguagens sagradas próprias, como sânscrito ou latim.)

Considerada desse ângulo, a adoção do vernáculo para fins literários ou litúrgicos é um veículo importante para a democratização da cultura, assim como a irrupção de preocupações "inferiores" (tecnológicas e industriais) no âmbito sagrado da "ciência".

O discurso aristocrático é tipicamente formal, estereotipada e estilizado. Seu horizonte tem limites severos: certos objetos "inferiores" são excluídos dele. Tudo aquilo que é de maior urgência para as camadas em luta pela sobrevivência, como alimento, dinheiro e os meios para satisfazer as necessidades elementares em geral, não deve nem ser mencionado. Ao nível aristocrático, essas preocupações elementares não são levadas em conta. Esse tipo de atitude torna-se mais extremado na medida em que um grupo aristocrático envelhece e se resume a membros que não criaram, mas herdaram sua posição privilegiada. A "primeira geração" de um grupo dominante, sem experiência de risco ou luta seja em guerras ou em finanças, não possui ainda essa extrema suscetibilidade. Seus descendentes, no entanto, tendem a desviar a vista dos "fatos da vida" até um ponto em que já não vivem no mundo de coisas reais, mas num segundo mundo de símbolos artificiais[28]. O discurso "culto" dessas camadas privilegiadas as separa da plebe; essa é uma das mais importantes barreiras sociais entre as classes de uma sociedade estratificada. A plena intercomunicação não é possível em face da coexistência de discursos "superiores" e "inferiores". Para o homem comum, o discurso elegante parece artificial e hipócrita; para as camadas dominantes, o discurso popular é grosseiro, brutal e degradante.

Um dos sintomas de distanciamento é a tendência, apresentada pelos termos que designam os grupos sociais inferiores, a adquirir uma conotação axiológica pejorativa. Um exemplo bem conhecido é a mudança de significado da palavra *villain* em inglês e *vilain* em francês. Originalmente, essas palavras designavam o "habitante da vila"; em inglês moderno, o termo é sinônimo de "velhaco", e em francês significa

---

[28] Sobre essa diferença entre gerações, cf. RICHARD HAMANN, *Die Frührenaissance der italianischen Malerei*, Iena, 1909, p. 2 e ss.

"feio"[29]. As palavras que originalmente se referiam à elite tendem a mudar de significado na direção oposta (p. ex.: "cortês").

Pode-se perceber outra característica do discurso aristocrático em sua tendência à regularidade rígida, na tentativa de excluir tudo o que é "caótico" e irregular. Respondendo aos requisitos de uma sociedade aristocrática, a Academia Francesa homogeneizou a língua francesa no século XVII. O lingüista francês Brunot realizou um cuidadoso estudo comparativo entre o *Dicionário* da Academia Francesa (1.ª ed., 1694) e um documento posterior não oficial e "democrático", a *Enciclopédia* Francesa[30]. Brunot descobriu que a *Enciclopédia* usava um vocabulário infinitamente mais rico, pois tratava de forma sistemática grande número de processos tecnológicos e industriais postos de lado pelo Dicionário. Segundo esse autor, a diferença não é apenas de conteúdo; o próprio uso da língua é diferente, tendo em vista que a "nova" linguagem está repleta de metáforas e expressões inspiradas por interesses "vulgares", ao passo que a "velha" limitava-se basicamente às frases e metáforas refinadas e corteses.

3. O estudo de certas mudanças no vocabulário em voga permite-nos acompanhar o processo de democratização da cultura. O fato de que em épocas de transição certos termos-chave antitéticos ao espírito hierárquico e estático da cultura aristocrática ganhem voga é um sintoma de democratização. Já nos referimos à mudança de sentido do termo "organismo" num contexto similar. Brunot, no trabalho citado, refere-se à voga conseguida pelo termo "fermentação" como sintoma da mudança de perspectiva por ele descrita. Outras palavras de uso geral no século XVIII (apesar de se originarem antes) incluem "social" e "civilização". Sua nova voga reflete uma reorientação geral do pensamento, uma proliferação de novos campos de experiência. "Progresso", é claro, é um termo-chave que sumariza uma das principais aspirações do Iluminismo[31]. Ao lado do termo correlato "evolução", o termo "progresso" assinala nada menos que o advento de uma nova ontologia, de um repensar a essência e a substância da experiência humana a partir de um ponto de vista radicalmente novo. A ontologia estática que identificava o ser "real" com o que é permanente e inimitável é substituída por uma ontologia dinâmica, que procura

---

29 Sobre a mudança do significado de *villain*, ver CARL BRINKMANN, *Wirtschafts und Sozialgeschichte*, Berlim e Munique, 1927, p. 40.

30 Cf. FRÉDÉRIC BRUNOT, *Histoire de la Langue Française des Origines à 1900*, Paris, 1930, v. VI.

31 Sobre a história da idéia de progresso, cf. JULES DELVAILLE, "Essai sur l'histoire de l'idée de progrès jusqu'à la fin du XVIIe siècle, tese de doutorado, Paris, 1910; v. DF P. M. BRUNETIÈRE, "La formation de l'idée de progrès au XVIIIe siècle", em *Études Critiques sur l'Histoire de la Littérature Française*, 5me. série, Paris, 1902-07, 6. ed., 1922; J. B. BURY, *The Idea of Progress*, Londres e Nova York, 1932.

o ser "real" em tudo o que atravessa um processo de mudança[32].

Uma das características dessa nova ontologia é que ela coloca "função" e "processo" no lugar de *Gestalt*. O pensamento conservador é "morfológico": explica o mundo em termos de conjuntos dados, não analisados e não analisáveis em sua *Gestalt* única. Em contrapartida, o pensamento liberal e progressista é analítico: decompõe as entidades aparentemente monolíticas da visão de mundo tradicional em elementos funcionais. A explicação sociológica dessa dicotomia é um assunto complexo e difícil mas ao menos um aspecto pode se tornar mais claro através do uso de nosso conceito de distanciamento. A *Gestalt* com efeito é produto de um tipo especial de distanciamento. Uma entidade social, como um grupo ou uma instituição, só se apresentará diante de mim como um todo estático, uma *Gestalt*, se eu estiver suficientemente distanciado dela. Se faço parte do grupo, posso ver, a partir de dentro, tanto suas divisões internas como o mecanismo que a move. Para um observador distanciado da esfera governamental — digamos um agricultor provinciano — "o governo" é uma unidade monolítica, algo como uma pessoa ou uma figura mítica. Aquele que observa de dentro, entretanto, percebe o quadro de modo diverso — intrigas, luta por posições, competição — tudo menos unidade monolítica. Em suma, quem observa por fora vê as coisas morfologicamente; quem observa por dentro, analiticamente.

4. Se combinamos essa conclusão com algumas de nossas descobertas anteriores sobre os diferentes modos de seleção de elites, percebemos imediatamente de que modo a democratização acarreta uma passagem da perspectiva morfológica para a analítica. Em sociedade de *status* rígidos, sem mobilidade vertical, a perspectiva morfológica impera. A massa do povo acha-se em posição exógena, contemplando à distância autoridades centrais como o Papado ou o Império. Esses poderes possuem uma concreção única e gestáltica; o povo os experimenta através de simbolismos rituais. O que de fato ocorre "dentro" da esfera do poder é encoberto por uma névoa de mistério. No Ocidente, o segredo foi rompido pela primeira vez durante o Renascimento, quando, no processo de mudanças sociais, novas elites penetraram na cúpula e observaram o processo real em vez do símbolo estereotipado. Maquiavel pode ser tido como um dos primeiros escritores que analisaram os acontecimentos ligados aos estratos

---

[32] Sobre as implicações de "progresso" e "evolução", cf. F. BRUNOT, *op. cit.*, p. 107 e ss.: JOHN DEWEY, Progress, em *International Journal of Ethics*, 1905, v. 26; A. J. TODD, *Theories of Social Progress*. Nova York, 1908; W. R. INGE, "The Idea of Progress", em *Outspoken Essays*, Londres e Nova York, 1922; W. H. MALLOCK, *Aristocracy and Evolution*, Londres e Nova York, 1898; W. F. WILLCOX, A Statistician's Idea of Progress, *International Journal of Ethics*, 1902, v. 23.

superiores da sociedade em termos de um processo político mundano, despojados de sua aura metafísica de mistério. Essa atitude desencantada, realista e analítica em relação à "alta política" acabou por generalizar-se no século XVII. Tornou-se pacífico que a substância da política é uma luta pelo poder na qual tudo é calculável e nada é sagrado.

A mesma seqüência, que passa da mistificação do processo político ao seu desmascaramento, repetiu-se em tempos mais recentes. Durante o Absolutismo a atitude desencantada e analítica em relação aos fatos políticos não era de modo algum prejudicial ao regime autoritário, posto que tal atitude se restringiu aos próprios detentores do poder. Como sua autoridade não era contestada, estes podiam permitir-se encarar seu mundo sem ilusões embelezadoras. O povo não participava do processo político e não tinha consciência de seu mecanismo interno; novamente, as autoridades centrais eram percebidas como uma elevada *Gestalt*. Entretanto, no início do processo de democratização, consideráveis grupos exógenos interessaram-se pelo processo governamental e desafiaram a autoridade dos governantes. A opinião pública passou a exigir dados sobre o exercício da autoridade; e um relato realista que admitisse que o fenômeno era uma simples questão de poder teria sido completamente insatisfatório. Tornou-se necessário idealizar o processo e justificar ideologicamente o poder. Foi nessa época que se desenvolveu a teoria do Estado enquanto agência civilizatória[33]. Essa teoria correspondia à nova necessidade, sentida pela classe média burguesa e pela burocracia profissional, de encarar a autoridade não como puro poder, mas como instrumento do bem universal. Tais ideologias de poder, entretanto, perderam sua força sugestiva quando vastos contingentes, anteriormente excluídos da participação política e da educação superior penetraram na esfera do governo e da cultura oficial. Seu espanto e respeito desapareceram na medida em que tomavam conhecimento do funcionamento interno de um sistema do qual só viram a fachada simbólica. Com efeito, a democratização acarreta o desencanto; costuma-se observar que os regimes parlamentares democráticos não impõem respeito porque o público está constantemente a par das pouco edificantes disputas partidárias existentes no processo parlamentar. Nesse contexto, pode-se também mencionar os aspectos "iconoclastas" da sociologia do conhecimento. Essa disciplina recusa-se a contemplar "à distância" as obras representativas de uma cultura, adotando em relação a elas uma atitude analítica e explorando até as diminutas inter-relações dentre a miríade de impulsos que atuam

---

[33] Cf. FRIEDRICH MEINECKE, *Die Idee der Staatsraeson in der neueren Geschichte*, Munique, 1925, p. 353; também KARL MANNHEIM, *Ideologia e Utopia*, op. cit.

sobre o processo cultural. Portanto, o advento da democracia de massa substitui a *Gestalt* pela "análise". Assim como ocorreu com os novos métodos analíticos descobertos pela geração de Maquiavel. Entretanto, existe uma diferença entre as duas épocas: durante o Renascimento, apenas uns poucos intelectuais adotavam a perspectiva "analítica", ao passo que na era da moderna democracia de massa essa abordagem se generaliza. O segredo da análise política já não se confina aos "manuais para o Príncipe" ou aos "Testamentos Políticos" usados pela elite, tornando-se abertamente públicos.

Quando isso ocorre, passa-se inicialmente a enfatizar o controverso "desmascaramento" das práticas corrompidas dos donos do poder. Tal reação se explica pelo fato de que pela primeira vez o povo vê a realidade profana até então oculta atrás dos símbolos sagrados que adorava de longe; com o tempo, as realidades do processo político tornam-se um dado. O sentimento predominante tende conseqüentemente a ser de preocupação com esse Leviatã, acompanhado de uma sensação de responsabilidade de domá-lo. Em épocas pré-democráticas, as massas, além de reduzidas a um papel passivo, não detinham a responsabilidade de conduzir seu próprio destino. O mundo era simples, a rotina tradicional encarregava-se da maior parte dos problemas econômicos e sociais, e as decisões ficavam a cargo de uma elite centralizada. Por outro lado, a democratização parece associar-se à crescente complexidade do processo social e econômico, envolvendo a necessidade de optar e analisar em vez de simplesmente confiar no funcionamento automático da tradição. O que foi dito não significa que o advento da moderna abordagem analítica só se refira à ampliação da elite. De fato, pode ocorrer que a participação no processo de tomada de decisões se alargue e se torne mais democrático sem que se verifique um progresso claro no pensamento analítico. Para que isso ocorra, é necessário contar com uma certa maturação da inteligência crítica e com uma capacidade de superar o poder sugestivo dos símbolos, o que por sua vez depende do "distanciamento". Essa capacidade, porém, não resulta necessariamente de uma simples alteração de posições sociais; ela requer o concurso de outros fatores. Entretanto, pode-se dizer que a maior proximidade à esfera do poder é *necessária* (sem ser suficiente) para a descoberta de seu mecanismo interno.

5. Um contraste similar ao que acabamos de expor é o que existe entre pensamento "genético" e "sistemático". O espírito analítico moderno prefere a abordagem "genética", ao passo que as culturas autoritárias a evitam e buscam um sistema de verdades atemporais, intocado pelas mudan-

ças e vicissitudes históricas. Para o espírito autoritário, a "validade" deve ser independente da "gênese"[34].

Este contraste pode igualmente ser analisado em termos de "distância". A autoridade tradicional, perpetuando-se através de uma série de gerações, faz gradualmente retroceder sua origem numa distância mítica. Essas origens distantes não podem ser comparadas com nada observável aqui e agora; a autoridade então passa a ser entendida como atemporal e existente por necessidade. A autoridade tradicionalmente sancionada exclui a idéia de que "as coisas podiam ser diferentes"; seu detentor atua como se fosse apenas uma encarnação atemporal da superioridade. Uma nova geração que cresça numa sociedade governada tradicionalmente tenderá a reconhecer todas as pretensões dos detentores da autoridade, pois seus membros não têm memória de um tempo em que as coisas fossem diversas. Por isso, essas gerações não se inclinam a pensar em termos "genéticos" ou analíticos. O pensamento cético, "destrutivo" ou analítico costuma ser encontrado entre os membros de gerações que atravessaram mudanças radicais na esfera do poder[35].

A partir da discussão precedente, fica claro que o modo tradicional de pensar, ainda que antitético ao método genético, não ignora o problema das origens; o que faz é situá-las numa distância mítica onde escapam de uma análise realista. A origem do poder não é revelada, mas oculta num mito sagrado. Uma variante posterior da filosofia conservadora da história substitui o mito supra-racional por uma interpretação racionalista. A história aparece com um sentido, como o desdobrar de um plano racional. Tais interpretações servem de justificação da ordem autoritária prevalescente. A questão de como o poder é gerado não chega a ser examinada e é banida da consciência. Entretanto, uma sociedade democrática não pode ignorar o problema da gênese do poder, dado que seu mecanismo envolve precisamente a criação de poder no curso do processo democrático.

Essa afirmação, não obstante, exige uma certa qualificação. Nas sociedades democráticas a origem do poder e da autoridade acha-se também sujeita a um certo grau de distanciamento, o que se coaduna com nossa asserção geral de que a democracia reduz a distância social vertical sem eliminá-la completamente. O distanciamento não desaparece na democracia, apenas assume outra forma. Analogamente, a democracia não dissolve *todos* os problemas da autoridade social num problema de gênese; a análise genética é usada para desacreditar a autoridade pré-democrática, mas sua própria base de autoridade também se mantém de certa forma

[34] Cf. KARL MANNHEIM, *op. cit.*
[35] Cf. "The Problem of Generations", em KARL MANNHEIM, *Essays on the Sociology of Knowledge*, Londres e Nova York, 1952, p. 276 e ss.

"distanciada". Qual a diferença entre esse distanciamento democrático e o tradicional? Lembraríamos, em primeiro lugar, seu caráter *impessoal*.

A autoridade tradicional recai sobre pessoas ou famílias elevadas acima do resto da sociedade e dotadas de carisma pessoal ou hereditário. A origem dessa autoridade é freqüentemente expressa por meio de mitos: o mikado japonês como "Filho do Céu", as castas superiores da Índia como "Filhos do Norte". Entretanto, a autoridade democrática não se limita a pessoas enquanto tais, sendo apenas conferida temporariamente e condicionalmente a certos indivíduos. Mas se de um lado o distanciamento mítico de pessoas não ocorre na democracia, suas instituições fundamentais é que se tornam "distanciadas". As instiuições são elevadas a uma dignidade simbólica enquanto mitos, como é o caso do processo eleitoral ou de documentos básicos como a constituição.

Sob certas condições, alguns indivíduos alcançam uma posição elevada numa sociedade democrática como astros ou estrelas, ídolos e heróis populares; mas isso se deve a fatores específicos que não nos interessam aqui. Os mitos orgânicos da democracia crescem em torno de conceitos coletivos como a "vontade geral" de Rousseau. Para nós essa "vontade" deve ser encarada de modo realista e não-mítico, como um determinado mecanismo de integração social; entretanto, para Rousseau, o conceito tem um significado transcendente.

6. Pode-se mencionar, como exemplo tipicamente democrático de "distanciamento", o tratamento de entidades coletivas "abstratas" (*abstrakte Kollektiva,* na terminologia de L. Von Wiese) como sujeitos concretos e ativos: o "Estado", o "partido", a "classe" e assim por diante. Similarmente, processos são por vezes transformados em substâncias: "socialismo" ou "romantismo" são vistos como entidades substanciais. O tratamento das corporações econômicas como "pessoas jurídicas" ilustra a mesma tendência. O pensamento conservador caracteriza-se por sua veemente oposição ao "distanciamento" de entidades abstratas e racionais como "o Estado" ou "o Direito". Para esse estilo de pensamento, uma entidade coletiva *poderia* ser investida de autoridade, mas somente se (como a Igreja) se apresentasse sob uma rica aura de simbolismo que a colocasse acima e além da realidade cotidiana. Autoridade alguma poderia emanar de meros instrumentos "profanos" de integração social[36]. O pensamento moderno, entretanto, tende a isolar certas dimensões da realidade social e investi-las de uma dignidade metafísica superior (por exemplo, o tratamento marxista da

---

36 O choque entre a perspectiva conservadora e o "distanciamento" moderno dos instrumentos racionais e sociais pode ser eloqüentemente ilustrado pela polêmica de Hegel contra o conservador von Haller, cf. *Philosophy of Law,* §§ 257-59.

História como um drama dialético desempenhado por forças sociais antitéticas).

Esta combinação da abordagem analítica com a mitificação distanciadora introduz uma certa ambigüidade no pensamento democrático. Só encontramos uma perspectiva integralmente analítica e nominalista nos grupos democratizados quando estes se encontram na oposição. E isso nem sequer se explica a todos. Os liberais e anarquistas inclinam-se ao nominalismo integral, mas os marxistas contrapõem ao realismo conservador sua própria versão de "realismo" (é claro que aqui o termo é usado no sentido da dicotomia medieval de realismo *versus* nominalismo). O que se pode dizer é que a abordagem analítica e nominalista tende a vir à tona quando prevalece a tendência democratizante, de modo que finalmente o "distanciamento" democrático de entidades abstratas também passa a ser criticado. Mas a análise crítica não pode pretender eliminar *todos* os tipos de distanciamento.

Na discussão precedente, contrastamos o distanciamento pré-democrático (que coloca pessoas ou grupos concretos num pedestal inacessível) com o democrático (que personifica e hipostatiza entidades abstratas). O último, de fato, é muito mais característico de nosso tempo que o primeiro. Não obstante, seria um erro apontar na história ocidental um progresso unilinear do "pré-democrático" ao "democrático". O "posterior" não é necessariamente mais "democrático". Assim, podemos encarar a Idade Média como emergindo da anterior tradição racionalista e tipicamente urbana da cidade-Estado grega. Em contraste, a cultura dominante da Idade Média enfatizava padrões de pensamento irracionais, místicos e "primitivos", apesar de certos elementos da tradição racionalista terem sido preservados precisamente pela cultura eclesiástica. Além disso, um processo genuíno de democratização cultural instaurou-se durante a baixa Idade Média, quando grupos urbanos tornaram-se culturalmente dominantes na Europa. Após esse surto inicial de democratização, estabeleceu-se uma tendência retrógrada e a sociedade européia se "refeudalizou". Discutiremos a seguir esse fenômeno em detalhe.

7. Examinaremos inicialmente a tendência democratizante que se manifestou na baixa Idade Média. A mudança social subjacente — isto é, a crescente força dos grupos urbanos — foi seguida de uma transformação estilística radical no domínio da arte, literatura e religião. Começando pela arte: em contraste com o caráter altamente estilizado e irrealista das primitivas pinturas e esculturas medievais, em redor de 1370 a arte medieval começa a ser dominada pelo que poderia chamar-se "realismo interno" (*Nahrealismus*). A essência desse novo estilo consiste em representar todas as

coisas assim como aparecem no contexto da atividade humana cotidiana. Essa atitude radicalmente nova implica uma auto-afirmação revolucionária do homem que descobre a dignidade de sua atividade normal e ordinária. O fenômeno pode ser caracterizado como sendo um *desdistanciamento*. Sociologicamente, acha-se intimamente ligado à ascensão da democracia urbana, na qual o indivíduo encontrou uma crescente margem para exercer influência na esfera política, econômica e cultural. A distância entre o indivíduo médio e as autoridades centrais diminuiu; como reação a isso, a cultura adotou com veemência a perspectiva cotidiana do indivíduo médio, validando-a ao nível da arte e da religião. É óbvio que a perspectiva do cotidiano existiu antes, mas ela não tinha condições de ser culturalmente representativa; isso só se tornou possível quando a alteração do panorama social deslocou a ênfase ontológica em direção ao que era experimentado como "real" na vida diária.

Tendência análoga pode ser observada na arquitetura das igrejas. As primitivas igrejas medievais traduzem em termos arquitetônicos a "distância" máxima entre fiéis e sacerdotes; o altar, cena do ato central do culto católico, situa-se no fim de naves paralelas, simbolizando a distância "infinita" que separa o homem do objeto de sua fé. As igrejas medievais posteriores, entretanto, têm um caráter mais íntimo. Prestam-se ao culto privado tanto quanto à excepcional solenidade das missas cantadas[37]. O leigo desempenha na igreja um papel mais conspícuo e ativo, o que é refletido pelo interior do edifício: desaparecem as naves laterais e o interior transforma-se num recinto indiviso[38]. O altar pode ser visto de todos os ângulos. Desaparece a perspectiva exclusiva e privilegiada que aponta em direção ao altar. Nessa ausência de um eixo privilegiado de orientação percebe-se a expressão de uma nova atitude: nem caos nem desordem, mas uma nova ânsia de clareza que caracteriza as novas classes médias urbanas. Impõe-se a possibilidade de abarcar o espaço inteiro a partir de todos os ângulos. Essa transferência do espaço circundante reflete uma mudança na atitude de fé. O antigo sentimento de espanto e de mistério impenetrável dá lugar a um sentimento de segurança e confiança. Diminui a "distância" entre o indivíduo médio e os símbolos centrais e objetos de fé. A religião torna-se menos carregada de ansiedade. Pode-se observar uma mudança paralela nas relações sociais medievais: enquanto a autoridade feudal é distante, misteriosa e criadora de ansiedade, o clima social das cidades caracteriza-se por uma racionalidade e segurança muito maio-

[37] Cf. DEHIO, *Geschichte der deutschen Kunst*, Berlim-Leipzig, 1919, v. II, p. 135.
[38] Sobre essa mudança, cf. BECHTEL, *Wirtshaftsstil des spaeten Mittelalters*, Munique-Leipzig, 1930, pp. 59-66.

res. A distância social entre a elite e o povo volta a aumentar durante o período subseqüente. A cultura do período Barroco é muito mais aristocrática que a cultura medieval urbana. De qualquer modo, a arquitetura das igrejas medievais, com o desenvolvimento da nave indivisa, denota um máximo de segurança dentro da comunidade.

Teria essa mudança na arquitetura das igrejas precedido ou acompanhado uma transformação análoga na estrutura social? O historiador Bechtel, em quem nos apoiamos para nossa discussão da arquitetura das igrejas medievais, chega à conclusão de que a transformação das formas arquitetônicas precedeu a mudança correspondente na vida econômica[39]. Segundo esse autor, o artista cria novas formas em seu âmbito antes que a sociedade como um todo altere seu caráter; as transformações econômicas são determinadas por mudanças no nível das idéias, e não o contrário. Essa conclusão, entretanto, é discutível. Por certo, só percebemos um sistema econômico plenamente desenvolvido baseado sobre novas técnicas e conceitos depois que a transformação paralela na arte se realizou por completo. Mas isto não quer dizer que o impulso original tenha advindo da arte ou de outras forças plenamente espirituais ou intelectuais. Da perspectiva em que nos colocamos, o impulso inicial vem da realidade social, da mudança nas relações (particularmente na "distância") entre os grupos sociais. Esses impulsos produzem efeitos, por assim dizer, de modo microscópico, muito antes que mudanças culturais de vulto, seja na arte ou na vida econômica, se tornem visíveis. Pode muito bem ocorrer que os artistas apareçam na vanguarda da mudança social; mas se eles são "pioneiros" dessa forma, tal fato apenas demonstra que eles são mais rápidos que outros para reagir a mudanças sociais e emprestar-lhes uma expressão visível.

No século XIV, a vida religiosa sofreu profundas transformações que se traduziram numa mudança do relacionamento entre clero e laicato. Durante a alta Idade Média, a liturgia da missa era fortemente enfatizada. Tal fato colocava a comunidade religiosa numa posição passiva, o que aliás se coadunava com o papel autoritário e "distanciado" da Igreja. Na baixa Idade Média, entretanto, o sermão passa a desempenhar um papel preponderante. A igreja fala aos fiéis enquanto indivíduos pensantes, apelando à sua "individualidade vital" — para usar uma de nossas categorias do processo de democratização. A pregação torna-se uma espécie de agitação[40]. Ao mesmo tempo, a confissão também adquire maior importância: o sacerdote entra em conctato com o fiel na qualidade de conselheiro a um nível de maior

[39] Cf. BECHTEL, *op. cit.*, p. 244.
[40] Cf. KARL LAMPRECHT, *Deutsche Geschichte*, v. XII, p. 40.

intimidade, e não apenas (ou predominantemente) através de seu papel litúrgico.

Outro fenômeno religioso significativo do mesmo período é o crescimento do misticismo. O místico busca, e atinge, uma união mais íntima com Deus; novamente, a vida religiosa revela um padrão de desdistanciamento. O que mais caracteriza o período em questão, entretanto, é o fato de que a contemplação mística deixa de ser praticada exclusivamente pelos monges. No misticismo alemão, surge a figura do artesão que se recolhe a seus aposentos para praticar a contemplação mística (p. ex.: Jacob Boehme). A religião deixa de ser monopólio da comunidade, privatiza-se e transforma-se em contemplação solitária. O espaço vital íntimo do indivíduo torna-se o veículo de sua experiência religiosa; as quatro paredes de seu lar, por assim dizer, metamorfoseiam-se no espaço da alma.

Já nos referimos a essa dignidade alcançada pelo espaço da experiência cotidiana em conexão com o "realismo íntimo" do período final da arte medieval. A esse respeito, cabe mencionar um sintoma cultural correlato. Durante esse período, a pintura rompe definitivamente sua prévia conexão com a arquitetura, começando a aparecer quadros religiosos em moradias particulares e estabelecimentos públicos, como por exemplo nas guildas[41]. Os quadros exigem uma "distância" que se coaduna melhor com um público "democratizado"; os tipos anteriores de pintura — do mural monumental à miniatura — exigiam uma distância ora demasiada ora insuficiente. Tanto a pintura monumental quanto a miniatura estavam excluídas do contexto cotidiano do indivíduo médio. A primeira destinava-se a ornamentar os edifícios públicos nos quais era exercida a autoridade numa sociedade hierárquica e estratificada; a última só podia ser apreciada por um indivíduo, ou seja, um colecionador aristocrata. As telas, entretanto, podem ser colocadas nos lugares onde o público se congrega em suas atividades diárias — nas moradias ou nos escritórios de corporações autônomas.

Uma consideração final sobre a manifestação de uma tendência de "desdistanciamento" no último período da arte medieval: é nesse período que ocorre a descoberta da verdadeira perspectiva em pintura. A pintura medieval primitiva é bidimensional. As figuras representadas acham-se removidas do espaço da experiência cotidiana. São apresentadas num espaço próprio, místico e metafísico, e sua aparência enfatiza seus atributos divinos ou sagrados. Comumente, o fundo se resume a uma área plana e dourada. Posteriormente, as figuras tornam-se tridimensionais e o fundo tam-

---

41 Cf. DEHIO, *op. cit.*, v. IV, p. 296; também BECHTEL, *op. cit.*, p. 271, 274 e ss.

bém passa a adquirir profundidade. Nesse estilo ilusionista, o espaço pictórico é uma continuação do próprio espaço do espectador. Estabelece-se uma conexão direta entre o espectador e o objeto representado, conexão esta que não rompe a continuidade da experiência cotidiana.

8. Como já salientamos acima, a tendência democratizadora da baixa Idade Média (e do início do Renascimento) deu lugar em seguida a um movimento retrógrado de "refeudalização". A distância entre a elite e a massa cresceu enormemente com o advento do Absolutismo. Deve-se notar, entretanto, que movimentos retrógrados desse tipo não revivem as formas hierárquicas suplantadas pela democratização precedente, nem eliminam por completo os efeitos culturais dela resultantes. A "refeudalização" da sociedade européia durante os séculos XVI e XVII não restaurou de modo algum o primitivo feudalismo medieval; pelo contrário, esse processo combinou elementos feudais com novas formas de estratificação e novas técnicas de controle. No que se refere à evolução cultural, um postulado fundamental da sociologia do conhecimento estabelece que as realizações do processo cultural não desaparecem pura e simplesmente; sob forma alterada, elas passam a fazer parte de configurações culturais subseqüentes. Assim, o autoritarismo da Igreja reafirmou-se com a Contra-Reforma, ao mesmo tempo em que a monarquia absoluta se tornou dominante. Entretanto, esses dois sistemas autoritários de controle utilizaram as realizações das épocas racionalistas precedentes. Na arte como na ciência, o Barroco é uma continuação do Renascimento. O que a nova época fez foi neutralizar os efeitos das conquistas anteriores da *Ratio* sempre que pudessem constituir-se em ameaça à nova autoridade absoluta. Isto foi conseguido, por exemplo, com a introdução de elementos "supra-racionais" no sistema racional do Renascimento.

A religião barroca funda-se no êxtase, não ao modo da contemplação mística praticada por monges e artesãos isolados, mas sob a forma de uma intensificação do fervor além de todas as medidas, numa espécie de erotismo ardente e sublimado. Por outro lado, a arte barroca não abandona o realismo ilusionista do Renascimento; ao contrário, exagera-o até chegar a um naturalismo extremo com a finalidade de transmitir uma mensagem metafísica e transcendente.

O princípio supra-racional do barroco é o heróico e o sobre-humano. Toda a ênfase recai sobre o poder incomparável do indivíduo dominante. Ao mesmo tempo, a arte barroca e a cultura barroca em geral enfatizam o cálculo racional e a medida clássica. As convenções e os modelos clássicos predominam, orientando a imaginação através de canais preexistentes. A arte barroca, fria e convencional, é no entanto fervente e declamatória. As circunstâncias é que determinam quais os aspectos dessa cultura — racionais ou supra-racionais — que se tornam dominantes. O racionalismo calculista de seus grupos dominantes foi capaz de produzir um estado de espírito secular e crítico do qual decorreram alguns dos impulsos responsáveis pelo Iluminismo.

Além disso, a sociedade barroca não era integralmente permeada pelo espírito autoritário e aristocrático. A classe média, apesar de espantada e tolhida pelo enorme prestígio da aristocracia, vivia sua própria vida, possuía suas próprias instituições corporadas e cultivava seu próprio gosto intelectual e artístico. Além da arte oficial e heróica, existe também a arte íntima dos pintores flamengos, e alguns escritores do período demonstram considerável perspicácia em suas análises crônicas e desiludidas da sociedade[42].

9. Nossa cultura contemporânea caracteriza-se por uma negação radical da "distância" tanto ao nível das relações sociais como da cultura. Nosso campo de experiência tende a tornar-se homogêneo, sem as anteriores gradações hierárquicas entre "superior" e "inferior", "sagrado" e "profano". Em todas as épocas anteriores, tais divisões abrangiam todas as dimensões. Na Universidade medieval, os ramos do saber dividiam-se em "superiores" e "inferiores". Na Grécia antiga, como assinalou Zilsel, a poesia era considerada infinitamente mais nobre que as artes plásticas, devido ao simples fato de que os escultores e pintores tinham sua origem social na classe dos artesãos, que freqüentemente eram escravos[43]. Em épocas pré-modernas, os tópicos de conhecimento dividiam-se claramente em "superiores", como teologia e metafísica, e "inferiores", como o conhecimento dos objetos da experiência cotidiana. Na arte, igualmente, as representações da beleza ideal sobrepunham-se às representações de objetos cotidianos, distinção esta que se refletia na estrutura formal da pintura acadêmica. A própria composição revelava um princípio estrutural hierárquico — as coisas representadas eram colocadas segundo um plano mais ou menos regular que ressaltava a posição dominante das figuras centrais. Nessas pinturas acadêmicas, o arranjo fortuito e casual das coisas, assim como as encontramos na experiência real, é substituído pela ordem. Em contrapartida, o impressionismo busca um efeito "fotográfico", reproduzindo a espontaneidade irregular das combinações momentâneas de coisas. A fotografia, de fato, expressa bem o espírito do moderno "desdistanciamento" atingindo sem distin-

---

42 Neste ponto, faltam três páginas do manuscrito. O contexto indica que deviam referir-se ao período do Iluminismo e ao século XIX. (N. do T. inglês.)
43 Cf. H. ZILSEL, *Die Entstehung des Geniebegriffes*, Tübingen, 1926, parte I.

ção a maior aproximação a todas as coisas. A fotografia é a forma de representação pictórica que mais se coaduna com a mentalidade moderna, interessada no "instante" sem retoque nem censura. (Deve-se acrescentar que, de acordo com a regra geral de que o "distanciamento" sempre se reafirma, a composição e o plano tendem a reaparecer na arte moderna e pós-acadêmica.)

No campo moderno e homogeneizado de experiência, cada coisa é um objeto apropriado de crítica; nenhuma tem mais dignidade que outra; o estudo das idéias teológicas situa-se o mesmo nível que a química ou a fisiologia. Esse fato, entretanto, leva a uma dificuldade característica inerente ao processo de democratização. Se o campo de experiência é homogêneo, se nenhum objeto situa-se "acima" de qualquer outro, como pode o próprio homem, a unidade individual da sociedade, reivindicar qualquer dignidade particular? O princípio de igualdade entra assim em conflito com o de autonomia vital — contradição até agora irresolvida. Se acentuamos um, dificilmente deixaremos de negligenciar o outro. O ideal de "liberdade" e de autonomia da individualidade vital é difícil de conciliar com o ideal de "igualdade", a afirmação do igual valor de todas as unidades sociais. Defrontamo-nos aqui com uma contradição, uma antinomia que revela o profundo conflito interno de nossa era.

Esse conflito se manifesta com especial intensidade nas ciências que tratam do homem — psicologia e sociologia. Enquanto ciência natural, a psicologia trabalha com um campo de experiência completamente homogeneizado. Não só os indivíduos são tratados no mesmo nível; mais que isso, os vários tipos de fenômenos psíquicos, que nem sempre se revestem do mesmo valor para o indivíduo que os experimenta, resumem-se a meros dados para o psicólogo, sem diferenças qualitativas. Para a psicologia, os dados sensíveis ou a inquietação religiosa não passam de fenômenos empíricos sujeitos a leis definíveis. Desse modo, as formas de experiência são "desdistanciadas", assim como o são indivíduos e objetos. Isso é inerente à atitude científica, mas conduz a uma discrepância entre a imagem do homem proposta pela ciência e a auto-imagem dada pela experiência imediata.

Na sociologia aparecem problemas similares em conexão com o problema da liberdade. A sociologia procura estabelecer regularidades de comportamento num campo homogeneizado. Ora, se se observa apenas essas regularidades, deixando de lado as opções individuais e seu significado *racional*, os grupos humanos passarão a ser vistos como mecanismos calculáveis. Mas se partimos do indivíduo e sua individualidade vital descobriremos que o comportamento apresenta um outro lado e que as ações humanas consideradas em si mesmas resultam de opções devidas à iniciativa autônoma. Todo indivíduo é o centro de seu próprio universo, e, nesse sentido é livre. Dado seu interesse predominante pelas regularidades observáveis de comportamento, dificilmente a ciência do comportamnto conseguirá fazer justiça a esse outro lado da questão. Não podemos dedicar-nos aqui a resolver essa antinomia; tudo o que podemos fazer é chamar a atenção para ela.

A homogeneização do campo de experiência não ocorre apenas na abordagem científica. Podemos observá-la também na experiência cotidiana. Assim como a ciência obscurece as diferenças qualitativas existentes entre diferentes grupos de objetos e fenômenos, a atitude moderna com relação ao tempo tende a ignorar a distinção entre "dia de trabalho" e "feriado". Para o homem moderno, a articulação do tempo em termos de datas periodicamente recorrentes, "distanciadas" e sagradas já não tem a importância decisiva que teve para gerações anteriores. Os "feriados" tendem a revestir-se de um caráter puramente utilitário e funcional como ocasiões para descanso e recreação, mesmo quando coincidem com datas religiosas. (Na União Soviética houve uma tentativa de acabar com essa coincidência, substituindo o descanso dominical por dias de descanso móveis na base de uma semana de cinco dias — reforma essa que não chegou a arraigar-se.)

Tendências análogas podem ser percebidas na arte e na filosofia. Uma das características da arte moderna é sua ênfase no "como", no modo de representação, em lugar do "que", do objeto representado. Uma natureza morta pode estar no mesmo nível artístico de uma Madonna — tudo depende da qualidade da pintura. O mundo dos objetos representados está "homogeneizado"; esse é um dos princípios da "arte pela arte". Neste ponto, vale uma advertência. A própria proposição "arte pela arte" demonstra que para o artista o campo de experiência não se encontra de modo algum homogeneizado. A arte enquanto tal possui dignidade própria; ela é "distanciada". (O mesmo pode ser dito da ciência enquanto atividade.) O que se observa aqui não é que *todo* distanciamento desaparece mas que ele se limita ao tipo geral de atividade a que alguém se dedica — atividade que, embora "distanciada", trata todos os seus objetos como estando no mesmo nível.

Também na filosofia é possível observar o nivelamento dos objetos de especulação. A linha evolutiva da filosofia leva do teísmo ao deísmo, ao panteísmo e ao naturalismo. Um dos traços característicos da filosofia moderna é sua rejeição da "reduplicação do ser" (*Seinsverdoppelung*). A filosofia pré-moderna costumava distinguir o ser puramente fenomenológico (o mundo das coisas tangíveis e observáveis) do ser numinoso e verdadeiro (a Essência metafísica). Isso introduzia uma hierarquia no mundo das coisas, que podiam ser ordenadas segundo sua distância do Ser "verdadeiro". Ora, não se pode dizer que toda metafísica, toda "reduplicação do ser", seja de origem aristocrática, assim como seria errôneo afirmar que o "distanciamento" só surge em culturas aristocráticas. Entretanto, pode-se dizer que qualquer que seja a tendência existente de "reduplicação do Ser", ela se vê fortemente ameaçada pela democratização da cultura. A origem dessa ameaça acha-se na propensão da mentalidade democrática para homogeneizar o campo de experiência.

Na história do pensamento metafísico, a idéia de um Deus pessoal, Deus Pai, assinala o máximo de "distanciamento" (correspondendo ao caráter hierárquico e "distanciado" das culturas patriarcais). A partir desse ponto, a tendência moderna orienta-se para uma crescente ênfase sobre a "imanência". O princípio divino perde cada vez mais seu caráter transcendental, seguindo-se uma fase de Deísmo que minimiza os traços transcendentes e pessoais da Divindade e culmina no panteísmo. Nesta filosofia, Deus é totalmente imanente à Natureza e cada coisa existente torna-se uma partícula da essência divina. De um certo ponto de vista, isto representa a culminância da tendência democratizadora, pois é nesse ponto que a "individualidade vital" de todos os elementos recebe o mais pleno reconhecimento.

Entretanto, a evolução moderna não pára aí, prosseguindo incessantemente em sua busca de um "desdistanciamento" ainda mais completo. A aura metafísica que envolve as coisas do mundo no panteísmo desvanece no naturalismo, no positivismo e no pragmatismo modernos. Em conseqüência dessa mundanidade radical, a mentalidade humana torna-se perfeitamente congruente com a "realidade" — realidade compreendida como a totalidade das coisas manipuláveis. Deparamo-nos aqui com uma perspectiva radicalmente analítica e nominalista que impede o "distanciamento" e a idealização do que quer que seja. O tipo moderno de distanciamento mencionado acima — que encarava os mecanismos de integração grupal e as instituições como encarnações de princípios "superiores" — tende a ser corroído por esse nominalismo radical. Os conceitos metafísicos de Povo, História e Estado não resistem à crítica. A longo prazo, isso é inevitável por duas razões. De um lado, tais conceitos tonam-se rótulos sectários, devendo assim submeter-se à crítica invejosa da facção adversa. De outro, o pensamento das elites democratizadas tende a tornar-se cada vez mais analítico; conseqüentemente, as elites deixam de acreditar nas "substâncias" metafísicas. A imagem mítica das instituições se decompõe e elas se desintegram num amontoado de fatos empíricos observáveis. Todo o resto é tratado como mera "ideologia".

(e) Os ideais culturais dos grupos aristocráticos e democráticos

1. Na seção anterior procuramos demonstrar como diferentes princípios de seleção de elites (o aristocrático e o democrático) dão origem a diferenças características na "cultura" das sociedades em questão em áreas como arte, filosofia e religião, assim como na interpretação cotidiana da vida. O mecanismo subjacente que produz isso é "inconsciente" no sentido de que os agentes envolvidos na tarefa criativa e interpretativa não precisam estar conscientes dos antecedentes sociológicos e da origem "aristocrática" ou "democrática" de seus impulsos e atividades. Entretanto, a descoberta desses mecanismos mais ou menos inconscientes do processo cultural não esgota o tema. Aspirações e normas culturais básicas (*Bildungsideale*) são também mantidos por vários grupos a um nível consciente. É de semelhantes ideais culturais[44], de natureza aristocrática ou democrática, que passaremos a tratar.

Em nossa própria sociedade, existe um agudo conflito e uma intensa competição entre dois desses ideais culturais, um relativamente aristocrático e outro mais democrático. O primeiro é o ideal "humanista"; o último, de caráter democrático, pretende substituir o anterior. Para a compreensão desse ponto, procuraremos demonstrar que os ideais rivais correspondem a dois grupos de elite diferentes.

2. O ideal cultural e educacional humanista não representa de modo algum um tipo extremo de pensamento aristocrático. É demasiado universalista para ser referido apenas às necessidades de pequenas castas fechadas e privilegiadas. Entretanto, em termos relativos, esse é ainda o ideal de uma elite, a burguesia "culta", que procura distinguir-se da massa proletária ou pequeno-burguesa. Como será visto, o ideal humanista apresentou, nesse sentido, acentuados traços "aristocráticos".

Antes de mais nada, o ideal humanista está impregnado dos valores da antiguidade clássica. Na antiguidade encontra, de um lado, os elementos mais adequados ao desenvolvimento de personalidades harmoniosas, integradas e plurivalentes, e de outro, um universo de idéias "puras" que

---

44 Os termos alemães *Bildung* e *Bildungsideal* são difíceis de traduzir, pois sua designação tem a ver tanto com "cultura" como "educação". *Bildung* designa tudo aquilo que torna um homem "culto". Os "ideais" discutidos no texto referem-se à imagem tida pelas diferentes sociedades e grupos sobre como se chega a ser "culto". (N. do T. inglês.)

ajudariam o homem moderno a elevar-se acima das preocupações sórdidas e profanas da vida cotidiana. Nos dois aspectos do ideal humanista pode-se perceber em ação o princípio aristocrático do "distanciamento".

O lazer é necessário para que uma personalidade se torne universalmente cultivada, harmoniosa e integrada. Esse é um ideal de grupos dominantes. O homem médio, que precisa trabalhar para sobreviver, não pode desenvolver uma personalidade harmoniosa e plurivalente; seu destino é a especialização. Falta-lhe tempo para devotar-se à aquisição dos refinamentos sociais característicos de culturas aristocráticas (conforme o item *d* desta seção).

A ausência de especialização e a plurivalência do ideal humanista podem sugerir, à primeira vista, algo semelhante à abertura imparcial da mentalidade democrática, para a qual tudo é igualmente interessado e absorvente. Na realidade, entretanto, a plurivalência humanista nada tem a ver com isso, pois seus objetos de interesse, ainda que variados, são severamente selecionados. Nem todas as manifestações da vida são dignas de interesse e exploração, mas apenas seus aspectos mais sublimados e, em particular, seu reflexo no mundo das idéias. Somente se envoltas pelas criações impecáveis da arte clássica e da poesia é que as coisas são admitidas ao nível da consciência. Não se fazem experiências perigosas com impulsos vitais reais. Há um horizonte fechado além do qual é proibido penetrar.

A forma moderna de humanismo apresenta uma dupla natureza. Em contraposição ao ideal "cortesão" do aristocrata e do cavalheiro, ele é decididamente democrático. Não acentua apenas os refinamentos sociais e o discurso elegante, buscando a "cultura" num sentido superior, espiritualizado. Mas esse ideal não é tampouco completamente democrático. Não pretende, e nem pode, pertencer a todos os homens. Seus adeptos encontram-se tanto entre os filhos da alta classe média como entre os homens de letras, devendo-se também notar que os pioneiros desse ideal cultural (Shaftesbury, Humboldt) advêm da nobreza. O aristocrata culto e intelectualizado foi o primeiro modelo da alta classe média[45].

Esse humanismo cria uma "distância" com respeito à vida cotidiana e, intencionalmente ou não, uma distância inevitável com respeito também ao homem comum e à massa. A isso acrescenta-se outro traço aristocrático: o do "auto-distanciamento". Antes de mais nada, o humanista aspira ser uma "personalidade" por sua própria conta. Volta-se à antigüidade clássica não por ela própria, como faria um historiador especialista. O humanista precisa de um pano de

---

[45]. Cf. W. WEIL, "Die Entstehung des deutschen Bildungsideals", em *Schriften zur Philosophie und Soziologie*, Bonn, 1930, v. IV.

fundo clássico para realçar sua própria personalidade, para afirmá-la em contraposição à dos incultos. Deve haver um contraste e um pano de fundo com respeito ao mundo contemporâneo; para ser uma "personalidade", é preciso contar com esse segundo mundo para sobrepor-se às circunstâncias contingentes da situação cotidiana.

Essa é uma aspiração genuína e universal que pode ser encontrada em todas as épocas sob diferentes formas. Sua expressão mítica aparece na maioria das religiões. Com efeito, as imagens do Além e da salvação refletem o esforço feito pelo homem para superar as contingências de sua vida. Os místicos, especialmente os místicos urbanizados da baixa Idade Média, constituíam, nesse sentido, uma "elite culta" típica; seu êxtase contemplativo ajudava-os a transcender as limitações da vida cotidiana. Como é natural, eles se interessavam antes pela comunhão com Deus — seu alvo não era tornarem-se "personalidades". Porém seus êxtases solitários eram essencialmente diferentes dos êxtases coletivos dos grupos rurais. A seu modo, os místicos eram tão individualistas como os intelectuais posteriores, que também cultivavam uma espécie de contemplação e êxtase solitários. Para todos os humanistas, a plenitude mais profunda advém da preocupação com as coisas do intelecto e do espírito, em estado de reclusão.

Desse modo, para o humanista secular — aquele que já não busca comunhão com Deus — a solidão torna-se positiva, perdendo sua conotação negativa de ausência de companhia humana. Sua ausência é a "comunhão consigo próprio" e o enriquecimento dela resultante. Através desse autocultivo, o humanista torna-se maior que si próprio, torna-se mais do que uma ou outra de suas potencialidades, mais do que a situação concreta na qual se encontra.

Foi necessário enfatizar esses aspectos positivos do ideal humanista (hoje criticamente ameaçados, senão já condenados) antes de discutir algumas de suas limitações. Se o ideal humanista está em vias de ser descartado por nossa cultura, não seria devido à inadequação de suas aspirações supremas, mas porque ele já não é capaz de proporcionar um enriquecimento existencial para as grandes massas. Dadas as condições da existência da massa, o ideal humanista, em sua forma atual, não pode ser significativo para o homem médio. Não obstante, nossa opinião é que esse ideal contém elementos indispensáveis para uma existência plena e rica e que ideais culturais mais universalistas deveriam utilizar esses elementos sob uma nova forma.

Examinaremos agora algumas das limitações do ideal humanista segundo nossa perspectiva. São as seguintes:

a) A confusão estabelecida por esse ideal entre sua própria elite e "o" mundo. O humanista mostra-se "universalmente" interessado, quando na realidade só se interessa pelo mundo de seu próprio setor culto. Dentro desse universo, o humanista possui uma capacidade extraordinariamente aguda de perceber nuances de significado. Fora desses limites, falta-lhe a mais primitiva compreensão de fatos elementares. Homens com antecedentes radicalmente diferentes são necessários para compensar a parcialidade dessa perspectiva supostamente "universal". O humanista não é capaz de transcender essa limitação por si.

b) Falta-lhe contato com a realidade crua da vida. A aquisição de "cultura" só pode tornar-se um objeto primordial para aqueles que nunca se vêem confrontados com questões de vida ou morte, segurança ou desastre, triunfo ou decadência. Esse ideal é demasiado supérfluo para os grupos que vivem de perto essa realidade, que não podem compreender por que a contemplação e o saber dos livros deveriam ser as melhores coisas da vida e por que a luta pela sobrevivência deveria ser considerada ignóbil. Para esses grupos, a prática da contemplação ou o jogo com as idéias puras poderiam ser bons esporadicamente; mas torna-se difícil entender-se com pessoas cuja segurança só produz palavras sobre as tragédias da vida.

c) O ideal humanista tem uma relação puramente estética com as coisas. A arte desempenha uma função universal ao neutralizar o sentido trágico que ameaça a existência humana. Mas quando a arte se converte em sua e propósito da vida, como acontece nos grupos dedicados ao culto da arte pela arte, ela acaba por subtrair da consciência o sentido do trágico, ao invés de apenas sublimá-lo e contrabalançá-lo. Novamente, essa atitude só é possível para os grupos suficientemente afastados das rudezas da vida, totalmente seguros em sua existência de rentistas patrícios ou aristocratas. A reação a essa postura, por parte de grupos ocupados com o embate social, é compreensível. Estes não desejam uma arte "pura", mas uma arte que traga mensagens práticas. Essa atitude ameaça rebaixar a arte e transformá-la em propaganda; mas não deveríamos nos esquecer que o extrema oposto, a arte pela arte, também esteriliza a arte viva. A arte realmente grande da Grécia clássica, por exemplo, tinha uma função orgânica na vida da *polis*.

d) O ideal humanista negligencia os elementos pessoais biográficos e contingentes na criação literária ou artística. A *pessoa* do artista criador era completamente negligenciada, em favor da "obra" enquanto tal. Desse modo, as obras não eram tidas como produto e manifestação da vida; a vida era concebida como um meio para produzir obras, e só estas mereciam atenção. O interesse pelos antecedentes pessoais e biográficos era denunciado como profanação, como "curiosidade psicológica" desprezível[46].

e) O ideal humanista caracteriza-se por uma antipatia pelo dinâmico e inesperado. Em seu esforço para produzir personalidades "harmoniosas" e "integradas", o humanismo foi levado a desprezar as potencialidades humanas cuja manifestações não podiam ser totalmente antecipadas. Seu cânone clássico pretendia englobar todas as potencialidades humanas dignas de atenção e proporcionar um modelo válido para todas as situações. Nesse ponto, o humanismo revelou profunda incompreensão da vida. Uma das supremas faculdades do homem é a de mobilizar potencialidades inteiramente novas ao defrontar-se com situações críticas novas. Desse modo, a vida não pode ser contida pelos regulamentos e restrições de nenhum cânone preexistente. Ao defender a regularidade de seu mundo, o humanismo deixava transparecer seu desejo de manter uma segurança totalmente artificial, baseada sobre privilégios econômicos estabelecidos.

3. Não é fácil dar uma idéia do ideal contrário dos grupos democratizados, pois ele ainda está emergindo e não pode ser reduzido a fórmulas pré-fabricadas. Tudo o que podemos fazer é enumerar alguns dos sintomas dessas novas aspirações culturais. Ao fazê-lo, devotaremos especial atenção a potencialidades inerentes à nova perspectiva ainda não reconhecidas.

Como veremos, os vários elementos no novo ideal cultural são profundamente antitéticos aos traços dominantes do humanismo. Neste caso como em outros, a vida opera com antíteses; quando novos grupos entram na arena e pretendem expressar-se, começam por rejeitar o que encontram estabelecido. O novo é complementar ao velho; é assim que o processo busca atingir a totalidade.

Os pontos que seguem, sobre o ideal cultural democrático, merecem especial atenção:

a) Em contraste com o ideal humanista, acentua o ideal da *especialização vocacional*. O humanismo é o ideal de uma elite que não realiza um trabalho especializado, considerando este (e assim refletindo a mentalidade da antigüidade clássica) inferior à sua dignidade. O homem só pode tornar-se "culto" se não "trabalha", mas apenas "ocupa-se" com certas coisas. O novo ideal, entretanto, orienta-se para o trabalho. O homem só pode tornar-se "culto" através e dentro de uma prática concretamente orientada para um objetivo. (A "cultura" política também é considerada, pelos grupos contemporâneos, como ligada à participação no tra-

---

46 Essa crítica dirige-se contra a escola da *Geistesgeschicht*, e em particular contra o historiador literário Friedrich Gundolf. (N. do T. inglês.)

balho político ativo, e não como mera familiaridade com doutrinas.) A ênfase recai sobre a situação concreta em que se encontra o indivíduo, exigindo-se uma intervenção ativa. Enquanto o humanista, por assim dizer, flutua sobre a situação, o novo tipo democratizado reconhece a força impositiva do momento. No campo homegeneizado de experiência desse tipo, qualquer tarefa vocacional concreta pode propiciar igual satisfação.

A especialização pura tem sido tradicionalmente considerada antitética à "cultura", e devemos admitir a verdade contida nessa visão tradicional. A mera especialização não pode tornar uma pessoa "culta", mesmo num mundo completamente democratizado. Segundo o ideal cultural democrático aqui examinado, entretanto, a especialização enquanto tal não é o único conteúdo da cultura pessoal. O tipo democrático também procura alargar seu horizonte para além de sua especialidade, estando plenamente consciente de que isso é necessário para se tornar "culto". Mas seu procedimento difere do humanista pois seu ponto de partida é sua situação concreta, que nunca perde de vista, ao passo que o humanista, para tornar-se culto, elimina todas as conexões com sua própria situação concreta.

Isso pode ser ilustrado através de um exemplo concreto. Uma fase necessária para a aquisição de "cultura" no sentido humanista é a "grande viagem" ou viagem educacional. Deve-se ir à Itália e à Grécia e ver os monumentos da antiguidade clássica. A profissão ou ocupação do interessado são totalmente irrelevantes a esse respeito; a prescrição é a mesma para o estudante, o homem de negócios ou o advogado. Tal neutralidade quanto ao horizonte profissional dos vários indivíduos em busca de "cultura" é essencial, pois a prática descrita serve inconscientemente a um propósito muito definido. Este consiste em proporcionar um universo comum de comunicação aos difirentes setores da elite culta, em contraste com a massa. Ter feito a grande viagem corresponde ao bilhete de acesso a esse círculo seleto. A comunicação se estabelece em termos de um segundo mundo além do cotidiano.

Para o tipo democrático a cultura também vai além da especialização, mas o processo para adquiri-la principia com a experiência diária, a ela permanecendo organicamente ligado. Isso pode ser exemplificado pelo operário especializado que freqüenta um curso de extensão para adquirir mais conhecimento sobre sua especialidade, ou que estuda economia e administração para ter uma idéia mais clara de sua posição no contexto social. Alguns operários estudam para tornarem-se funcionários sindicais. Essas pessoas não procuram tornar-se "cultas" num sentido impreciso, mas pretendem melhor capacitar-se para controlar sua situação e alargar suas próprias perspectivas no processo. Não há limites estabelecidos para esse processo gradual e orgânico; existe um caminho que leva do sindicato à política municipal ou nacional, ou ao movimento trabalhista internacional. Qualquer que seja o caso, o processo de autocultivo é contínuo e deliberado, antes que ditado por conceitos *a priori,* impulsos repentinos e subjetivos, ou mera curiosidade.

Uma vantagem desse programa de autocultivo é que o pensamento torna-se congruente com a vida — não se adquire conhecimento sobre coisas irrelevantes. O homem que segue esse caminho será capaz de viver as coisas sobre que fala, enquanto aquele que segue a via humanista repetirá coisas que só conhece de segunda mão e que para ele não têm nenhum significado pessoal.

b) No mundo pré-democrático, a política não era uma vocação especializada. Os cargos políticos eram preenchidos por amadores que não "trabalhavam" na política mas apenas "ocupavam-se" com ela[47]. Nos primórdios do parlamentarismo pré-democrático, encontramos a aparição de rivalidades épicas entre círculos sociais elegantes e as velhas casas aristocráticas. Os políticos do período serviam-se de sua oratória para ostentar erudição clássica e princípios filosóficos gerais, procurando persuadir indivíduos independentes. Obviamente, a luta política dessa época ainda não refletia um confronto dos interesses econômicos das massas. Quando estes passam a dominar a política, o conhecimento especializado dos efeitos econômicos de atos governamentais e legislativos torna-se indispensável. O político amador e o orador afeito a princípios universais e generalidades devem então ceder lugar ao especialista. As decisões políticas reais são tomadas em comitês fechados, na base de barganhas entre grupos de interesse; as sessões plenárias dos parlamentos, com seus discursos institucionalizados, não passam de aparência, espetáculo para o povo.

Os gabinetes dos comitês são ótimas escolas para os funcionários de partidos originários das bases. Sua perspectiva se amplia na medida em que são promovidos aos organismos decisórios superiores. Ao assumir maiores responsabilidades, perdem a parcialidade de sua orientação original, circunscrita a estritos termos geográficos ou de classe. Nesse processo, os políticos da nova era expõem-se de modo peculiar às acusações de oportunismo e traição. As bases suspeitam que eles se tenham "vendido" aos "interesses". Mas nem sempre ocorre assim. A evolução do político, de um particularista estreito a um estadista responsável pode

---

[47] Cf. MAX WEBER, "Política como Vocação", *op. cit.* Para uma boa caracterização desse tipo de político, ver R. LENNOX, *Edmund Burke und sein politisches Arbeitsfeld in den Jahren 1760-1699,* Munique e Berlim, 1923.

representar o tipo genuinamente democrático de "autocultivo" político.

c) Em essência, o tipo de "cultura" obtido pelo especialista consiste na aquisição de uma compreensão mais profunda e adequada de sua própria posição particular, aprendendo a encará-la a partir de diferentes ângulos. A esse respeito, o indivíduo especializado do período moderno encontra-se em melhor situação que seu semelhante de épocas anteriores. Para este último, era realmente difícil transcender os limites estreitos de sua especialização, ou, se ele fosse um político identificado com interesses muito estritos, colocar-se numa perspectiva mais inclusiva. Na sociedade moderna, entretanto, a especialização tanto pode como deve superar-se a si própria, dado que a interconexão e interdependência entre campos de especialização e interesses particulares torna-se cada vez mais evidente. É por essa razão que atualmente a "especialização" pode ser um bom ponto de partida para a "aquisição de cultura", apesar de não tê-lo sido em épocas anteriores. Hoje um indivíduo pode tornar-se "culto" não no sentido puramente quantitativo de adquirir mais conhecimento, mas no sentido mais profundo de poder passar de uma familiaridade com uma situação concreta dada de imediato para a compreensão do padrão estrutural que está por trás dela.

Enquanto o humanista adquiriu "cultura" deslocando-se da realidade cotidiana para a realidade "superior" do mundo das idéias, o homem moderno alcança o mesmo objetivo passando da experiência imediata para uma estrutural da realidade. O nível da "estrutura"[48] não é nenhum "segundo mundo" de Essências puras atrás do mundo real. Sendo ele imanente à realidade, adquirir uma compreensão "estrutural" não implica ir além da realidade, mas antes experimentá-la de modo intenso. Em todos os campos de especialização, há pessoas que só têm um interesse de rotina por suas atividades, ao lado de outros tão apaixonadamente interessados que se vêm compelidos a penetrar nos mecanismos subjacentes; por exemplo, banqueiros que não passam de técnicos das finanças, em contraste com outros que buscam *compreender* as finanças. Ou então, voltando ao campo da teoria e da prática educacional: existem os educadores de rotina, que só querem saber como manter a disciplina dentro da classe e transmitir a quantidade exigida de conhecimento, em contraste com educadores genuínos, para quem cada criança representa um desafio específico. Para estes, os alunos não são alvos idênticos de "educação", mas individualidades com antecedentes sociais próprios, necessidades,

---

48 A necessidade de transcender a abordagem puramente pragmática e positivista constitui o argumento da última parte deste ensaio. (N. do T. inglês.)

exigências e potencialidades, determinados psicológica e biologicamente. Esse tipo de educador procurará desempenhar sua função através de uma compreensão do padrão estrutural subjacente à situação escolar.

Os adeptos do ideal humanístico de educação freqüentemente protestam contra a educação "vocacional", argumentando que lhe faltam os elementos da "cultura". Tais humanistas ignoram até que ponto o homem prático de real estatura pode ser "culto". Antes de mais nada, ignoram o fato de que o pensamento ligado à prática real tende a ser mais genuíno que o pensamento desenvolvido em torno de meros tópicos de conversação "culta". Em contraste com o conhecimento puramente verbal, o conhecimento adquirido pela atuação estabelece uma relação orgânica entre conhecedor e objeto de conhecimento. Se esse conhecimento puder transcender a parcialidade através de um alargamento da perspectiva do sujeito cognoscente, ele será mais plurivalente e universal do que a universalidade puramente verbal da "cultura" humanística. É esse tipo de conhecimento que com mais probabilidade evitará o perigo de tornar-se uma tela "ideológica" de interesses egoístas e etnocêntricos, inconfessos e irrealizados.

É claro que isso tudo não deve ser tomado como apologia da educação puramente vocacional ou de um culto à mera destreza técnica. Não estamos propondo que as crianças só deveriam aprender "aquilo que necessitarão na vida prática". Tal concepção é errônea tanto com respeito à natureza real do conhecimento especializado quanto aos objetivos e potencialidades educacionais de uma conexão orgânica entre o "saber" e o "fazer". Uma educação que transmitir uma certa medida de conhecimento "prático" mas mesmo assim impeça que o aluno se oriente no seu próprio contexto existencial não será de modo algum superior à educação puramente verbal e humanista. Nesse sentido, a educação vocacional especializada é antes um sintoma de decadência que de progresso.

Infere-se do exposto que a educação moderna só poderá aproximar-se de um ideal de "cultura" na medida em que propiciar algo mais que conhecimento especializado e circunscrito. Esse tipo de conhecimento deve ser suplementado por disciplinas mais gerais, fundadas sobre a existência e a realidade social.

A sociologia é uma disciplina especialmente adequada para desempenhar essa função no mundo moderno. Tradicionalmente, confiava-se à filosofia a tarefa de proporcionar princípios gerais de orientação, e não afirmamos que a abordagem filosófica tenha perdido o valor ou que a filosofia deveria ser eliminada dos currículos. Entretanto, a tradição dominante da filosofia ocidental é a do idealismo, da "reduplicação do ser", da procura de um segundo mundo por detrás da realidade; tal filosofia é incapaz de fornecer ao homem moderno a orientação de que necessita. A tradição idealista, por outro lado, está se corroendo cada vez mais dentro da própria filosofia moderna, como demonstra a recente tendência ao pragmatismo e positivismo. Em princípio, não há nenhum conflito entre essas filosofias e a abordagem sociológica[48].

E. *O Problema do Êxtase*

Na medida em que "cultura" significa uma expansão da perspectiva existencial, o ideal cultural democrático parece ser superior ao humanista: como vimos, o primeiro logra essa expansão de modo mais orgânico. A existência culta, no entanto, tem também outro aspecto: o do autodistanciamento. Esse é um traço orgânico do ideal cultural da elite humanista, ao passo que o moderno conceito democrático de cultura parece oferecer poucas possibilidades de "autodistanciamento" e contemplação "em êxtase". Seria essa uma falha do ideal moderno, ou o próprio autodistanciamento é que seria uma aspiração injustificável de antigas elites? É difícil responder a questão sobre valores últimos, e ainda mais argumentar racionalmente contra ou a favor das possíveis respostas. Procuraremos portanto definir nossa posição sem entrar nos prós e contras. Sustentamos que buscar uma certa distância de sua própria situação e do mundo é um dos traços essenciais do homem enquanto ser verdadeiramente humano. Um homem para quem nada existe além de sua situação imediata não é integralmente humano. Mas nem mesmo a forma "democratizada" de cultura que vimos discutindo, que consiste na aquisição de uma perspectiva situacional cada vez mais ampla, nem mesmo essa proposta basta. Herdamos do passado outra necessidade: a de romper de vez em quando com *todas* as conexões com a vida e as contingências de nossa existência. Usaremos o termo "êxtase" para designar esse ideal. Supondo que esse ideal seja válido, e tendo em mente que o "êxtase" é um elemento necessário da "cultura" genuína, defrontamo-nos com a seguinte questão: será verdade que o ideal cultural democrático é antitético ao êxtase, não propondo nenhum meio de atingi-lo?

Nossa resposta é que, se consideramos as potencialidades inerentes à abordagem democrática, esta acabará por mostrar-se viável para que se atinja um novo tipo de "êxtase" e de verdadeira "cultura". Pode-se até mesmo sugerir que o êxtase só pode ser uma forma de experiência geral numa cultura democratizada. Mas a democratização da cultura não atinge esse estágio de um só golpe. Em primeiro lugar, a democratização radical significa desdistanciamento, que deve ser superado antes que novas formas de êxtase possam emergir. A cultura democratizada deve atravessar um processo dialético antes que possa realizar todas as suas potencialidades.

Passaremos a examinar esse processo dialético a partir de três pontos de inflexão, ou seja: do ponto de vista da nova relação democrática entre (a) o "eu" e o objeto, (b) entre o "eu" e o "tu", e (c) entre o "eu" e o "mim", quer dizer, autodistanciamento.

(a) *A Relação Eu-Objeto* — Como vimos, a democratização plena significa, em primeiro lugar, um desdistanciamento radical de todos os objetos, tanto humanos como não-humanos. Isso torna o mundo plano, opaco e infeliz. Não há além; o mundo dado não é um símbolo do eterno; a realidade imediata não sugere nada além de si mesma. No estágio de democratização plena, predominam os tipos humanos que experimentam a realidade dessa perspectiva plana e sem inspiração. Esses tipos encontram-se entre homens de negócios e cientistas, entre educadores e políticos. Seu pensamento é totalmente congruente com sua atuação, dado que não buscam nada além do que podem realmente conquistar através da manipulação prática.

Nesse sentido, eles se autodefinem como "realistas": afinal de contas, acabaram com todos os mitos e conceitos não operacionais. Mas serão essas pessoas verdadeiramente realistas? Sustentamos que não. Pois "realismo" não pode consistir em eliminar todas as formas historicamente dadas de distanciamento, identificando-se o restante como sendo "o" próprio mundo. Há dimensões no mundo e, em particular, no homem enquanto um ser real, que escapam à manipulação. Um homem interessado em controlar coisas e outros homens pode lançar mão do recurso de considerá-los como não sendo mais que um feixe de reações. Isso se torna compreensível quando lembramos que nossa cultura, impulsionada pela espantosa necessidade de aperfeiçoar técnicas de controle, acaba por reduzir tanto as coisas quanto os homens aos padrões regulares de reação a estímulos. Nesse contexto, devem-se reconhecer as conquistas da abordagem behaviorista. Mas não se pode dizer que essa perspectiva particular esgota toda a realidade humana. O homem não pode ser reduzido à simples soma de suas reações a estímulos. Alguns aspectos da realidade humana exigem uma "compreensão" intuitiva (*Verstehen*), a despeito das razões técnicas e metodológicas que deles nos afastam.

O perigo inerente à ontologia moderna é a tendência a sucumbir à tentação de tomar sua perspectiva específica — a do manipulador — como sendo a perspectiva da verdade absoluta. Uma ontologia verdadeira não pode ser tão parcial, tão limitada a uma perspectiva única. Devemos demonstrar a esses "realistas" e pragmáticos que eles ainda não se defrontam com "o mundo", mas apenas com um segmento limitado, correspondente a operações manipulativas práticas. Ao equiparar esse segmento com o todo, seu pensamento deixa de ser "realista", tornando-se bastante "irreal".

Essa auto-ilusão só ocorre com tipos humanos que suprimiram sua humanidade essencial ao abordar a realidade. Esse erro ontológico deve ser corrigido através do reconhecimento da natureza *parcial* do enfoque manipulativo. Feito isso, o especialista deixará de considerar-se árbitro da verdade ontológica. Entretanto, dado que a tendência a superar perspectivas parciais é inerente ao processo de democratização, pode-se esperar que esse erro ontológico venha a ser corrigido e que se abra o caminho para novas experiências distanciadoras.

(b) *A Relação Eu-Tu*. A democratização implica que toda distância puramente *social* entre "superior" e "inferior" tende a nivelar-se. Esse nivelamento pode produzir uma monotonia insípida. Os indivíduos aparecem então como intercambiáveis; o "outro" desempenhará um papel meramente instrumental. Quando a distância social é abolida sem ser substituída por alguma outra forma de distanciamento, surge um vazio nas relações humanas: nenhuma pessoa enquanto tal, poderá significar algo para outra. A esse respeito, porém, um exame mais demorado nos levará a descobrir que a democratização envolve não apenas um perigo, mas também — e mais importante — uma oportunidade suprema. Com efeito, o nivelamento da distância puramente social pode propiciar o aparecimento da distância puramente "existencial"[49]. Quando não sou forçado a confrontar o outro em seu papel enquanto um superior ou inferior social, posso estabelecer um contato puramente existencial com ele enquanto ser humano. E esta forma de relação entre o "eu" e o "tu" só pode tornar-se um padrão geral na base da democratização. Nesse sentido, podemos perceber, no estágio de democratização das culturas, a emergência de novas formas de distanciamento, assim como em épocas anteriores o afastamento puramente espacial pode ter dado lugar a uma distância psíquica mais sublimada e a uma distância social vertical. No estágio democrático, torna-se possível "amar" ou "odiar" o outro enquanto pessoa, a despeito das máscaras sociais que porventura ele traga.

A maior conquista potencial da democracia consiste em criar uma base para um relacionamento humano puramente existencial. É fato que relações existenciais, supra-sociais e pessoais existiram em épocas anteriores. Mas estas achavam-

[49] Ver o item "d" da seção anterior.

-se, via de regra, inseridas num relacionamento social vertical. Desse modo, para dar um exemplo, o padre falava ao penitente enquanto pessoa e suas palavras por vezes estremeciam em profundidade a alma do crente. No entanto, ao mesmo tempo o padre era também o representante da autoridade social. Em todas essas relações, um contato puramente pessoal só podia realizar-se através do meio impessoal da autoridade e da distância social vertical.

A aparição do "amor" erótico sublimado na cultura cavalheiresca da Idade Média constitui um dos temas mais importantes na história do relacionamento eu-tu. Os trovadores de Provença criaram uma imagem da amada que refletia uma relação puramente "existencial"; em sua poética, o amor era um caminho para a salvação e autopurificação. No entanto, pode-se observar, neste caso como em outros, que as relações "existenciais" não possuem linguagem própria. Elas falam a linguagem da distância puramente "social". Os trovadores apresentavam-se como "servos" da senhora amada, num relacionamento feudal, o que ainda ressoa no ritual e na linguagem de nossas próprias relações eróticas sublimadas. Servimo-nos inclusive da metáfora feudal de "fazer a corte". (Em outras relações "existenciais", tendemos igualmente a usar o vocabulário da distância social vertical, como ocorre quando designamos nosso apreço puramente ético por outrem como "respeito", o que nada tem a ver com o "respeito" pela autoridade social.) De fato, é difícil para nós expressar nossa experiência da "distância" existencial em termos não sociais. Recentemente, o ritual e a linguagem começaram a transformar-se, já sendo comum ouvir críticas à vulgarização das relações eróticas modernas e ao declínio do amor "romântico". No decorrer do desdistanciamento social, a mulher amada deixa de ser vista como um ser "superior". As pessoas que se consideram esclarecidas apóiam essa rejeição da "farsa" romântica. Segundo essa perspectiva, as relações amorosas deveriam ser despojadas e naturais; além disso, num mundo democrático, o homem e a mulher deveriam considerar-se "camaradas" e "colaboradores" inclusive em suas relações eróticas. Tal proposição, entretanto, é enganosa. As verdadeiras potencialidades inerentes à democratização não se realizam com a mera substituição de relações sociais *horizontais* por relações *verticais* para exprimir atitudes e sentimentos pessoais. A real oportunidade fornecida pela democratização consiste na possibilidade de se transcender a *todas* as categorias sociais e permitir que o amor seja vivido em termos puramente pessoais e existenciais.

Assim, torna-se claro que a orientação "sociológica" que advogamos não implica de modo algum que consideremos as categorias "sociológicas" como as únicas capazes de expressar a experiência humana. Pelo contrário, uma das razões pela qual procuramos submeter a realidade humana à análise sociológica radical é a de que precisamos conhecer os efeitos produzidos por fatores sociais a fim de poder contrabalançá-los sempre que se revelem adversos ao homem. Em nossa opinião, o pensador moderno positivo desenvolverá uma reflexão cada vez mais sociológica, não para deificar o social, mas para neutralizar seus efeitos negativos com relação aos valores humanos fundamentais.

(c) *A Relação Eu-Mim*. A tarefa fundamental do homem é a de entrosar-se com o mundo exterior e com seus semelhantes. Gradualmente, entretanto, ele toma consciência da necessidade de conhecer-se e de desenvolver-se uma concepção sobre seu próprio ser e suas aspirações. Nesse sentido, todas as culturas possuem uma concepção característica da relação do homem consigo mesmo, ao lado das relações eu-objeto e eu-tu. Entretanto, em sociedades hierarquicamente organizadas, o homem tende a conceber-se a partir do lugar que ocupa na hierarquia social. Ele é compelido a ter uma experiência de si não como pessoa, mas como espécimen de uma categoria social. O ideal de "personalidade" — desejo de conquistar dignidade enquanto pessoa — é especificamente moderno. Essa aspiração acha-se intimamente ligada à relação "existencial" eu-tu discutida acima, dado que um homem só pode tornar-se uma "pessoa" *para si* na medida em que seja uma "pessoa" para os outros, e os outros sejam "pessoas" para ele. Com efeito, segundo nosso ponto de vista, a relação eu-tu, "existencial" e pessoal, é básica para o desenvolvimento de uma auto-imagem pessoal. É ilusória a proposição de que o homem se torna uma pessoa em termos de sua auto-avaliação individual antes de poder considerar os outros como pessoas. Pelo contrário: o ambiente humano e social deve desenvolver-se de modo a que o homem possa tornar-se uma pessoa para os outros e como tal ser considerado antes que possa ver-se como pessoa.

Segue-se do exposto que uma ordem social democrática, com sua tendência a minimizar a distância social vertical, propicia as condições mais favoráveis para o desenvolvimento de personalidades "internalizadas". Tal fato não é devidamente compreendido pela elite intelectual moderna, cujos membros orgulham-se de poder conceber-se em termos puramente existenciais, ignorando entretanto o fato de que isso se deve a uma tendência social por eles instintivamente rejeitada, ou seja, o nivelamento social. Somente quando a avaliação hierárquica e social do homem perde seu caráter dominante é que ele pode, de quando em vez, aproximar-se de sua essência supra-social, despojado de máscaras sociais convencionais e inatingido pelas contingências de sua situação social.

É desse modo que a realidade social democrática abre novos caminhos para o antigo objetivo de fugir das contingências do mundo e atingir o estado de êxtase. Este era, no fundo, o significado das aspirações de todos os *homines religiosi*. A fuga do mundo e da contingência foi conseguida primeiramente através do uso de intoxicantes, em seguida através do ascetismo, e finalmente através da contemplação solitária. Em todos esses casos, conseguia-se uma libertação da tirania do mundo contingente, mas não se chegava a uma relação puramente existencial consigo mesmo. A experiência da salvação articulava-se através de símbolos míticos e religiosos — que freqüentemente não passavam de projeções das relações de autoridade social. Desse modo, o homem que procurava fugir da realidade social contingente e cotidiana era reconduzido à situação da qual tentara escapar. Somente na época moderna é que uma libertação mais radical na contingência tornou-se possível.

A despeito de tudo o que se possa dizer contra o tipo cultural moderno, não se pode negar-lhe a virtude da sinceridade. Outras culturas podem ter tido ideais mais sublimes, utopias mais ambiciosas, uma realidade mais brilhante, maior riqueza de nuances. Tudo isso foi sacrificado por nossa época em favor de uma verdade sem adornos. Nossa época pretende apoiar-se numa realidade sem distorções, e por isso eliminou todo distanciamento. O indivíduo desta cultura pretende ser como é e não como aparece sob os disfarces de seu *status* social. Essa é a grandeza que o indivíduo moderno pode alcançar — a recusa de uma relação consigo mesmo socialmente determinada. Entretanto, isso tem um preço: a perda do sentido de segurança que só o *status* bem definido pode proporcionar. É fácil orientar-se numa sociedade de *status* bem delimitados; todos sabem o que podem desejar e o que podem esperar. Em contrapartida, a vida moderna já não oferece expectativas seguras, mas apenas desafios infinitos. Em épocas anteriores, só os pobres tinham sonhos infinitos, pois não podiam esperar recompensas finitas[50]. Nesse sentido, todos nos tornamos pobres. *Uma das características dos tempos modernos é a insegurança como destino coletivo, já não mais limitada aos estratos inferiores.* As velhas elites podem deplorá-lo. Expor-se à insegurança é uma experiência trágica. Mas aí se abre um caminho para o crescimento moral e cultural. Interpretar o colapso de velhas hierarquias e padrões de ordem antiquados como sintoma de decadência moral e cultu-

---

50 Segundo Max Weber, somente os estratos oprimidos desenvolveram uma consciência missionária, cf. *Gesammelte Aufsaetze zur Religions-soziologie*, 1920-21, v. 1., p. 248.

ral é totalmente errôneo. Devemos perceber nesse processo, pelo contrário, um fator potencialmente positivo para a educação da humanidade. Se a sociedade, oom suas hierarquias fixas, já não pode nos dar uma orientação segura e uma base para a auto-avaliação, devemos, por essa mesma razão, enfrentar o desafio de desenvolver um novo padrão de orientação baseado numa verdade humana mais profunda e mais genuína.

Essa é a verdadeira tarefa da era da democratização, que ainda está por ser realizada. O espírito moderno se engana ao supor que realiza suas potencialidades ao tornar-se completamente materialista e operacional. Se sondarmos mais fundo, perceberemos que esta cultura não será capaz de manter-se se não romper a casca de uma autoconcepção puramente social e conquistar a comunhão com o eu existencial, despojado de todas as máscaras sociais.

COLEÇÃO ESTUDOS

1. *Introdução à Cibernética*, W. Ross Ashby
2. *Mimesis*, Erich Auerbach
3. *A Criação Científica*, Abraham Moles
4. *Homo Ludens*, Johan Huizinga
5. *A Lingüística Estrutural*, Giulio C. Lepschy
6. *A Estrutura Ausente*, Umberto Eco
7. *Comportamento*, Donald Broadbent
8. *Nordeste 1817*, Carlos Guilherme Mota
9. *Cristãos-Novos na Bahia*, Anita Novinsky
10. *A Inteligência Humana*, H. J. Butcher
11. *João Caetano*, Décio de Almeida Prado
12. *As Grandes Correntes da Mística Judaica*, Gershom Scholem
13. *Vida e Valores do Povo Judeu*, Cecil Roth e outros
14. *A Lógica da Criação Literária*, Käte Hamburger
15. *Sociodinâmica da Cultura*, Abraham Moles
16. *Gramatologia*, Jacques Derrida
17. *Estampagem e Aprendizagem Inicial*, W. Sluckin
18. *Estudos Afro-Brasileiros*, Roger Bastide
19. *Morfologia do Macunaíma*, Haroldo de Campos
20. *A Economia das Trocas Simbólicas*, Pierre Bourdieu
21. *A Realidade Figurativa*, Pierre Francastel
22. *Humberto Mauro, Cataguases, Cinearte*, Paulo Emílio Salles Gomes
23. *História e Historiografia do Povo Judeu*, Salo W. Baron
24. *Fernando Pessoa ou o Poetodrama*, José Augusto Seabra
25. *As Formas do Conteúdo*, Umberto Eco
26. *Filosofia da Nova Música*, Theodor Adorno
27. *Por uma Arquitetura*, Le Corbusier
28. *Percepção e Experiência*, M. D. Vernon

* Fora de catálogo.

29. *Filosofia do Estilo*, G. G. Granger
30. *A Tradição do Novo*, Harold Rosenberg
31. *Introdução à Gramática Gerativa*, Nicolas Ruwet
32. *Sociologia da Cultura*, Karl Mannheim
33. *Tarsila sua Obra e seu Tempo* (2 vols.), Aracy Amaral*
34. *O Mito Ariano*, Léon Poliakov
35. *Lógica do Sentido*, Gilles Delleuze
36. *Mestres do Teatro I*, John Gassner
37. *O Regionalismo Gaúcho*, Joseph L. Love
38. *Sociedade, Mudança e Política*, Hélio Jaguaribe
39. *Desenvolvimento Político*, Hélio Jaguaribe
40. *Crises e Alternativas da América Latina*, Hélio Jaguaribe
41. *De Geração a Geração*, S. N. Eisenstadt
42. *Política Econômica e Desenvolvimento do Brasil*, Nathanael H. Leff
43. *Prolegômenos a uma Teoria da Linguagem*, Louis Hjelmslev
44. *Sentimento e Forma*, Susanne K. Langer
45. *A Política e o Conhecimento Sociológico*, F. G. Castles*
46. *Semiótica*, Charles S. Peirce
47. *Ensaios de Sociologia*, Marcel Mauss
48. *Mestres do Teatro II*, John Gassner
49. *Uma Poética para Antonio Machado*, Ricardo Gullón
50. *Burocracia e Sociedade no Brasil Colonial*, Stuart B. Schwartz
51. *A Visão Existenciadora*, Evaldo Coutinho
52. *América Latina em sua Literatura*, Unesco
53. *Os Nuer*, E. E. Evans-Pritchard
54. *Introdução à Textologia*, Roger Laufer
55. *O Lugar de Todos os Lugares*, Evaldo Coutinho
56. *Sociedade Israelense*, S. N. Eisenstadt
57. *Das Arcadas do Bacharelismo*, Alberto Venancio Filho
58. *Artaud e o Teatro*, Alain Virmaux
59. *O Espaço da Arquitetura*, Evaldo Coutinho
60. *Antropologia Aplicada*, Roger Bastide
61. *História da Loucura*, Michel Foucault
62. *Improvisação para o Teatro*, Viola Spolin
63. *De Cristo aos Judeus da Corte*, Léon Poliakov
64. *De Maomé aos Marranos*, Léon Poliakov
65. *De Voltaire a Wagner*, Léon Poliakov
66. *A Europa Suicida*, Léon Poliakov
67. *O Urbanismo*, Françoise Choay
68. *Pedagogia Institucional*, A. Vasquez e F. Oury*
69. *Pessoa e Personagem*, Michel Zeraffa
70. *O Convívio Alegórico*, Evaldo Coutinho
71. *O Convênio do Café*, Celso Lafer
72. *A Linguagem*, Edward Sapir
73. *Tratado Geral de Semiótica*, Umberto Eco
74. *Ser e Estar em Nós*, Evaldo Coutinho
75. *Estrutura da Teoria Psicanalítica*, David Rapaport
76. *Jogo, Teatro & Pensamento*, Richard Courtney
77. *Teoria Crítica I*, Max Horkheimer
78. *A Subordinação ao Nosso Existir*, Evaldo Coutinho
79. *A Estratégia dos Signos*, Lucrécia D'Aléssio Ferrara
80. *Teatro: Leste & Oeste*, Leonard C. Pronko
81. *Freud: a Trama dos Conceitos*, Renato Mezan

82. *Vanguarda e Cosmopolitismo*, Jorge Schwartz
83. *O Livro dIsso*, Georg Groddeck
84. *A Testemunha Participante*, Evaldo Coutinho
85. *Como se Faz uma Tese*, Umberto Eco
86. *Uma Atriz: Cacilda Becker*, Nanci Fernandes e Maria Thereza Vargas (orgs.)
87. *Jesus e Israel*, Jules Isaac
88. *A Regra e o Modelo*, Françoise Choay
89. *Lector in Fabula*, Umberto Eco
90. *TBC: Crônica de um Sonho*, Alberto Guzik
91. *Os Processos Criativos de Robert Wilson*, Luiz Roberto Galizia
92. *Poética em Ação*, Roman Jakobson
93. *Tradução Intersemiótica*, Julio Plaza
94. *Futurismo: uma Poética da Modernidade*, Annateresa Fabris
95. *Melanie Klein I*, Jean-Michel Petot
96. *Melanie Klein II*, Jean-Michel Petot
97. *A Artisticidade do Ser*, Evaldo Coutinho
98. *Nelson Rodrigues: Dramaturgia e Encenações*, Sábato Magaldi
99. *O Homem e seu Isso*, Georg Groddeck
100. *José de Alencar e o Teatro*, João Roberto Faria
101. *Fernando de Azevedo: Educação e Transformação*, Maria Luiza Penna
102. *Dilthey: um Conceito de Vida e uma Pedagogia*, Maria Nazaré de C. P. Amaral
103. *Sobre o Trabalho do Ator*, Mauro Meiches e Silvia Fernandes
104. *Zumbi, Tiradentes*, Cláudia de Arruda Campos
105. *Um Outro Mundo: a Infância*, Marie-José Chombart de Lauwe
106. *Tempo e Religião*, Walter I. Rehfeld
107. *Arthur Azevedo: a Palavra e o Riso*, Antonio Martins
108. *Arte, Privilégio e Distinção*, José Carlos Durand
109. *A Imagem Inconsciente do Corpo*, Françoise Dolto
110. *Acoplagem no Espaço*, Oswaldino Marques
111. *O Texto no Teatro*, Sábato Magaldi
112. *Portinari, Pintor Social*, Annateresa Fabris
113. *Teatro da Militância*, Silvana Garcia
114. *A Religião de Israel*, Yehezkel Kaufmann
115. *Que é Literatura Comparada?*, Brunel, Pichois, Rousseau
116. *A Revolução Psicanalítica*, Marthe Robert
117. *Brecht: um Jogo de Aprendizagem*, Ingrid Dormien Koudela
118. *Arquitetura Pós-Industrial*, Raffaele Raja
119. *O Ator no Século xx*, Odette Aslan
120. *Estudos Psicanalíticos sobre Psicossomática*, Georg Groddeck
121. *O Signo de Três*, Umberto Eco e Thomas A. Sebeok
122. *Zeami: Cena e Pensamento Nô*, Sakae M. Giroux
123. *Cidades do Amanhã*, Peter Hall
124. *A Causalidade Diabólica I*, Léon Poliakov
125. *A Causalidade Diabólica II*, Léon Poliakov
126. *A Imagem no Ensino da Arte*, Ana Mae Barbosa
127. *Um Teatro da Mulher*, Elza Cunha de Vicenzo
128. *Fala Gestual*, Ana Claudia de Oliveira
129. *O Livro de São Cipriano: uma Legenda de Massas*, Jerusa Pires Ferreira
130. *Kósmos Noetós*, Ivo Assad Ibri
131. *Concerto Barroco às Óperas do Judeu*, Francisco Maciel Silveira
132. *Sérgio Milliet, Crítico de Arte*, Lisbeth Rebollo Gonçalves
133. *Os Teatros Bunraku e Kabuki: Uma Visada Barroca*, Darci Kusano
134. *O Idiche e seu Significado*, Benjamin Harshav

135. *O Limite da Interpretação*, Umberto Eco
136. *O Teatro Realista no Brasil: 1855-1865*, João Roberto Faria
137. *A República de Hemingway*, Giselle Beiguelman-Messina
138. *O Futurismo Paulista*, Annateresa Fabris
139. *Em Espelho Crítico*, Robert Alter
140. *Antunes Filho e a Dimensão Utópica*, Sebastião Milaré
141. *Sabatai Tzvi: O Messias Místico I, II, III*, Gershom Scholem
142. *História e Narração em Walter Benjamin*, Jeanne Marie Gagnebin
143. *A Política e o Romance*, Irwing Howe
144. *Os Direitos Humanos como Tema Global*, J. A. Lindgren
145. *O Truque e a Alma*, Angelo Maria Ripellino
146. *Os Espirituais Franciscanos*, Nachman Falbel
147. *A Imagem Autônoma*, Evaldo Coutinho
148. *A Procura da Lucidez em Artaud*, Vera Lúcia Gonçalves Felício
149. *Memória e Invenção: Gerald Thomas em Cena*, Sílvia Fernandes Telesi
150. *Nos Jardins de Burle Marx*, Jacques Leenhardt
151. *O Inspetor Geral de Gógol/Meyerhold*, Arlete Cavalière
152. *O Teatro de Heiner Müller*, Ruth Röhl
153. *Psicanálise, Estética e Ética do Desejo*, Maria Inês França
154. *Cabala: Novas Perspectivas*, Moshe Idel
155. *Falando de Shakespeare*, Barbara Heliodora
156. *Imigrantes Judeus / Escritores Brasileiros*, Regina Igel
157. *A Morte Social dos Rios*, Mauro Leonel
158. *Barroco e Modernidade*, Irlemar Chiampi
159. *Moderna Dramaturgia Brasileira*, Sábato Magaldi
160. *O Tempo Não-Reconciliado*, Peter Pál Pelbart
161. *O Significado da Pintura Abstrata*, Mauricio Mattos Puls
162. *Work in Progress na Cena Contemporânea*, Renato Cohen
163. *Mito e Tragédia na Grécia Antiga*, Jean-Pierre Vernant e Pierre Vidal-Naquet
164. *A Teoria Geral dos Signos*, Elisabeth Walther
165. *Lasar Segall: Expressionismo e Judaísmo*, Cláudia Valladão Mattos
166. *Escritos Psicanalíticos sobre Literatura e Arte*, Georg Groddeck
167. *Norbert Elias, a Política e a História*, Alain Garrigou e Bernard Lacroix
168. *A Cultura Grega e a Origem do Pensamento Europeu*, Bruno Snell
169. *O Freudismo – Esboço Crítico*, M. M. Bakhtin
170. *Stanislávski, Meierhold & Cia.*, J. Guinsburg
171. *O Anti-Semitismo na Era Vargas*, Maria Luiza Tucci Carneiro
172. *Apresentação do Teatro Brasileiro Moderno*, Décio de Almeida Prado
173. *Imaginários Urbanos*, Armando Silva Tellez
174. *Psicanálise em Nova Chave*, Isaias Melsohn
175. *Da Cena em Cena*, J. Guinsburg
176. *Jesus*, David Flusser
177. *O Ator Compositor*, Matteo Bonfitto
178. *Freud e Édipo*, Peter L. Rudnytsky
179. *Avicena: A Viagem da Alma*, Rosalie Helena de Souza Pereira
180. *Em Guarda Contra o "Perigo Vermelho"*, Rodrigo Sá Motta
181. *A Casa Subjetiva*, Ludmila de Lima Brandão
182. *Ruggero Jacobbi*, Berenice Raulino
183. *Presenças do Outro*, Eric Landowski
184. *O Papel do Corpo no Corpo do Ator*, Sônia Machado Azevedo
185. *O Teatro em Progresso*, Décio de Almeida Prado
186. *Édipo em Tebas*, Bernard Knox
187. *Arquitetura e Judaísmo: Mendelsohn*, Bruno Zevi